KB108335

통합 인지적 관점으로 본
쓰기 연구

저자약력

| 강 미 영

- 인하대학교 교육대학원 강의교수 재직
  국립국어원 외래교수 활동
- 인하대학교 국어문화원 부원장 역임
  한국국어교육학회 총무이사 역임
- 저서/논문
  국어 교육의 전략과 탐색(공저, 2010)
  한국문학연구의 현 단계(공저, 2005)
  저품격 언어의 분석적 고찰
  대학에서의 독서·작문 평가
  '쓰기적 사고력'에 관한 연구
  쓰기에서의 인지주의 사고 모형 탐색
  내용 생성 단계에서의 사고력 함양을 위한 전략 개발
  7차 고등학교 국어교과서에 나타난 제재 선정의 적합성 연구
  그 외 다수

통합 인지적 관점으로 본 쓰기 연구

초판인쇄 2014년 12월 20일
초판발행 2014년 12월 27일

저　　자 강 미 영
발 행 인 윤 석 현
발 행 처 도서출판 박문사
책임편집 최인노 · 김선은 · 최현아
등록번호 제2009-11호

우편주소 ㊄ 132-881 서울시 도봉구 우이천로 353 / 3F
대표전화 02) 992 / 3253
전　　송 02) 991 / 1285
홈페이지 http://www.jncbms.co.kr
전자우편 bakmunsa@hanmail.net

ISBN 978-89-98468-45-3 93710 정가 17,000원

통합 인지적 관점으로 본 쓰기 연구

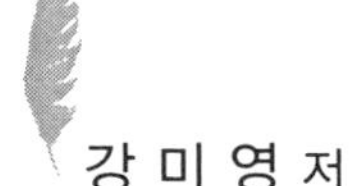

강 미 영 저

박문사

기존의 쓰기 이론에서는 쓰기 활동이라는 인간의 행위를 놓고 다각적인 설명의 뿌리를 갖기 위해 노력하였다. 이들 이론의 궁극적인 목적은 복잡한 성격을 지닌 쓰기 활동에 대한 실체를 밝히는 데 있다. 그런데 쓰기 현상을 이루는 여러 요소들 가운데 어느 한, 두 요소에 관심을 두고 쓰기 현상을 온전히 설명하기는 쉽지 않다. 쓰기 활동에는 개별 필자의 내적 사고 활동, 텍스트의 형식주의적인 요소, 텍스트 생산에 관여하는 사회 · 문화적인 상황, 그리고 쓰기 활동 자체가 지닌 인지적 과정 등 다양한 요소들이 관련되어 있기 때문이다. 이에 본 연구는 실제 쓰기 현상을 설명하기 위해서 새로운 관점인 '통합 인지적' 관점을 제시하고 이를 모형화하는 데 그 목적을 두었다.

Ⅱ장에서는 지금까지 논의된 쓰기 이론을 '형식주의 쓰기 이론', '개인 인지주의 쓰기 이론', '사회 인지주의 쓰기 이론'으로 나누고 각 쓰기 이론에서 쓰기 현상을 어떻게 바라보고 있는지 살펴보고 이들 이론의 한계와 의의가 무엇인지 밝혀 보았다. 그리고 쓰기 이론을 구체화된 형태로 제시한 '단계적 쓰기 모형'(Roman & Wlecke, 1964), '인지적 쓰기 모형'(Flower & Hayes, 1980), '사회적 상호 작용 모형'(Nystrand, 1989)을 통해 각 이론의 특징적인 관점을 구체적으로 검토해 보았다.

기존 쓰기 이론에서 강조하는 관점으로는 필자와 텍스트, 독자를 둘러싼 사회 · 문화적 상황 사이의 상호 작용을 통한 의미 구성을 설명하기에는 부족한 점이 많다. 실제 쓰기는 필자와 독자, 이를 둘러싼 상황, 텍스트 사이에서 일어나는 상호 작용의 결과라고 보는 것이 타당하다. 이 경우 필자가 문맥과 상황을 이해하고 쓰기 지식을 활용하며 의미를 구성해 나가는 활동을 살펴보는 것이 쓰기 현상을 온전하게 설명하는 일이 될 것이다.

Ⅲ장에서는 필자의 역동적인 의미 구성 행위를 인지적 요소를 토대로 한, 형식주의적인 요소와 상황 · 맥락적인 요소의 통합 과정으로 파악하여 '통합 인지적' 관점을 제시하였고 이를 모형으로 구안하는 데 필요한 원리를 마련하였다.

본 연구에서는 '통합 인지적' 관점에서 여러 쓰기 요소들의 통합을 가능하게 하는 원리로 '쓰기적 사고력'을 제시하였고 '쓰기적 사고력'의 개념과 이를 구성하는 사고 유형, 사고 과정을 탐색해 보았다.

'쓰기적 사고력'은 쓰기 지식을 토대로 형성되며 이를 중심으로 작동하게 된다. 필자는 텍스트를 생산하기 위해 자신이 지닌 텍스트와 관련된 구조적, 문법적 지식을 활용한다. 이때 글에 대한 일반 언어학과 텍스트 언어학에 관한 지식은 글쓰기를 가능하게 하는 기본 틀이 된다. 본 연구에서는 쓰기 지식 가운데 특히 언어 지식에 초점을 두고 이를 장르 차원과 텍스트 차원, 그리고 통사적 차원으로 나누어 살펴보았다.

Ⅳ장에서는 쓰기 과정에서 '쓰기적 사고력'이 토대가 되어 '언어 지식'과 '상황 · 맥락'의 요소가 어떻게 통합되어 가면서 의미를 생산하는지를 구체적인 모형으로 제시하였다. 필자는 각 쓰기 단계별로 문제를 해결해 나가면서 의미를 구성하는데, 이 과정이 머릿속에서 이루어지면 '심리적 표상 단계'이고 문자 언어로 기록되면 '언어적 표상 단계'가 된다. '통합 인지적' 관점에서는 '심리적 표상 단계'가 의미 구성에 핵심을 이룬다고 보고 이를 '쓰기적 사고력'의 사고, 과정인 사실적 사고, 추론적 사고, 창의적 사고로 나누어 '통합 인지주의 쓰기 모형'을 구안해 보았다. 마지막으로 쓰기 과정에서 부딪치게 되는 문제를 해결하기 위해 필자가 사용하는 '쓰기 전략'을 쓰기 과정별로 나누어 제시한 후, '쓰기 전략'과 '쓰기적 사고력'와의 상관성을 밝혀 보았다.

'통합 인지주의 쓰기 모형'은 사회 · 문화적 맥락 속에 위치한 개별 필자가 의미 구성하는 데 텍스트의 형식주의적 요소가 필자의 사고에 어떻게 작용하며, 이를 상황 · 맥락적 요소와 관련지어 필자의 사고 행위를 탐색하여 제시하였다는 점에서 기존의 논의들과는 차이점을 지닌다.

통합 인지적 관점으로 본 쓰기 연구

제 I 장

서 론

통합 인지적 관점으로 본
쓰기 연구

제 I 장

서 론

01 연구의 필요성과 목적

인간이 어떻게 지식을 수용하고 어떤 방식으로 기억하며, 이를 어떻게 변용하여 표현하는지에 관하여 많은 학자들이 탐색해 왔다. 그러나 이러한 탐색들이 쉬운 문제가 아님은 분명하다. 쓰기에 관련된 절차만으로 범위를 좁혀 다룬다 할지라도 탐색이 수월해지는 것은 아니다. 일단, 쓰기 활동은 주변 세계와 긴밀한 관련을 이루고 있어 다양한 매개 요소들의 간섭을 받는다. 그리고 필자가 쓰기 과정에서 특정 단계나 절차를 거쳐 사고하는가를 밝히는 것 또한 간단하지 않다.

기존의 쓰기 이론에서는 쓰기 활동이라는 인간의 행위를 놓고 다각적인 설명의 뿌리를 갖기 위해 노력하였다. 이들 이론의 궁극적인 목적은 복잡한 성격을 지닌 쓰기 활동에 대한 실체를 밝히는 데 있다. 하지만 쓰기의 실체를 구명하기는 쉽지 않다. 그 이유는 쓰기 활동에 개별 필자[1]의 특성이나 내적 사고 활동, 쓰기 활동의 결과인 텍스트, 텍스트 생산에 관여하는 사회 · 문화적인 상황, 그리고 쓰기 활동 자체가 지닌 인지적 과정 등 다양한 요소들이 관련되어 있기 때문이다.

지금까지 논의된 쓰기 이론에는 형식주의 쓰기 이론, 개인 인지주의 쓰기 이론, 사회 인지주의 쓰기 이론 등이 있는데, 형식주의 쓰기 이론의 의미는 텍스트 자체에 독립적으로 존재하며 스스로 맥락화된다고 보았다. 개인 인지주의 쓰기 이론에서는 필자의 사고 내적 활동을 의미 구성의 기반으로 보았고 사회 인지주의 쓰기 이론에서는 사회적인 측면이나 맥락, 사회 구성원들 간의 상호 작용을 의미를 구성하는 기반으로 보았다.

쓰기 현상에 관하여 기존의 의미 구성을 해석하는 방식들은 필자와 쓰기가 이루어지는 맥락, 필자와 결과물인 텍스트가 분명히 밀접한 관련을 맺고 있음에도 이를 설명하지 못하고 있다. 이는 쓰기를 구성하는 요소들 가운데 한두 가지 요소에 관심을 두고 쓰기 현상을 설명하고 있기 때문이다.

실제 쓰기 행위는 필자가 사회 · 문화적 맥락 내에서 텍스트를 이

1 본고에서 '필자'는 '글 쓰는 이' 혹은 '작가'를 뜻하는 용어로 사용하고 '연구자'는 '실제 연구자'를 가리키는 용어로 사용하고자 한다.

루는 객관적인 요소에 관한 지식을 가지고 의미를 구성해 나가는 과정이다. 이는 쓰기 과정에서 필자가 인지 조작 과정을 통하여 상황·맥락적 요소와 텍스트적 요소를 수용하여 의미를 구성하고 있다는 것을 나타낸다.

현 시점에서 쓰기 현상을 온전히 설명하기 위해서 의미 구성에 관한 새로운 설명 방식을 찾을 필요가 있다. 본 연구에서는 쓰기 현상을 바라보는 새로운 방식으로 '통합 인지적' 관점을 제안하고자 한다. '통합 인지적' 관점은 쓰기 과정을 필자 개인의 인지 조작을 중심으로 한 상황·맥락적 요소와 텍스트적 요소의 통합으로 이해하는 관점이다.

본 연구는 실제 쓰기 현상을 설명하기 위한 새로운 관점인 '통합 인지적' 관점을 제시하고 이를 모형화하는 데 그 목적이 있다. 이를 위해 모형을 구안하는 데 필요한 통합의 원리를 탐색하고 학생들의 글을 분석하는 데 필요한 언어 지식의 토대를 마련해야 한다.

필자는 글쓰기가 이루어지는 구체적인 상황 속에서 글을 써야 하는 상황이 어떤 상황인가를 충분히 인지해야 하고 그 상황에서 글을 어떻게 써야 하는지를 생각해 보아야 한다. 이 과정에서 필자는 화제를 분석하고 글을 쓰는 목적이 무엇인지, 내가 쓴 글을 읽을 독자는 누구인지 등 과제를 해결하기 위한 일련의 사고 조작 과정을 거치게 된다. 또한 주제를 설정한 후 이를 뒷받침하는 의미 관계를 생성하는 과정이나 혹은 그것을 언어로 표상하는 과정에서도 쓰기 활동에 수반되는 정신 활동을 하게 된다.

필자가 내적 사고 활동을 중심으로 상황·맥락적 요소와 텍스트의 형식주의적 요소를 어떻게 수용하면서 의미를 구성하는지 탐구하는 일은 본 연구에서 중요한 부분을 차지한다. 언어 사용자의 사고 활동은 읽기 영역을 중심으로, '언어적 사고력'이라는 용어로 논의가 상당히 진행되어 왔다. 그런데 지금까지 읽기 활동에서 이루어진 연구 업적 가운데 '언어적 사고력'의 개념과 그 절차에 대해서 명확하게 제시한 성과를 찾아보기 어려울 뿐만 아니라 있다손 치더라도 이를 쓰기 활동에 그대로 적용하는 데는 무리가 있다. 따라서 쓰기 활동에 수반되는 사고 기능에는 무엇이 있는지, 특성이 무엇인지, 어떻게 변별되는지, 그리고 사고 과정은 어떻게 이루어지는지 탐색해 보아야 한다.

쓰기 활동에 수반되는 사고력은 쓰기 지식을 토대로 형성되며 이를 중심으로 작동하게 된다. 본 연구는 쓰기 지식 가운데 특히 언어 지식에 초점을 두고 이를 장르 차원과 텍스트 차원, 그리고 통사적 차원으로 나누어 살펴보고자 한다. 언어 지식은 단어나 구, 절, 문장, 텍스트를 대상으로 전형적이고 이상적인 구조를 파악한 것이다. 이러한 언어 지식은 필자가 의사소통 과정에서 목적을 달성하기 위해 활용하면서 실제 글쓰기[2]에서는 다양한 형태로 나타나게 된다.

마지막으로 쓰기 각 단계에서 필자가 갖추어야 하는 쓰기 지식과 기능, 전략과의 관계, 단계별 전략과 사고 기능의 상관성을 밝힘으로써 쓰기 활동을 통해 실제 사고력 함양이 가능함을 이론적으로 증명하고자 한다.

2 엄밀히 이야기하면, 시각적인 텍스트 구성의 영향으로 도표, 그림 등이 들어간 텍스트나 뉴미디어의 사용을 고려하면 '쓰기'는 '텍스트 생산'보다 더 확장된 개념이라고 할 수 있다. 그러나 본고에서는 쓰기 과정을 복합적인 문제 해결 과정을 나타내는 개념으로 '텍스트 생산'과 '글쓰기' 두 용어를 구별하지 않고 사용하고자 한다.

본 연구에서 제안하는 '통합 인지적' 관점과 '통합 인지주의 쓰기 모형'은 인지적 요인을 중심으로 사회·문화적 맥락 요인과 텍스트적 요인이 서로 어떻게 통합되는지를 보여 주고 필자가 글을 써 나가는 도중에 겪게 되는 사고 과정을 설명하는 데 목적이 있다.

02 연구사

우리나라의 경우에는 쓰기 이론이나 모형에 관한 연구보다는 쓰기 교육과 쓰기 과정에서 필요한 전략에 대해 좀 더 많은 관심을 가지고 연구가 진행되었다. 국내에서는 의미 구성을 강조한 쓰기 이론이나 모형에 관한 연구물을 찾아보기 어렵기 때문에, 쓰기 과정에 관한 전개 과정은 국외의 중요한 연구물을 중심으로 살펴보고자 한다. 이어서 쓰기 활동에서 필자의 사고 과정을 다룬 이상태(2002), 정희모(2005)와 읽기 활동에서 독자의 사고 과정을 재구성한 서혁(1996, 1997)의 연구를 검토하고자 한다.

일련의 쓰기 과정을 중요하게 생각하는 연구들은 크게 글 측면에서 쓰기 과정을 강조한 연구와 필자 측면을 강조하여 필자의 의미 구성 측면을 강조한 연구로 나눌 수 있다.[3] 글 측면에서 쓰기 과정을 강조한 연구로는 Roman & Wlecke(1964)이 대표적이라 할 수 있고 필자 측면에서 쓰기 과정을 강조한 연구로는 Emig(1971)과 Flower &

3 이를 박영목(1995:3)은 '결과에 초점을 둔 쓰기 과정 연구'와 '쓰기 과정을 직접 다룬 연구'라고 명명한 바 있다.

Hayes(1980, 1981)가 대표적이다.

Roman & Wlecke(1964)은 성공적인 대학 수준의 필자는 쓰기 전, 쓰기, 쓰기 후 단계를 거쳐 글을 쓴다는 것을 발견하고 이를 '단계적 쓰기 모형'으로 제시하였다. 이들은 쓰기 전 단계에서 저널 쓰기나 명상 등의 구체적인 활동을 제안하고 이를 교육의 대상으로 삼았다는 점에서 이전의 연구들과 상당한 차이가 난다.

Emig(1971)은 쓰기 과정에서 필자의 의미 구성 과정 그 자체에 관심을 가진 최초의 연구라고 할 수 있다. 이전의 연구에서는 쓰기 과정을 피상적인 수준에서 제시했다면 그녀에 와서 상당히 과학적으로 제시되기 시작했다. 그녀는 쓰기 과정을 직접 관찰하는 사례연구법와 사고구술법을 도입하여 쓰기에 대한 연구 방법의 변화를 일으켰다. 이러한 연구 방식을 도입하여 쓰기 과정을 탐구한 결과, Emig(1971)의 연구에서 쓰기 과정은 개인마다 다양하게 나타난다는 점, 쓰기 과정에는 여러 요인들이 복합적으로 작용한다는 점, 쓰기 과정은 선조적인 것이 아니라 회귀적이라는 점, 실제 쓰기의 단계는 엄격히 나누어지지 않는다는 점, 계획하기는 쓰기의 전체 과정에서 일어난다는 점 등을 밝히고 있다.

쓰기 과정에 대해 본격적으로 연구를 수행한 대표적인 인물로는 Linda Flower와 John Hayes를 들 수 있다. 이들은 쓰기를 일종의 문제 해결 과정으로 파악하면서 의미 구성 과정에 관해 일련의 연구(1980, 1981)를 수행함으로써 쓰기 과정에 관심을 갖게 하는 데 결정적인 영향을 끼쳤다. 이들은 능숙한 필자를 대상으로 사고구술법을 통해 쓰기 과정에서 일어나는 인지 행위에 관심을 가지고 연구한 결과, '인지적 쓰기 모형'을 개발하였다. 이들의 연구는 글을 쓰는 동안에 필자의 머릿속에서 일어나는 행위를 직접적으로 관찰하려는 시도를 했다고 할 수 있다. 이들은 쓰기 과정을 계획하기, 작성하기, 검토하기로 나누고 이들 각 과정을 통제하는 점검하기 개념을 설정하였다. 그리고 필자는 글을 쓸 때 먼저 수사학적인 문제를 인식하고 목표를 설정한 다음, 이들 목표를 세부적으로 나누고 한 단계, 한 단계 문제를 해결해 나간다는 관점을 취하고 있다. 이들은 쓰기 과정을 문제 해결의 과정이자 의미를 구성하는 과정으로 파악하고 있으며, 단순히 지식을 나열하는 행위가 아니라 의미를 창출하는 과정이라고 주장하고 있다.[4]

Kellogg(1994)는 쓰기 활동을 심리학적인 접근을 통하여 해석하고 있다. 그는 쓰기 활동이 인지적인 접근과 사회적인 접근을 공유하고 있다고 설명하면서, 쓰기 활동은 필자 자신을 위한 의미 구성 과정일 뿐만 아니라 독자를 위한 사회적인 의미 구성 과정이라고 설명하고 있다. 또한 그는 쓰기 활동은 필자의 지식과 성향, 전략을 바탕으로 필자의 주의 집중에 의하여 과제 환경과 쓰기 과정, 작동 기억과 장기 기억이 상호 작용을 하여 이루어진다고 보았다.

1990년대에 들어오면서 Flower & Hayes는 많은 변화를 시도하고 있다. 이들의 변화는 Flower(1994)와 Hayes(2000) 등에서 잘 나타나고 있다. Flower(1994)는 쓰기의 문제 해결 활동을 설명하면서, 쓰기는 필자의 인지적인 요소만 작용하는 것이 아니라 사회적인 요소도 함께 작용한다고 하며 사회적 관점을 수용하고 있다. Hayes(2000) 또한 초기의 쓰기 과정 모형을 상당 부분 수정한 모형을 제안하고 있다. 물

4 Emig(1971)과 Flower & Hayes(1980, 1981)에 관한 내용은 이재승(2006:68-73)을 참고하였다.

론 전적으로 사회적 관점에서 쓰기 현상을 파악한 것은 아니고 인지적 관점을 토대로 사회적 관점을 상당 부분 수용한 것으로 보인다.[5]

국내의 연구 가운데 글쓰기와 관련하여 사고 활동을 탐구한 연구로는 이상태(2002), 정희모(2005)가 대표적이고 읽기 활동에서 주제를 파악하는 독자의 의미 구성 과정을 밝힌 연구로는 서혁(1996, 1997)을 들 수 있다.

이상태(2002)는 쓰기 활동에서 내용 생성하는 단계를 중심으로 사고 과정을 살펴본 후, 이를 기본적 사고, 복합적 사고, 초인지적 조작 세 가지로 구분하고 있다. 기본적 사고 유형으로는 인식, 개념 체계 구성, 해석, 추리, 논리적 사고, 평가를 들었고 복합적 사고 유형으로는 문제 해결, 의사 결정, 비판적 사고, 창의적 사고를 제시하고 있다. 그는 기본적 사고가 작동하여 복합적 사고 기능의 수행이 가능해진다고 설명하면서, 쓰기 활동에서 필자는 대상에 대한 독자적인 인식과 개념 체계의 구성 및 그를 바탕으로 한 해석, 추리의 사고 과정을 거친다고 주장하고 있다. 그런데 그의 연구에는 복합적 사고가 기본적 사고 기능을 바탕으로 하여 수행된다고 주장하면서 이들이 서로 어떻게 관련을 맺고 있는지 설명하고 있지 않다. 그리고 복합적 사고 과정으로 제시된 네 가지 사고 유형들이 각각 무엇을 뜻하는지, 이들 각 유형들이 어떻게 변별되는지, 그리고 이들의 관계는 무엇인지에 대하여 제시하지 않고 있는 점 또한 문제점으로 지적될 수 있다. 이는 기본적 사고 기능을 중심으로 필자의 심리 과정을 설명하는 데 치중함으로써, 복합적 사고 과정과 초인지적 조작과의 관계를 철저하게 분석하지 못한 것으로 여겨진다.

5 이 부분에 대한 논의는 김도남(1997)을 참고했으며, 여기에 자세히 정리되어 있다.

정희모(2005)는 이상태(2002)와 유사하게 글쓰기와 관계된 사고 활동을 기초적 사고 기능과 복합적 사고 기능으로 나누고 있다. 기초적 사고 기능으로는 이해, 분석, 연역, 귀납, 일반화, 비교, 유추와 같은 일반적 사고[6]를 제시하고 있고 이들 사고 유형들은 모든 교과 영역에 적용될 수 있다는 관점을 취하고 있다. 복합적 사고 기능으로는 창의적 사고, 의사 결정 능력, 문제 해결 능력을 제시하면서, 이것들이 일정한 형식과 체계를 가지고 있다고 하더라도 결합하는 개별 내용의 구조에 따라 다르게 기능한다고 보았다.

정희모(2005)의 논의에서 국어 분야에서는 창의적인 인물로 인정받는 사람이 과학 분야에서는 평범한 대접밖에 받지 못하는 이유를 발견할 수 있다. 창의적 사고는 문제 해결에 있어 새로운 아이디어나 전략을 찾아내는 역할을 하는 복합적인 정신 과정이다. 사람들이 역사학에서 문제를 해결하는 방식과 수학에서 문제를 해결하는 방식은 같지 않을 것이다. 왜냐하면 사람들이 과제 해결을 위해 필요한 영역별 지식의 양과 사고 기능의 숙련도가 다르기 때문이다. 사람마다 문제를 해결하는 데 필요한 개별 지식과 지식의 결합, 변형, 재구조화 등을 촉진시키는 사고 기능의 차이로 인해 창의적 사고 능력이 다르게 나타나는 것은 당연하다. 이는 이상태(2002)의 논의와 비교해 보았을 때, 개별 지식과 사고 기능들과의 관계를 고려하여 기초적 사고 기능과 복합적 사고 기능이 학문 영역에 따라 전이의 정도가 다르다고 파악했다는 점에서 진일보했다고 볼 수 있다. 다시 말해서

6 '일반적 사고'는 '기능적 사고'라고도 말할 수 있다. '일반적 사고'는 특정 교과 영역의 지식을 생산하는 데 기여하는 사고를 말한다. 즉 사고를 가능하게 하는 사고라고 할 수 있다.

복합적 사고 기능이 전공 영역에 따라 전이의 정도가 기초적 사고 기능에 비해 훨씬 느슨한 것으로 파악하였다. 하지만 정희모(2005)에서도 복합적 사고 유형들이 각각 무엇을 의미하는지, 이들이 기초적 사고 기능과 어떤 관계를 맺고 있는지 등에 관한 정보는 제공해 주지 못하고 있다.

텍스트의 의미 구성과 관련하여 서혁(1996, 1997)의 연구는 '국어적 사고'[7]의 개념과 절차를 밝히고 있다. 그는 읽기 활동에서 독자가 고도의 지적 능력을 필요로 하는 대단히 복잡한 정신 작용을 거치면서 텍스트 의미를 재구성한다고 보았다. 이 과정은 궁극적으로 주제 구성의 행위로서 독자가 지닌 텍스트 차원의 구조적, 의미적 지식뿐만 아니라 세상사에 대한 경험과 지식 모두를 필요로 하는 종합적인 사고 능력을 요구한다. 그가 말하는 '텍스트의 주제적 이해'란 텍스트에서 궁극적으로 전달하고자 하는 중심 내용을 사실적, 추론적, 창의적 사고의 과정을 거치면서 텍스트의 의미를 재구성하는 것이다. 주제적 이해에 가장 중요한 두 요소는 텍스트와 독자이다. 텍스트에 강조점을 두게 되면 이는 사실적 이해에 가깝고 독자에 강조점을 두게 되면 창의적 이해에 더 비중을 두게 된다. 여기에서 우리는 텍스트의 특성과 독자의 의미 구성 측면이 중요한 요소임을 알 수 있다. 텍스트 자체의 사실적 이해에 도달하였다면, 독자는 이러한 자기 질문과 그에 대한 대답을 찾기 위한 추론과 해석을 통해서 추론적 이해에 도달하게 되고 이러한 이해의 과정을 통해서 독자는 감상과 평

7 본문에서는 연구자의 의도를 살리는 취지에서 서혁(1997)에서 사용하고 있는 '국어적 사고력'이라는 용어를 그대로 사용하였다. 그는 '국어적 사고력'을 '국어 텍스트를 통한 새로운 사실의 인식, 조정, 창의적 발견으로서의 사고 수행 능력'이라고 정의내리고 있다(서혁, 1997:142).

가라는 창의적 사고 단계에 이를 수 있게 된다. 이때 창의적 사고란 기상천외한 새로운 해석과 비평을 가리키는 것이 아니라, 독자의 입장에서 텍스트에 충실하면서도 새롭게 텍스트의 표현과 의미를 발견하고 감상하며 이해하고 표현할 수 있는 태도를 말한다.

서혁(1997)에서는 직접적으로 기초적 사고 기능과 복합적 사고 기능이라는 용어를 사용하지는 않았지만, 텍스트의 의미 구성 과정에서 공통적으로 사용되는 기초적인 사고 유형을 추출하고 '(감각) → 지각 → 개념 → 분석(해석) → 추리 → 상상 → 종합 → 비판(평가, 감상, 문제 · 해결)'으로 사고의 과정과 단계를 제시하고 있다. 그런 다음 이를 다시 기능에 따라 사실적 사고와 추론적 사고, 그리고 창의적 사고로 범주화하였다.[8] 서혁(1996, 1997)의 연구는 읽기를 의미의 재구성으로 파악하면서 이 과정에서 작용하는 하위 사고들을 도출해 내고 그들의 관계를 설명하며 위계를 설정하였다는 점에서 필자의 내적인 사고 과정을 밝히고자 하는 본 연구에 시사점을 제공해 준다.

스키마 이론과 Anderson 등(1985)의 연구 결과에 따르면, 읽기 활동에서 독자가 의미를 구성하는 사고의 과정과 쓰기 활동에서 필자가 행하는 사고의 과정이 유사하다. 스키마 이론[9]은 읽기와 쓰기가 밀

8 서혁(1997)에서는 '사실적 사고'는 개념 파악, 분석(수렴적 사고), 기억 · 재생과 관련되고 '추론적 사고'는 추리(논증, 해석, 판단) · 상상과 관계되며, '창의적 사고'는 종합(확산적 사고), 비판(평가, 감상), (적용), 문제 · 해결과 밀접한 관련이 있는 것으로 파악하고 있다.

9 글을 읽을 때 사용된 같은 스키마가 쓰기 과정에서도 사용된다. 어떤 주제에 대해 글을 쓸 때 필자는 화제에 대한 사전 지식에 접근해야 한다. 이들 스키마는 글의 내용을 구성하는 데 밑천이 된다. 읽기는 쓰기를 하는 데 유용한 스키마를 제공해 준다. 읽기는 쓰기를 하는 데 필요한 내용적인 스키마를 제공해 줄뿐만 아니라 형식적인 스키마도 제공해 준다. 예를 들어 잘 짜여진 글을 읽으면, 글을 쓸 때 내용 조직하는 방식에 대한 정보를 얻을 수 있다.

접하게 관련되어 있다는 사실을 뒷받침하고 있다. Anderson 등(1985)은 읽기 활동이 쓰기 능력 발달을 촉진하고 쓰기 활동이 읽기 능력 발달을 촉진한다고 주장하고 있다(이재승, 2006:251 재인용). 하지만 이것이 읽기 활동과 쓰기 활동에 수반되는 사고 기능이 완전히 일치하는 것을 뜻하는 것은 아니다. 따라서 쓰기 과정에 수반되는 사고력에 관한 논의는 좀 더 구체화되고 체계화되어야 한다.

이상에서 살펴보았듯이, 지금까지 이루어진 쓰기 이론이나 모형에 관한 연구들은 쓰기 현상의 일부분에 관심을 두고 의미 형성 과정을 설명하고 있다. 이들 쓰기 이론들은 사회・문화적 맥락 안에서 이루어지는 필자 개인의 인지 과정을 명확하게 설명할 수 없다는 한계를 지닌다. 그리고 필자의 내적 사고 과정을 밝히고 있는 연구들은 사고 기능의 특성이나 관계, 이들의 위계를 설명하지 못한다는 점에서 한계를 보인다.

03 연구의 내용과 방법

글을 쓰는 것은 곧 의미 구성의 과정이다. 그런데 기존의 쓰기 이론들은 쓰기를 구성하는 여러 요소 가운데 한두 요소에 관심을 두고 의미 형성 과정을 설명하고 있다. 이들 쓰기 이론들은 사회・문화적 맥락 안에서 이루어지는 필자 개인의 인지 과정을 명확하게 설명할 수 없다는 한계를 지닌다. 본 연구에서는 이러한 한계를 극복하기 위해 새로운 접근 방안으로 '통합 인지적' 관점을 제안하고자 한다.

그리고 필자가 사회·문화적 맥락 안에서 쓰기 지식에 관심을 가지며 의미를 구성해 가는 사고 과정을 밝히고 이를 토대로 '통합 인지주의 쓰기 모형'을 구안하고자 한다.

먼저 Ⅱ장에서는 의미 구성 현상을 탐구한 쓰기 이론과 이를 구체화된 형태로 제시한 쓰기 모형의 의의와 한계를 비판적으로 고찰하고자 한다. 쓰기에 대한 관점을 나누는 방식은 그 토대가 되는 학문에 따라 다소 차이가 있다. 본고에서는 철학적 관점을 기반으로 하여 쓰기 이론을 형식주의 쓰기 이론, 개인 인지주의 쓰기 이론, 사회 인지주의 쓰기 이론으로 나누고 이를 구체화한 모형으로 단계적 쓰기 모형(Roman & Wlecke, 1964), 인지적 쓰기 모형(Flower & Hayes, 1980), 사회적 상호 작용 모형(Nystrand, 1989)을 살펴보고자 한다. 본 연구에서는 Ⅱ장의 논의 과정을 통해 밝혀진 한계와 문제점들을 부정적으로 보기보다는 '통합 인지적' 관점을 제시하는 데 있어, 지금도 글을 쓸 때 필자에게 많은 영향을 끼치는 쓰기 행위를 구성하는 하나의 중요한 변인으로 파악하고자 한다.

Ⅲ장에서는 '통합 인지주의 쓰기 모형'의 설계를 위한 기본 원리와 언어 지식을 탐색하고자 한다. 먼저 '통합 인지주의 쓰기 모형'의 설계를 위한 기본 원리를 밝히는 일은 쓰기에 영향을 미치는 여러 요소들을 활용하여 의미를 구성할 때 수반되는 필자의 인지 조작 과정을 탐색하는 일이다. 이를 위해 사고와 관련된 Bloom(1956), Marzano(1988), 허경철(1991)의 연구를 비판적으로 검토한 후, 쓰기 과정에 수반되는 사고 조작의 과정을 규명해 보고자 한다.

본 연구에서 '통합 인지주의 쓰기 모형'을 구안하는 데 분석의 대상이 되는 텍스트는 논증 텍스트이다. 논증 텍스트는 장르 차원에서 설명, 서사, 묘사, 논증의 기술 방식을 모두 포괄하고 있고 텍스트 차원에서 주장과 근거의 관계가 수집, 부가, 삭제, 인과, 이유, 비교 · 대조, 상세화, 문제 · 해결 등의 논리적 관계를 이루고 있다. 그리고 이러한 의미 관계는 텍스트 표층의 여러 장치들을 통하여 명시화되어야 한다. 따라서 쓰기 활동을 하는 데 기초가 되는 언어 지식을 장르 차원, 텍스트 차원, 그리고 통사적 차원으로 나누어 이해할 필요가 있다. 언어 지식은 실제 쓰기 행위에서는 다양한 형태로 나타나지만, 필자에게 텍스트를 생산하는 데 필요한 언어 지식의 기본적인 틀을 제공한다. 뿐만 아니라 텍스트를 생산하는 데 활용되는 언어 지식을 살펴보는 일은 결과물인 언어 형태를 설명하는 데에도 도움을 준다.

Ⅳ장에서는 Ⅲ장에서 살펴본 이론 내용과 교육 현장에서 사례 연구한 결과를 바탕으로, 구체적으로 '통합 인지주의 쓰기 모형'을 구안하고자 한다. 사례 연구는 인하대학교 〈글쓰기와 토론〉(이전 〈문장작법〉) 수업을 듣는 1학년 학생들을 대상으로, 2008년도 1학기부터 2009학년도 2학기까지 논증 텍스트를 생산하는 개별 필자(학생들)의 쓰기 행위를 중심으로 이루어졌다. '통합 인지주의 쓰기 모형'을 구안하기 위해서 정보 처리 이론 분야에서 설명 기제를 어떻게 다루고 있는지를 살펴보고 이를 토대로 하여 기본적인 모형의 틀을 마련하고자 한다. 그런 다음 기존 연구자들이 쓰기 단계를 어떻게 나누고 있는지를 검토해 보고 '통합 인지주의 쓰기 모형' 구안에 적합한 쓰기의 단계를 설정하고자 한다. 이와 관련하여 다음에서는 학생들의 사례연구를 분석하면서 '통합 인지주의 쓰기 모형'의 실제를 제시하고자 한다. 그리고 마지막으로 학생들이 쓰기 단계별로 주어진 상황과 목적에 맞게 어떤 쓰기 전략을 활용하는지를 탐색해 보고 이에 수반

되는 사고 기능을 규명해 보고자 한다. 이는 쓰기 전략은 주제별 지식, 언어 지식과 어울려져 사고 기능을 통해 수행되기 때문에, 쓰기 전략과 사고 기능과의 관계를 분석함으로써 쓰기 활동을 통해 사고력이 향상될 수 있음을 밝히는 데 도움이 될 것이다.

통합 인지적 관점으로 본
쓰기 연구

제 II 장

쓰기 이론과 모형의 한계

통합 인지적 관점으로 본
쓰기 연구

제 II 장

쓰기 이론과 모형의 한계

우리는 쓰기와 관련하여 패러다임(paradigm)이라는 말을 흔히 사용한다. 패러다임은 어떤 시기에 어떤 집단이 공통적으로 가지고 있는 인식이나 관념, 가치관 혹은 관습 등이 결합된 총체적인 틀 또는 개념의 집합체를 말한다. 하나의 패러다임은 영원히 지속될 수 없고 항상 생성·발전·쇠퇴·대체되는 과정을 되풀이된다.

쓰기 분야에서도 이러한 패러다임의 전환이 이루어져 왔다. 쓰기에 대한 관점은 의미 구성을 설명하는 학문적 기반에 따라 조금씩 차이가 있지만, 크게 보면 1950년대 이전에는 형식적 관점(formal view)이 주류를 이루다가, 60년대와 70년대를 거치면서 인지적 관점(cognitive view)이 주류를 이루었다. 그러다가 80년대 이후에는 사회적 관점(social view)이 주목을 받았다. 본 장에서는 쓰기 과정에서 의미 구성 현상을 탐구하는 쓰기 이론과 이를 구체화된 형태로 제시한 쓰기 모형을 형식적 관점과 인지적 관점, 그리고 사회적 관점으로 구분하여 각각의 의미와 한계를 비판적으로 고찰해 보고자 한다. 그리고 이러한 한계를 극복하기 위한 방안으로 '통합 인지적' 접근 방식을 제안하고자 한다.

01 관점 구분의 방식

쓰기 행위는 의미를 구성하는 행위이다. 쓰기 과정에서 필자가 어떻게 의미를 구성하느냐에 관한 설명 방식은 연구자마다 다소 차이가 있다. 특히 심리학적 입장에서 구분하느냐, 수사학적 입장[10]에서 구분하느냐, 철학적 입장에서 구분하느냐에 따라 차이를 보인다.

우리나라에 가장 많이 알려져 있는 방식은 박영목 등(1994)에서 보는바와 같이 형식주의, 인지주의, 사회 인지주의로 나누는 방식이다. 박영목 등(1994)의 구분은 형식적 관점과 인지적 관점, 사회적 관점에 입각한 학문의 패러다임의 변화를 반영한 것이다. 여기에서 '인지주의'와 '사회 인지주의'는 심리학자들이 즐겨 사용하는 용어로, 이는

10 수사학은 고대 그리스 시대에는 설득하기 기술과 그것을 가르치는 기술을 의미했으나, 르네상스 시대로 넘어오면서 스타일의 문제로 좁혀져서 미사여구나 다른 사람을 현혹시키는 말로 그 가치가 하락하였다. 이후 구어와 문어가 분화되어 문어에서 작문에 대한 교육이 강조되면서, 언어 교육에 종사하는 학자들이 수사학 연구에 관심을 기울이게 되었다.

심리학적 입장에서 쓰기를 구분한 것 볼 수 있다. 그런데 '인지주의'와 '사회 인지주의'라는 용어의 사용은 개념을 명확하게 드러내지 못하는 한계를 지닌다. 인지주의는 사회 인지주의를 포함하는 상위 용어이기 때문에, 인지주의와 사회 인지주의라는 용어를 사용하여 개인과 사회의 관계를 보여주기에는 어려움이 있다. 1970년대 인지주의가 강하게 대두될 무렵에 개인 인지주의란 말은 사용하지 않았지만, 그 이후 사회 인지(social cognition)라는 말이 보편적으로 사용된 상황에 비추어 볼 때, 1970년대와 80년대 초반의 인지주의를 개인 인지주의로 구별하여 부르는 것이 바람직하다고 생각한다.

박태호(2002)는 이와 유사하면서도 조금은 다르게 쓰기에 대한 관점 구분을 시도하였다. 즉 인지 구성주의, 사회 구성주의, 사회 인지주의로 나누면서, 사회 인지주의는 인지 구성주의와 사회 구성주의의 장점을 취해 구성된 것으로 보았다. 그는 Flower(1994)의 논의를 중심으로, 사회 인지주의는 필자와 필자의 의식 속에 존재하는 내포 독자와의 대화를 강조한다는 점에서 사회 구성주의와의 차이점을 설명하고 있다. 하지만 Flower 스스로 자신은 심리학자이지 사회학자가 아니라고 말한 점에서 알 수 있듯이, 그녀의 이론에서는 인지적 요소를 중심으로 상황·맥락적 요소를 포함시킨 것이다. 이를 진정한 의미의 인지적 요소와 사회적 요소의 통합 혹은 절충이라고 보기는 어렵다.

박태호(2002)의 구분 방식에서 한 가지 더 생각해 보아야 할 사항은 각각의 구분 사이의 차이이다. 의미 구성 과정에서 인지 구성주의와 사회 구성주의는 개별 필자의 단독적인 사고와 사회 구성원들 간에 상호 작용을 통한 사고라는 데에서 차이점을 지닌다. 사회 구성주의와 사회 인지주의는 의미의 구성을 대화의 과정과 협상의 과정으로 파악한다는 점에서 차이가 있다. 여기에서 인지 구성주의와 사회 구성주의 사이에는 인지적 관점과 사회적 관점을 강조한다는 점에서 패러다임의 전환이라고 부를 만큼 차이가 분명히 드러나지만, 사회 구성주의와 사회 인지주의 또한 그 궤를 달리할 만큼 차이를 지니는 것으로 볼 수 없다.

쓰기 이론은 언어의 의미 구성에 관한 설명을 주된 목적으로 하기 때문에 수사학에 그 뿌리를 두고 있다. Knoblauch(1988)은 수사학적 관점에서 언어와 지식, 담화 사이의 상호 관련성의 문제에 초점을 두어, 쓰기에 대한 관점을 크게 본질주의 수사 이론, 객관주의 수사 이론, 표현주의 수사 이론, 사회주의 수사 이론으로 나누고 있다. 본질주의 수사 이론은 텍스트를 구성하고 있는 형식적인 측면에 초점을 두면서, 언어가 지식을 구성하지는 못하지만 지식을 전달하는 결정적인 역할을 하는 것으로 본다. 객관주의 수사 이론은 이러한 관점에 반대하면서 언어는 단순히 실재를 보조하는 것이 아니라 지식을 구성하는 역할을 하는 것으로 보고 지식은 언어 또는 담화의 사용에 달려있다고 생각한다. 표현주의 수사 이론은 지식을 인간의 의식 작용 및 상상력의 틀 속에서 해석하려는 입장을 취하며, 사회주의 수사 이론은 언어를 물질과 역사적 과정에 뿌리를 둔 사회적 실재로 규정한다.

Berlin(1988)의 구분 방식 또한 Knoblauch의 관점과 궤를 같이 하고 있다. 그는 수사학과 이데올로기의 결합을 통해서 표현주의 수사학, 인지주의 수사학, 사회 인식론적 수사학으로 나누어 살피고 있다. 여기에서 인지주의 수사학은 수사학의 현재적 전통을 계승한 것으로 객관주의 수사학에 해당한다.

철학적 입장에서 쓰기를 구분한 방식으로 Nystrand(1993)가 대표적이다. 그는 쓰기에 대한 관점으로 형식주의, 구성주의, 사회 구성주의, 대화주의를 제시하였다. 여기에서 주목할 점은 사회 구성주의와 대화주의를 구분하고 있다는 점이다. 사회적 구성주의를 개별적인 측면을 소홀히 한 채 구성원들 간의 타협을 강조한 개념으로 보고 대화주의는 이보다 좀 더 역동적으로 필자와 독자 사이의 대화에 기초한 변증법적인 종합을 통해 의미를 창출하는 것으로 설명하고 있다. Bakhtin의 대화주의 이론은 추상적 객관주의와 주관적 개인주의를 비판하고 등장한 이론이라 할 수 있다. Nystrand(1993)은 사회 구성주의를 형식주의의 연장선에서 파악하여 대화주의와 사회 구성주의를 대립적인 관계로 파악하였다. 사회적 구성주의와 대화주의를 구별하는 것은 가능하겠지만, 대화주의에서 가장 중요하게 생각하는 것이 사회 구성원들 간의 대화를 통한 의미 구성(교섭)인데, 사회 구성주의 역시 사회적 상호작용의 일환으로 대화를 강조하고 있다. 이들 간의 차이를 인정한다 하더라도 이 정도의 차이가 형식주의와 구성주의, 사회적 구성주의와 궤를 같이 할 만큼 차이가 난다고 보기는 어렵다. 대화주의를 하나의 독립된 관점으로 설정하는 문제도 고민해 볼 필요가 있다. 이는 뒷 절에서 자세히 다루도록 한다.

이렇듯 쓰기에 대한 관점을 나누는 방식은 토대가 되는 학문에 따라 다소 차이가 있다. 본고에서는 심리학적 입장(박영목, 1994; 박태호, 2000)과 수사학적 입장(Knoblauch, 1988; Berlin, 1988), 그리고 철학적 입장(Nystrand, 1993)을 중심으로 살펴보았다. 그 결과, 텍스트의 의미 구성 현상을 바라보는 관점은 철학적 · 인식론적 사고를 바탕으로 크게 변화해 왔으며 형식적 관점에서 인지적 관점으로, 인지적 관점에서 사회 구성주의로 변화·발전하였다고 할 수 있다. 이러한 관점들은 쓰기 현상을 이해하는 하나의 유용한 틀로 작용할 뿐만 아니라, 인간을 이해하고 인간과 바깥 세계와의 관계를 해석하는 데 하나의 틀로 작용하게 된다는 점에서 패러다임의 전환이라고 할 수 있다.

본고에서는 인식론적 측면에서 쓰기에 대한 관점을 크게 형식주의, 개인 인지주의, 사회 인지주의 관점으로 구분하고 대화주의를 사회 인지주의 관점에 포함시키고자 한다. 그리고 이를 각각 '형식주의 쓰기 이론', '개인 인지주의 쓰기 이론', '사회 인지주의 쓰기 이론'으로 부르고자 한다.

쓰기 이론을 '형식주의 쓰기 이론', '개인 인지주의 쓰기 이론', 그리고 '사회 인지주의 쓰기 이론'으로 구분하는 방식은 몇 가지 점에서 유용하다. 먼저 시대에 따른 변화를 나타낸 것으로 이 순서대로 쓰기 현상과 관련하여 관심의 변화가 잘 드러난다. 1960년대 초반까지의 쓰기 이론은 형식주의적 성향을 띠고 있었다. 이후에 인지적 관점이 1960년대 중반에 대두되기 시작해서 1970년대에 활발하게 논의되었으며 1980년대에 널리 확산되었다. 1970년대의 쓰기 연구가 필자 개인의 인지적 과정에 관심을 집중했다면, 1980대의 쓰기 연구는 개인이 소속된 집단과의 상호 작용에 관심을 기울였다. 둘째, 패러다임에 따른 쓰기 이론의 구분 방식은 쓰기 현상에 영향을 미친 인접 학문을 살펴보기에 용이하다. 쓰기와 관련된 패러다임의 변화는 인접 학문들의 영향을 직·간접적으로 받았을 것이다. 쓰기의 인접 학문으로는 철학, 언어학, 문학, 심리학 등이 있는데, 이것들은 의미 구성 현상과 관련하여 기본적으로 동일한 관점을 유지한다. 셋째,

사회 인지주의와 대화주의 쓰기 이론을 사회 구성주의라는 패러다임 속에서 지금도 계속 변화 · 발전하고 있는 이론 체계의 하나로 이해하려는 본고의 관점을 드러낼 수 있다. 물론 이러한 유형들의 공통점과 차이점을 세밀하게 분석하는 연구도 중요하다. 하지만 본 연구에서는 이 두 유형을 사회 구성주의 철학을 기반으로 동일한 범주에서 포함된다고 보고 사회 인지주의 쓰기 이론이 의미 구성하는 방식을 어떻게 설명하고 있는지에 관심을 둔다. 넷째, 형식주의, 개인 인지주의, 사회 인지주의라는 용어의 사용은 전달상의 혼란을 어느 정도 줄일 수 있다. 단순히 인지주의와 사회 인지주의라는 용어를 사용하는 것보다는 개인 인지주의와 사회 인지주의를 사용함으로써 개인과 사회의 대립되는 개념을 좀 더 명확하게 표현할 수 있다. 마지막으로 쓰기 이론의 명명 과정에서 '구성주의'라는 용어를 사용하기보다 '인지주의'라는 용어를 사용함으로써 본고의 관심이 쓰기에 영향을 미치는 요소 가운데 특히 필자 개인의 인지 과정에 있다는 점을 드러낼 수 있다는 이점이 있다.

02 형식주의 쓰기 이론과 모형의 한계

이론은 현상에 대한 추상적인 설명 체계이고 모형은 이론을 구체화시킨 것이다. 모형은 이론을 구성하는 요인들의 상관관계를 구체화된 형태로 제시하거나 추상적인 구조를 명시적인 구조로 나타낸다. 다시 말해서 쓰기 모형은 쓰기 이론을 구체화된 형태로 제시하고 정교화하는 역할을 하는 것으로 볼 수 있다. 이번 절에서는 쓰기 이론을 '형식주의 쓰기 이론', '개인 인지주의 쓰기 이론', '사회 인지주의 쓰기 이론'으로 구분하고 각각의 이론에서 의미 구성 방식을 어떻게 설명하는지 살펴보고자 한다. 이를 위하여 각 이론의 등장 배경, 기반 철학과 인접 학문, 특징과 강조점을 검토한 후, 이를 토대로 각 이론의 한계와 의의를 비판적으로 고찰하고자 한다. 그런 다음 각각의 쓰기 이론의 대표적인 모형으로 '단계적 쓰기 모형', '인지적 쓰기 모형', '사회적 상호 작용 모형'을 살펴보고자 한다.[11] 선행 연구들은 공통적으로 사회 · 문화적 맥락 안에서 이루어지는 필자 개인의 인지 과정을 명확하게 설명할 수 없다는 한계를 지닌다. 본 연구에서는 이러한 한계를 극복하기 위해 새로운 접근 방안으로 '통합 인지적' 관점을 제안하고자 한다.

1) 형식주의 쓰기 이론의 특징과 한계

1960년대 이전까지의 쓰기 이론은 형식주의적 성향을 띠고 있었다. 형식주의 쓰기 이론은 규범 문법과 수사학적 원칙을 강조한다. 형식주의 쓰기 이론가들은 텍스트의 객관성을 중시하여 텍스트의 구성 요소 및 그 관계들의 분석을 통해서 의미를 파악할 수 있다고 생각하였다(박영목, 1994). 형식주의 쓰기 이론은 텍스트를 객관적인 연

11 Fizgerald(1992:23-29)는 인식론적 관점에서 '단계적 쓰기 모형'은 객관주의적 관점을 반영한 것이고 '인지적 쓰기 모형'은 주관주의적 관점을 반영한 것으로 설명하였다. 그리고 '사회적 상호 작용 모형'은 주관주의와 객관주의의 사회적 상호 작용이라는 사회 구성주의 관점을 반영하였다고 주장하고 있다(박태호, 1996:9-10 재인용).

구의 대상으로 보고 객관적인 방법에 의해서 객관적인 지식을 얻을 수 있다는 객관주의 지식관에 입각하고 있다. 당시 문학에서는 신비평 이론, 언어학에 있어서는 구조주의 언어학, 심리학에 있어서는 행동주의 심리학, 수사학 분야에서는 규범 문법이나 어법, 수사학적 원리 등이 동일한 패러다임의 범주에 속한다.

신비평 이론은 연구의 대상으로 텍스트 그 자체를 강조하였다. 신비평 이론가들은 어떠한 텍스트든지 일원적이고 영속적인 의미를 지니고 있고 독자는 이러한 객관적인 진리를 발견하기 위해서는 텍스트를 구성하고 있는 형식적인 요소를 철저히 분석해야만 가능하다고 생각하였다. 예를 들어 시를 감상하기 위해서는 시를 이루고 있는 작은 요소들, 즉 운율, 심상, 이미지 등에 주목하면서 텍스트를 엄밀하게 분석적으로 읽어야 한다고 보았다.

당시 행동주의 심리학에서는 인간의 행동과 학습을 자극과 반응(S-R), 강화라는 변인을 이용하여 설명하였다. 행동주의 심리학자들은 언어를 관찰이 가능한 언어 행동과의 관계 아래에서만 올바르게 이해될 수 있는 것이며, 언어 행동의 기저가 되는 정신 작용에 대한 연구는 언어 현상의 실체를 혼란시키기만 한다고 생각하였다. 예를 들어, 신행동주의자인 Skinner는 아동의 언어 습득을 맨드(mand), 택트(tact), 모방적 행동, 오토클리틱스(autoclitics)의 개념을 이용하여 설명하였는데, 이는 언어를 일종의 행동으로 간주하여, 자극과 반응, 모방과 연습으로 설명한 것으로 이해할 수 있다.[12] 이러한 행동주의 학

12 '맨드(mand)'는 심리적 욕구를 채우려는 본능에 의해 말을 하기 시작하는 것을 말하고 '택트(tact)'는 접촉을 통해서 언어를 습득하는 것을 뜻한다. '모방적 절차'란 모방적 행동을 통해서 언어를 습득한다는 것을 가리킨다. Skinner는 문법적 지식의 습득을 설명하기 위하여 '오토클리틱스(autoclitics)'라는 용어를 사용했다(박태호, 1996:17).

습 이론은 아이들에게 외부에 객관적으로 존재하는 지식을 학습시킨다는 점에서 객관주의 인식론과 연계된다.

한편 언어학에서는 구조주의 언어학이 주류를 이루었다. 구조주의 언어학에서는 언어를 구성하고 있는 형식적인 요소와 특징을 분석하는 데 초점을 두었다. 구조주의 언어학은 행동주의 심리학의 영향을 받아 전통적인 언어 교육에서 소리와 문형 중심의 교육 방법을 주장하였다. 문형 연습은 구조언어학에서 따온 '구조'라는 개념과 행동주의 심리학에서 빌려온 '연습'이라는 개념을 결합한 것이다. 구조주의와 행동주의의 결합은 반복적인 훈련을 통해서 언어의 습관화와 문법적인 지식의 습득을 강조하였다.

이런 주변 학문의 영향을 받아, 쓰기에서는 결과 즉 텍스트 자체를 강조하게 되었다. 형식주의 쓰기 이론에서는 텍스트의 의미가 텍스트에 독립되어 자율적으로 혹은 스스로 맥락화된다고 보았다. 이 이론에서 필자는 자신이 구성한 의미를 모범적인 수사 규칙을 사용하여 텍스트에 표현함으로써 독자가 그것을 따르도록 하는 것이다. 따라서 텍스트는 독자가 의미를 쉽게 해독할 수 있도록 모범적인 수사적인 규칙을 활용하여 능률적으로 구성되어야 한다. 그리고 텍스트에 대한 이러한 개념은 독자의 목적이 필자의 의도에 따라서 텍스트의 의미를 해독하는 것에 있다고 파악할 수 있다. 결국 형식주의 쓰기 이론에서는 필자와 독자의 관계가 균형을 이루지 않으며, 전체적으로 독자보다는 필자와 텍스트에 무게가 실려 있다고 볼 수 있다.

다음은 지금까지 살펴본 의미 구성 방식에 관한 형식주의 쓰기 이론을 정리하여 표로 제시한 것이다.

표 1 형식주의 쓰기 이론의 특징과 한계

영역 \ 쓰기 이론	형식주의 쓰기 이론
기반 철학	객관주의
인접 학문	신비평 이론, 구조주의 언어학, 행동주의 심리학
의미 구성의 주체	텍스트
텍스트의 의미	의미를 담고 있는 실체
필자의 위치	능동적 의미의 전달자
독자의 위치	수동적 의미의 수용자
지식의 의미	외부에 존재하는 독립적인 실체
지식의 재구성	약함

위 표에서 형식주의 쓰기 이론은 의미 구성 과정에서 필자나 상황을 통한 추론을 철저히 배제하고 있다는 점을 알 수 있다. 이는 형식주의 쓰기 이론의 지식관에서 비롯된 것으로, 필자가 구성한 의미는 수사적 규칙을 통해 언어로 표현되고 의미가 저장된 텍스트는 자율적으로 기능하면서 고정 불변의 객관적인 실체(의미)를 독자에게 전달해 준다. 따라서 형식주의 쓰기 이론에서는 의미를 텍스트 자체에서 찾기 때문에 필자 개인이 가지고 있는 경험이나 지식의 차이에 따른 역동적인 의미 구성 행위를 간과했다는 비판을 면하기 어렵다.

하지만 본 연구에서는 형식주의 쓰기 이론이 이와 같은 한계를 지님에도 불구하고 부정적으로 보고 이를 도외시하기보다는 새로운 접근을 해 보고자 한다. 최근의 쓰기 동향은 과정 중심의 접근만을 강조하면서 텍스트를 구성하고 있는 객관적인 요소들을 도외시할 우려가 있다. 형식주의 쓰기 이론은 좋은 텍스트가 갖추어야 할 기준을 제시하고 있어서 이를 극복할 수 있는 실마리를 제공해 준다. 필자는 좋은 텍스트를 쓰기 위해서 형식주의 쓰기 이론에서 강조하고 있는 문법이나 수사학적 원리나 기법 등을 숙지하고 있어야 한다. 이들은 쓰기 행위를 구성하고 있는 중요한 변인 가운데 하나로서, 지금도 필자들이 글을 쓰는 데 많은 영향을 끼치고 있다고 생각된다.

2) 단계적 쓰기 모형의 특징과 한계

'단계적 쓰기 모형'은 형식주의 쓰기 이론을 대표하는 모형이다. 단계적 쓰기 모형은 주로 쓰기 전(prewriting), 쓰기(writing), 다시 쓰기(rewriting)의 세 단계로 이루어져 있고 선조적이라는 특징을 가지고 있다. 대표적인 쓰기 모형으로는 쓰기 전(prewriting), 쓰기(writing), 쓰기 후(postwriting)로 구분한 Roman & Wlecke(1964)의 단계적 쓰기 모형과 개념(conception), 부화(incubation), 산출(production)로 구분한 Britton(1975)의 단계적 쓰기 모형이 있다. 아래의 모형은 Roman & Wlecke(1964)의 단계적 쓰기 모형이다.

그림 1 단계적 쓰기 모형

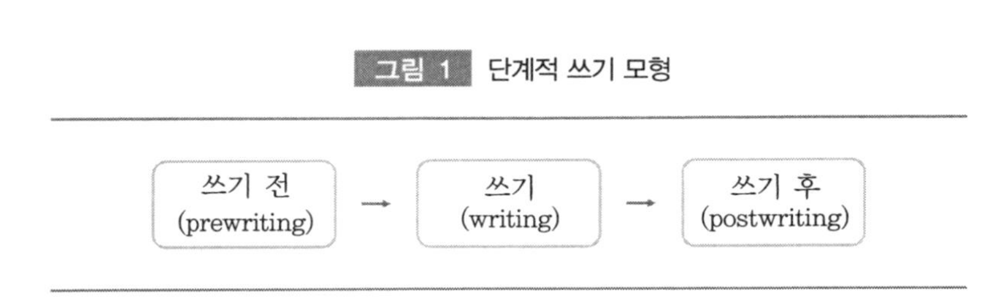

Roman & Wlecke(1964)의 연구에서는 쓰기 전 활동을 강조했는데, 학생들에게 글을 쓰기 전에 아이디어를 발견하도록 하기 위해서 일지를 쓰게 하거나 종교적인 명상을 하게 하고 주제와 관련하여 유추 활동을 하도록 했다. 이는 필자의 의미 구성 능력을 어느 정도 인정했다는 점에서 개인 인지주의 쓰기 모형으로 제시할 수도 있다.[13]

하지만 과정의 결과로 생성된 텍스트에 초점을 두었다는 점에서 외재적 관점을 반영하고 있고, 쓰기의 과정 또한 전통적인 작문관에 따라 설명하고 있다. 고대 그리스 시대에도 쓰기 과정을 창안, 구성, 배열 등으로 나누면서 쓰기 전 단계를 인정했지만, 이를 필자의 역동적인 의미 구성의 과정으로 파악하지 않는다. 한 가지 예를 들어 보면, 고대 그리스 시대에는 텍스트를 서론 한 문단, 본론 세 문단, 결론 한 문단인 5문단법으로 조직하였다. 쓰기 전 단계에서 필자가 5문단법으로 글을 조직한 것은 한 편의 글을 완성하기 위해 거쳐야 하는 하나의 과정일 뿐이지 글의 목적이나 주제, 독자 등을 고려하여 의미를 구성하고 있는 과정으로 이해하기는 어렵다.

이와 마찬가지로 Roman & Wlecke(1964)의 모형도 필자의 정신 과정 외부에 존재하는 텍스트 자체에 초점을 둔 모형이다. 따라서 이

13 이재승(2006:58)은 Roman & Wlecke(1964)의 모형을 대표적인 형식주의 쓰기 모형으로 보는 것은 타당하지 않다고 보았다. 그는 결과 중심 쓰기 모형과 과정 중심 쓰기 모형을 나누는 기준으로 첫째, 텍스트에 초점을 두느냐, 필자의 의미 구성 과정에 초점을 두느냐, 둘째, 쓰기의 과정을 나누면서 쓰기 전 과정이나 쓰기 후 과정을 인정했느냐의 유무, 셋째, 쓰기 과정은 인정하되 그 자체를 중요한 교육의 대상으로 보았는지, 보지 않았는지를 들었다. 이재승은 위 세 가지 기준에 따라 Roman & Wlecke(1964)의 모형을 형식주의 쓰기 모형으로 보기보다는 초기의 과정 중심 모형으로 보아야 한다고 주장하고 있다.

모형은 객관주의 지식관을 바탕으로 한 것으로 형식주의 쓰기 모형으로 보는 것이 타당하다.

03 개인 인지주의 쓰기 이론과 모형의 한계

1) 개인 인지주의 쓰기 이론의 특징과 한계

쓰기에 대한 인지적 관점을 중시하는 연구 풍토는 1960년대 중반에 대두되기 시작해서 1970년대에 활발하게 논의되었다. 1980년대에 접어들면서 쓰기는 기본적으로 역동적인 의미 구성 과정, 즉 계층적으로 조직된 인지적 표상을 텍스트로 번역하는 과정이라는 인식이 쓰기 이론가들 사이에 널리 확산되었다. 이러한 쓰기 연구의 변화에 절대적인 영향을 미친 것이 바로 인지 구성주의이다. 주로 인지 심리학자들이 이러한 관점을 주도하였다.

당시 지식은 절대적인 것이 아니라 상대적인 것이라는 생각이 팽배하였다. 구성주의[14] 관점에 의하면, 인간은 외부 세계에 대한 주관

14 '구성주의'는 '급진적 구성주의'와 '사회적 구성주의'로 나눌 수 있고 구성주의와 대비되는 개념으로 '사회문화주의'가 있다. '급진적 구성주의'에서 '급진적'의 의미는 객관주의와는 달리 모든 지식은 인간의 특수한 맥락에 의거해 구성된다는 관점이 당시 매우 급진적인 생각이라고 여겨졌기 때문이다. 이를 '개인적 구성주의' 혹은 '인지적 구성주의'라고도 한다. '사회문화주의'는 우리가 얻게 되는 지식이나 가치는 그 연원이 사회문화에 있다고 주장한다. 이들은 개인이 있기 전에 사회가 있다고 주장한다. 마지막으로 '사회적 구성주의'는 이 두 입장을 융합한 것으로, 급진적 구성주의의 구성의 측면과 사회문화주의의 사회적 맥락을 동시에 강조하는 관점이다.

적인 경험을 바탕으로 실체를 구성한다. 다시 말해서 인간은 자신의 주관적인 경험이나 대상과의 관계를 바탕으로 사물을 해석하므로 지식은 개별 인간의 정신활동의 소산이 된다. 객관주의가 지식의 절대성을 강조했다면, 구성주의는 인식의 주체가 지식을 구성하는 방법에 관심을 갖는다고 설명한다. 이러한 관점은 내재주의적 패러다임을 반영한 것인데, 당시 독자 반응 이론이나 Chomsky가 주창한 변형 생성 이론, 인지 심리학 등이 개인 인지주의 쓰기 이론 연구의 이론적 기반의 토대가 되었다.

문학 분야에서는 독자 반응 이론[15]이 부각되었다. 독자 반응 이론은 신비평의 연구 방법 및 교수법을 비판하면서 등장하였다. 신비평 이론에서 의미는 텍스트 자체에 담겨져 있으며, 텍스트와 언어 구조물만이 가치 있는 대상이라고 생각하여 텍스트의 정독과 분석을 중시하였다. 독자는 텍스트를 구성하고 있는 요소들과 이들 요소 간의 관계를 면밀하게 분석함으로써 텍스트의 의미를 추출, 해독, 발견, 취득할 수 있다고 보았다. 하지만 독자 반응 이론에서는 글을 읽는 동안 독자가 주도적인 역할을 담당하면서, 역동적인 인지 행위를 통해 의미를 구성하는 것으로 파악하였다.

개인 인지주의 쓰기 이론이 등장한 배경에는 문학 분야에서의 신비평 이론의 쇠퇴와 함께 언어학에서는 구조주의 언어학 대신에 Noam Chomsky(1957)가 주창한 변형 생성 이론이 큰 역할을 하였다.

15 '독자 반응 이론'은 신비평 이론을 대체할 대안으로서, 문학 이론을 극복하고 여러 문학적 지류를 반응이란 개념으로 통합하며 횡적으로 텍스트와 독자를 함께 포함하는 이론이다. 이 이론은 텍스트에만 관심을 두거나 독자 스스로의 느낌에만 치중하는 것을 피하고 독자와 텍스트의 상호 관련성을 중시하는 이론이다. 이는 신비평 이론이나 수용 이론의 한계를 모두 극복하고 문학 이론의 균형을 이루고자 하는 시도로 이해할 수 있다.

구조주의 언어학은 문장의 구조를 위계화하는 데 실패했으며, 기존 패러다임으로는 더 이상 언어 현상을 설명할 수 없게 되었다. 그래서 언어학의 초점이 언어의 형식적 구조에서부터 개인의 구성적인 작용에 대한 것으로 바뀌었다. Chomsky와 그의 동료들은 언어학의 초점을 형식적인 언어 구조로부터 언어 사용자가 언어 구조를 구성하는 심리적 과정으로 전환시켰다. 이들은 인간의 정신 구조를 심층 대 표층의 구조로 구분하며, 인간 정신의 심연에 자리 잡고 있는 추상적인 심층 구조로서의 언어에 대한 연구를 중시하였다. 이제 행동의 결과보다는 그 행동을 가능하게 한 마음의 상태(심층 구조)에 관심을 집중하게 되었다. 이러한 변화는 쓰기에서 결과보다는 결과가 나오기까지의 과정에 관심을 가지게 하는 데 많은 영향을 끼쳤다.

당시 인지 심리학과 정보 처리 이론은 필자의 내적 사고 과정을 밝히는 데 토대가 되었다. 인지 심리학은 사람의 사고 과정을 추적하여 언어의 이해와 표상에 관한 연구로 그 관심 영역은 인간의 두뇌 속의 활동 영역이었다. 정보 처리 이론은 컴퓨터에서 발생한 문제를 해결하는 절차와 방법에 관한 것이었으나, 이를 인간 사고에 적용하였다. 인지 심리학자들은 우리의 머릿속에서 일어나는 사고의 과정을 직접적으로 이해하기 어렵기 때문에 인간의 사고의 과정을 컴퓨터가 하는 일에 대응하여 생각하였다. Miller는 인간의 사고 활동은 컴퓨터 프로그램과 유사하다고 주장하면서 인간의 이성은 마치 컴퓨터가 입력된 정보를 판단하여 하위 과정들을 통해 순환하면서 결과를 처리하는 것처럼 회귀적으로 작동한다고 하였다. 인지 심리학과 정보 처리 이론의 수용으로 쓰기 과정을 체계적으로 설명

할 수 있게 된 것은 상당한 성과라고 할 수 있다.[16]

이러한 인접 학문의 영향을 받아, 개인 인지주의 쓰기 이론에서는 개별 필자의 의미 구성 과정을 중시하여 필자의 머릿속에서 일어나는 의미 구성 현상을 밝히기 위해서 노력하였다. Emig(1971)은 당시의 연구자들이 쓰기의 과정을 선조적인 관점으로 바라본 것을 강하게 비판하면서, 회귀적인 관점으로 바라보았다. 또한 사고구술(Thinking Aloud) 기법을 쓰기 연구에 적용하여, 의미 구성 과정에서 발생하는 현상들을 연구할 수 있는 기반을 조성하였다. Emig 이후 본격적인 개인 인지주의 쓰기 이론의 연구 기반을 닦고 이를 선도한 사람은 Flower & Hayes(1981)이다. 이들은 초보자와 전문가의 쓰기 행위를 연구하여, 개인 인지주의 쓰기 이론을 대표하는 '인지적 쓰기 과정 모형'을 제시하였다. 그들은 쓰기 과정을 계획하기, 작성하기, 재고하기 세 부분으로 나누고 각 과정들은 위계적이며 회귀적 특성을 갖는다고 설명하고 있다. 이 외에도 대표적인 개인 인지주의 쓰기 이론 연구에는 Braddck et al.(1963), Moffett(1968), Britton(1970), Fish(1970) 등이 있다.

개인 인지주의 쓰기 이론가들은 의미를 구성하는 필자에 주목하여, 개별적인 필자의 쓰기 행위를 분석의 대상으로 삼았다. 그들은 쓰기 과정에서 작용하는 필자의 지적 작용에 관심을 두었는데, 필자는 이를 적극적으로 활용함으로써 쓰기 과정에서 부딪치는 문제를 해결하고 의미를 구성한다고 보았다. 개인 인지주의 쓰기 이론에서는 텍스트를 필자의 계획, 목적과 사고를 언어로 번역한 것으로 정

16 이 부분에 대한 논의는 박영목(1994, 2008), 박태호(1996, 2000), 이재승(1999, 2006)을 참고하였다.

의하고 있고 텍스트를 통한 의미 구성 능력은 필자의 목적의식과 사고 능력의 계발을 통하여 신장되는 것으로 설명하고 있다.

개인 인지주의 쓰기 이론에서는 필자에 의해 구성된 의미는 텍스트를 거쳐 독자에게 전달된다. 필자는 전략을 활용하여 문제를 해결함으로써 의미를 구성하고 그것을 텍스트로 표현하는데, 이때 필자는 독자를 고려하여 아이디어를 생성, 조직, 표현하게 된다. 형식주의 쓰기 이론에서는 독자의 역할을 거의 인식하지 못했지만 개인 인지주의 쓰기 이론에서는 부분적으로 이를 인정하고 있는 것이다.

하지만 손영애 등(1992)이 밝힌 바와 같이, 개인 인지주의 쓰기 이론에서 독자는 필자의 인지 과정 외부에 존재하면서 쓰기 행위에 영향을 주는 의미만 지닐 뿐, 쓰기에 영향을 주는 본질적인 요인은 되지 못한다. 다시 말해서 개인 인지주의 쓰기 이론에서 독자는 필자와 직접적인 상호 작용을 하기보다는 글을 쓰기 전에 필자가 고려해야 할 대상으로 간접적인 영향을 준다고 볼 수 있다.

지금까지의 논의를 정리해 보면, 개인 인지주의 쓰기 이론은 글을 쓰는 과정에서 일련의 문제 해결 행위를 통해 개인 내에서 의미가 구성된다는 입장을 강조한 점, 글을 쓰기 전에 이미 가지고 있는 지식이나 경험을 최대한 떠올릴 것을 강조한 점, 그리고 필자의 사고 행위를 강조한 점 등에서 큰 의의가 있다고 할 수 있다. 다음은 의미 구성 방식에 관한 개인 인지주의 쓰기 이론의 설명 방식을 정리한 표이다.

표 2 개인 인지주의 쓰기 이론의 특징과 한계

영역 \ 쓰기 이론	개인 인지주의 쓰기 이론
기반 철학	구성주의 中 인지 구성주의
인접 학문	독자 반응 이론, 변형 생성 이론, 인지 심리학, 정보 처리 이론
의미 구성의 주체	개인
텍스트의 의미	필자의 계획이나 사고를 표현한 것
필자의 위치	의미의 구성자
독자의 위치	의미의 해석자
지식의 의미	배경 지식의 재구성(동화, 조절)
지식의 재구성	강함

위의 표에서 개인 인지주의 쓰기 이론가들은 필자를 사회·문화적 상황과는 유리(遊離)된 고독한 존재로 설정해 놓고 있다는 점을 발견할 수 있다. 개인 인지주의 쓰기 이론에 의하면, 필자는 철저하게 자신의 주관적인 경험과 판단에 의지해서 글을 써야 한다. 이렇게 되면 필자는 쓰기가 발생하는 상황·맥락과는 동떨어진 상태에서 문제를 발견하고 해결하며 텍스트를 완성하게 된다. 여기에서 개인 인지주의 쓰기 이론의 의미 구성 방식에 관한 한계를 발견할 수 있다. 개인 인지주의 쓰기 이론에서는 글쓰기를 개인에 한정된 문제로만 인식할 뿐 글쓰기가 이루어지는 구체적인 사회·문화적 상황이나 맥락이 필자에게 미치는 영향을 간과하였고 글쓰기가 이루어지는 개인의 인지 과정에만 초점을 두고 결과물인 글 자체가 필자에게 어떤 영향을 미치는지 고려하지 않았다. 덧붙여 쓰기 과정을 주로 인지 행위에만 초점을 두고 살펴봄으로써 정의적인 요소가 필자의

쓰기 행위에 미치는 영향을 소홀히 다루었다는 점 또한 문제점으로 제시할 수 있다.

2) 인지적 쓰기 모형의 특징과 한계

개인 인지주의 쓰기 이론을 바탕으로 이루어진 쓰기 모형들은 대체로 그 중심 요소가 쓰기의 과정과 필자의 사고 내적 구성에 중점을 두고 있다. 개인 인지주의 쓰기 이론을 바탕으로 하는 쓰기 모형의 시발점은 Flower & Hayes(1980)의 '인지적 쓰기 모형'이다. 이들은 주로 대학생들을 대상으로, 사고 구술법(think-aloud method)을 통해 쓰기 과정에서 일어나는 필자의 인지 행위에 관심을 가졌다. 다음은 Flower & Hayes(1980)가 필자들이 쓰기 과정에서 사용한 전략을 분석하여 제시한 모형이다.

그림 2 인지적 쓰기 모형

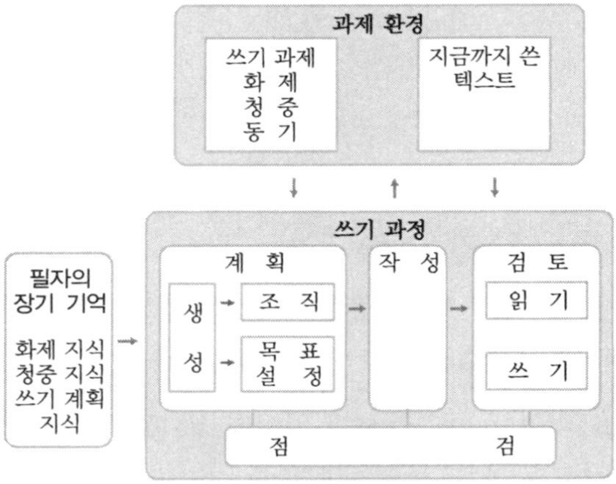

과제 환경
쓰기 과제
화 제
청 중
동 기
지금까지 쓴 텍스트
쓰기 과정
필자의 장기 기억
화제 지식
청중 지식
쓰기 계획 지식
계 획
생 성
조 직
목 표 설 정
작 성
검 토
읽 기
쓰 기
점 검

위의 그림에서 볼 수 있듯이, 이들은 의미 구성 과정에 영향을 미치는 핵심 요인으로서 '쓰기 과제 환경', '필자의 인지 과정', '필자의 장기 기억' 세 가지를 제시하고 있다.

'쓰기 과제 환경'은 쓰기 과제, 쓰기의 필요성, 대상 독자 그리고 지금까지 작성된 텍스트 등을 모두 포괄하는 것으로서 필자의 인지 작용 외부에 존재하는 것들이다. 따라서 이들 환경적 요인들은 쓰기 행위에 영향을 미칠 수는 있어도 쓰기 행위의 본질을 형성할 수는 없는 것이다. '필자의 장기 기억'은 쓰기의 주제에 대하여 필자가 알고 있는 지식은 물론 쓰기 행위와 관련되는 계획하기, 쓰기의 원리, 수사론적 원리들에 대한 지식들을 포함한다. 여기에서 관심의 대상이 되는 것은 필자가 실제로 알고 있는 모든 지식이 아니고 쓰기 과정에서 필자가 그의 장기 기억으로부터 끌어내어 선택하고 활용할 수 있는 지식이다.

그림에서 가장 핵심이 되는 부분은 쓰기 과정에 관한 부분이다. 쓰기 과정 부분은 필자가 쓰기 행위를 하는 동안에 채택하게 되는 주요한 사고 과정을 나타낸 것이다. 이들은 쓰기 과정을 크게 계획하기(planning), 작성하기(translating), 검토하기(reviewing) 세 과정으로 나누었다.

여기에서 '계획하기' 단계는 내용을 생성하고 그것을 다시 조직하고 글의 목적과 절차를 결정하는 사고 활동 전반을 포괄하면서, 이 세 과정은 거의 동시적이며 상호 작용적으로 기능한다. 이들은 글쓰기 과정에서 필자의 의미 구성 과정을 밝히기 위하여 인지 심리학자인 Simon이나 Newell, Herbert 등과 함께 연구를 진행하였다. 이들 인공지능 이론가들은 인간의 머릿속에서 일어나는 행위를 주로 컴퓨터의 중앙 처리 장치에 비유하곤 하였다(이재승, 2006:71). Flower & Hayes는 인지적 과정 모형에서 필자의 쓰기 과정을 순서도와 같은 형태로 제시한 점이나 점검하기 단계에서 인공두뇌학의 피드백 고리 개념을 차용한 점을 보면, 인공두뇌학의 영향을 많이 받은 것으로 여겨진다.

'작성하기'는 계획하기 과정에서 만들어진 내용을 문자 언어로 번역하여 표현하는 인지적 과정이다. 계획하기 과정에서 작성하기 과정으로 넘어올 때 반드시 언어적 형태로 표상될 수 있는 그러한 명시적 의미의 형태를 갖추고 넘어오지 않는다. 오히려 덜 개발된 표상들이 언어적인 기호로 표상되기 때문에 쓰기 행위를 제약하는 요인으로 작용하는 경우가 많다. 이러한 표상들을 문자 언어로 번역하는 일은 새로운 제약을 필자에게 가하게 되는데, 많은 경우 필자는 그 의미를 다듬거나 보충하기 위해 다시 계획하기 과정으로 되돌아가는 경우가 많다.

'검토하기'는 지금까지 계획된 내용 혹은 작성된 내용을 평가하고 고쳐 쓰는 과정이다. 평가의 결과가 부정적으로 나왔을 경우에는 반드시 고쳐 쓰기 과정을 거치게 된다. 검토하기 과정은 쓰기의 중간 혹은 끝부분에서 의도적으로 일어나는 경우가 많다.

'점검하기'는 상위인지 또는 초인지(metacognition)와 유사한 것으로 쓰기 과정을 전체적으로 조절하고 통제한다. 필자는 글을 쓰면서 자신의 쓰기 과정이나 전략을 인식하고 그것들의 적절성을 평가하며, 수정한다. 필자는 조정하기 기능을 통하여 글을 쓰는 목적은 물론이고 쓰기와 관련된 제반 요소들-독자, 필자 자신의 선행 지식이나 신념, 가치관, 사회문화적 요인 등-을 고려하면서 선택하고 결정하면서 자신의 쓰기 목표에 점점 다가간다고 할 수 있다.

Flower & Hayes에 의하면, 쓰기 활동은 목표 지향적인 사고 과정(a goal-directed thinking process)이다. 이 과정은 필자의 의식 속에서 스스로 설정하여 조직화하는 목표에 의해 이루어진다. 필자는 글을 쓸 때 먼저 수사적인 문제 상황을 인식하고 목표를 설정한 다음, 이를 해결하기 위하여 목표를 이루는 하위 문제를 살펴보고 이를 해결하려고 한다. 결국 이러한 과정을 거쳐 필자가 해결 가능한 문제를 발견하고 하위 목표에서부터 높은 수준의 목표를 해결해 나간다. 그들은 이러한 과정을 문제 해결의 과정으로 파악하고 쓰기 과정을, 의미를 구성해 가는 과정으로 파악한 것이다.

'인지적 쓰기 모형'은 쓰기 과정을 계획하기, 작성하기, 점검하기로 지나치게 단순화하고 있다고 비판받기도 한다. 하지만 이들에 와서 글을 쓰는 동안에 필자의 머릿속에 일어나는 행위를 직접적으로 관찰하려는 시도가 이루어지고 본격적으로 연구가 시작되었다. 본고에서 구안하고자 하는 '통합 인지주의 쓰기 모형' 또한 쓰기 현상을 개별 필자의 인지 활동을 중심으로 한, 의미 구성 과정으로 파악한다는 점에서 이들과 동일한 관점을 지닌다고 볼 수 있다.

한편 개인 인지주의 쓰기 이론에서도 맥락의 존재를 인정하고 있다. 이들의 쓰기 모형을 보면 상황 맥락 요인으로 필자의 쓰기 과제와 같은 수사학적인 요인을 들고 있다. 그러나 이것은 모형에 제시되어 있는 요소들일 뿐, 인지적 쓰기 과정에 비해서 그렇게 중시되었다고 보기는 어렵다.

1990년대에 들어오면서 Flower와 Hayes는 많은 변화를 시도하고 있다. 1980년대의 연구를 초기 연구라고 하고 1994년을 기점으로 이후에 나온 연구를 후기 연구라고 부른다면, 초기 연구는 쓰기 현상을 개인 인지주의 관점으로 파악한 것이고 후기 연구는 사회적인 관점을 어느 정도 수용하고 있다고 구분할 수 있다. 물론, 쓰기 현상을 사회 구성주의 지식관을 바탕으로 파악한 것이 아니기 때문에, 사회 인지주의 쓰기 이론과는 강조점에서 많은 차이가 난다.

04 사회 인지주의 쓰기 이론과 모형의 한계

1) 사회 인지주의 쓰기 이론의 특징과 한계

1970년대의 쓰기 연구가 필자 개인의 인지적 과정에 대한 연구에 치중했다면 1980년대의 쓰기 연구는 필자를 둘러싸고 있는 환경이나 개인과 개인 사이의 관계에 치중하는 경향을 띠었다. 또한 개인 인지주의 쓰기 이론이 쓰기 행위를 개인적인 행위로 파악하여 주로 '개인 내'에서 이루어지는 쓰기 과정에 관심을 치중했다면, 사회 인지주의 쓰기 이론에서는 쓰기 행위를 개인적인 행위인 동시에 사회적인 행위로도 파악하여 '개인 간'에 이루어지는 쓰기 과정에 보다 많은 관심을 기울였다.

사회 인지주의 쓰기 이론은 전통적인 인식론인 객관적 실재주의와 주관적 구성주의의 이분법적 사고를 비판하면서 나타난 사회 구성주의 철학을 바탕으로 한 이론이다. 사회 구성주의 철학은 지식과 앎, 언어와 사고 등의 사회적 기원을 강조하는 현대 사상가들의 다양한 견해를 수렴하여 하나의 틀로 엮은 것이다. 사회 구성주의자들은 주관주의 대 객관주의, 경험주의 대 이성주의, 기계론적 세계관 대 유기체적 세계관이라는 전통적인 이원론적 관점을 거부하였다. 그들에 의하면 지식은 더 이상 외부 세계에 객관적으로 존재하는 것도 아니며, 인식의 주체에 의해서 발견되어야 할 고정적인 지식도 아니다. 지식은 공동체 구성원들 간의 사회적 상호 작용을 통해서 구성되는 언어적 실체이다. 사회 구성주의에서 언어의 역할은 지식에 대해 대화를 하기 위한 수단이며, 매체가 된다. 사회 구성주의는 이러한 철학적 인식론의 변화를 바탕으로 문학, 언어학, 심리학 등 인접 학문과의 연계 속에서 급속도로 확장되어 새로운 패러다임으로 확립된다.

이 시기에 문학 분야에서는 독자 반응 이론이 일반화되기에 이르렀다. 이들은 의미란 독자마다 달리 나타나는 것이라고 하면서 의미의 다원성을 강조했으며, 이와 같은 맥락에서 의미는 고정되어 있는 것이 아니라 변화하는 것으로 보았다.

그리고 언어학의 경우는 Fillmore를 비롯한 일군의 언어학자들이 심층 구조가 의미를 전달하고 보존하는 방식을 연구함으로써 변형 생성 이론을 확장하기 위해 노력하였다. 이 시기에 변형 생성 이론과 함께 사회 언어학이 활기를 띠면서 언어를 사회적 현상 및 기능적 현상으로 이해하는 경향이 등장하였다. 텍스트 언어학이나 담화 분석 이론, 화용론 등의 발달이 이러한 관점을 잘 반영한다.

이러한 인접 학문의 영향을 받아, 사회 인지주의 쓰기 이론가들은 필자 개개인은 개별적으로 쓰기를 하는 것이 아니라 의미를 구성하는 과정에 영향을 미치는 언어 사용 집단 혹은 언어 공동체의 일원으로서 쓰기를 한다고 주장하였다. 또한 텍스트의 실질적인 의미가 필자 자신과 타인 사이 또는 개인과 언어 공동체의 협상과 해석의 결과이기 때문에, 담화 공동체 구성원들 간의 대화를 강조하였다.[17] 이는 사회 구성주의 철학의 인식론적 가정이 반영된 것으로, 의미 구성의 주체를 개인에서 담화 공동체 구성원들 사이에서 이루어지는 언어적 상호 작용 즉 대화로 파악한 것이다.

그런데 여기에서 한 가지 생각해 보아야 할 점이 있다. 여기에서 이루어지는 대화의 유형은 사회적으로 구성된 타자와 내적으로 대화를 하는 것에서부터 일상적인 삶을 영위하기 위해서 자신이 속한 공동체의 구성원들과 대화를 하는 것에 이르기까지 다양하다. 그리고 대화를 통해 항상 합의나 일치에 도달하는 것도 아니다. 표면적으로는 하나의 단일한 목소리로 보일지라도 그 이면에는 다양한 목소리와 갈등이 존재하고 갈등을 없애기 위해 협상이 이루어지기도 한다. 이렇듯 구성원 간의 대화를 해석하는 방식에 따라, 사회 인지주의 쓰기 이론과 대화주의 쓰기 이론 이외의 또 다른 이론으로 나누는 것이 가능해진다. 여기에서는 사회 구성주의 철학을 기반으로 한 사회 인지주의 쓰기 이론과 대화주의 쓰기 이론에 한정하여, 두 이론의 관계를 고찰해 보도록 한다. 이를 위해 먼저 쓰기 이론에서 사회 구성주의 관점을 최초로 주장한 Bruffee(1986)의 의견을 살펴보도록 한다.

17 사회 구성주의 관점을 최초로 제공한 사람으로 Kuhn을 들 수 있다. 그는 과학적 지식은 그 자체가 세상에 객관적으로 존재하여 과학자에게 발견되는 것이 아니라 과학자 집단의 사회적 합의에 의해서 도출된다고 주장하였다. 이후 Clifford Geertz는 사회 구성주의 관점을 문화적인 지식으로 확대·적용하였고 로티는 이를 지식의 전 분야로 확대하였다. Rorty는 지식의 속성을 이해하기 위해서는 사고 활동의 기반이 되는 담화 공동체를 이해해야 한다고 주장하였다(박태호, 1996:32-34).

Bruffee(1986)는 사회 구성주의 인식론의 기초를 마련하는 데 있어 Vygotsky와 함께 Bakhtin을 언급하고 있다. Vygotsky는 사고를 인식의 주체인 인간의 정신 활동의 결과로 파악하는 것이 아니라, 대화의 내면화로 파악하였다. 그는 말을 외적인 말과 내적인 말로 구분하였다. 외적인 말은 대인 관계를 유지하기 위해서 화자와 청자 사이에서 이루어지는 대화이며, 내적인 말은 자신과 대화를 하기 위해 사용하는 개인적인 차원의 말이다. 내적인 말은 겉으로 드러나지 않는 독백의 형태를 취하지만 학습자가 자기 자신을 청자로 삼아서 심리적인 대화를 한다는 점에서 협동적인 대화의 형태를 띤다. 덧붙여서 사회적인 수준에서 이루어진 대화는 시간이 경과하면서 개인적인 수준의 대화로 진행되며, 이것이 내면화된 대화, 즉 사고라고 설명하였다. 이러한 Vygotsky의 주장을 따르면, 개인의 사고 활동을 구성하는 기반은 사회적인 수준에서 화자와 청자가 상호 작용을 한 대화가 된다.

또 다른 측면에서 Bruffee는 Bakhtin을 사회 구성주의 문학 비평가로 언급하며, 사회 구성주의 인식론의 토대를 마련하였다. Bakhtin에 의하면, 언어 행위는 어떤 상황에서도 결코 개인적인 현상이 아니다. 그는 공통의 언어를 공유한 필자와 독자들이 한 단어와 그것이 지칭하는 실재 사이의 관계를 공통으로 이해하고 공통의 이데올로기적 지평을 공유하며 의사소통이 이루어진다고 보았다. 이때의 대화 개념은 응답을 주고받는 일상적인 대화 개념을 넘어선다. 즉, Bakhtin이 말하는 대화는 면 대 면의 구조를 갖는 개념과 이어성(異語性)의 개념을 통해서 정의했던 서로 다른 목소리를 가진 넓은 의미의 대화 개념을 기반으로 한다. '이어성(異語性)'은 주어진 말 속에 포함된 여러 층의 목소리나 의미를 가리킨다. 다시 말해서 그는 모든 말은 직업 · 장르 · 경향 · 단체 · 특정한 일 · 특정한 사람 · 시간을 지닌다고 하며, 언어의 이어적 특징을 주장하였다.[18]

Bakhtin은 여기에 구심력과 원심력의 개념을 적용하여 이어성의 개념을 확대 · 심화시켰다. 이어성을 담화와 관련지어 보면, 독백적 담화와 대화적 담화로 나눌 수 있다. 독백적 담화는 자신과 동등한 권리와 의무를 가진 타인의 존재를 부정하고 무시하려는 특징을 지닌 구심적이고 통일적인 담화이다. 대화적 담화는 나와는 다른 목소리와 이데올로기를 지닌 타자와 서로의 입장을 대변하면서 경쟁하고 갈등하며 발전하는 역동적인 특징을 지닌 원심적이고 반통일적인 대화적 담화를 뜻한다.

Bakhtin과 Vygotsky는 언어 자체가 사회적으로 구성되며, 내적인 말도 사회적인 말이 내면화되어 생긴 것으로 내적인 대화가 사회적인 성격을 띤다는 사실을 강조한다는 점에서 공통점을 지닌다. 하지만 박태호(1997:16-17)는 내적 대화 속에 존재하는 대화자의 위치를 중심으로 살펴볼 때, Vygotsky와 Bakhtin의 입장에는 상당한 차이가 있다고 주장하고 있다. Bakhtin의 용어를 빌리면, Vygotsky의 대화자는 권위적 특성을 가진 대화자라면 Bakhtin의 대화자는 다양한 목소리를 가진 대화자이다. Bakhtin은 권위적인 목소리는 상대방과의 대화를 거부하는 독백적인 목소리라고 설명하고 있다. Vygotsky의 내적 대화에 존재하는 독자는 필자의 의식 안에 있고 필자에 대하여 통일적이고 구심적이며 일원화되어 있다. 그러나 Bakhtin의 대화자

18 Bakhtin이 주장하고 있는 언어의 '이어적 특성'은 전은아(1998)에 상세히 설명되어 있다.

는 필자의 의식 밖에 있다. 필자와 독자는 서로 다른 목소리를 가지고 다양한 층위에서 존재하는 자율적인 관계이다. 이를 원심력과 구심력의 관계로 설명하면 Vygotsky의 내적 대화에서 독자는 필자의 의식에 대해서 구심적인 특징을 갖고 Bakhtin의 내적 대화에서 독자는 필자의 의식에 대하여 원심적인 특징을 갖는다. 따라서 Bakhtin의 대화가 Vygotsky의 대화보다는 더 포괄적인 개념을 갖는다고 할 수 있다.

Vygotsky와 Bakhtin의 이론은 사고의 기반은 공동체이며 의미는 공동체 구성원들 간의 대화적 상호 작용을 통해서 생성된다는 점에서 동일한 관점을 지닌다. 이러한 점을 고려하여 쓰기 이론들을 분류하면, 대화주의 쓰기 이론과 사회 인지주의 쓰기 이론은 밀접한 연관을 맺고 있어 동일한 범주에 속한다고 볼 수 있다.

물론 Nystrand(1993)가 지적한 것처럼, 사회 인지주의 쓰기 이론에서는 사회적 합의나 타협을 강조하는 반면, 대화주의 쓰기 이론에서는 개인과 개인 사이에 균형을 유지하려는 상호작용을 중요시한다는 점에서 분명한 차이점이 존재한다.[19] Bakhtin은 의미 구성을 필자와 독자, 개인과 집단의 대화를 통해서 설명함으로써, 개인과 담화 공동체의 영향 관계는 어떤 한쪽이 다른 한쪽에게 일방적으로 영향을 주거나 일치를 강요하는 관계가 아니라 쌍방의 힘의 우위 다툼을

19 이재기(1997), 김도남(1997), 박영목(2008)은 사회 구성주의 철학을 기조로 한 쓰기 이론을 크게 사회 구성주의 쓰기 이론과 대화주의 쓰기 이론으로 구분하고 있다. 박영목(2008:178)에 의하면, 대화주의 쓰기 이론을 독립적인 영역으로 구분하는 연구자들은 텍스트는 잠재적 의미만을 담고 있으며, 필자와 독자는 정통적인 언어 사용자이고 텍스트를 통한 의미 구성 능력은 상호 교호성의 계발을 통하여 신장될 수 있고 상호 교호성의 계발은 필자와 독자의 협상과 상호 작용으로 인하여 가능한 것으로 설명하고 있다.

통해서 조화를 이루는 방식으로 진행된다고 주장한다. 이는 각각의 이론이 서로 다른 지적 전통을 바탕으로 형성된 독자적인 연구 결과이기 때문이다. 하지만 이들의 학문 연구의 경향 속에는 지식과 앎, 언어와 사고 등의 사회적 기원을 강조하는 사회 구성주의 패러다임이 크게 반영되어 있다. 따라서 본 연구에서는 Bakhtin의 대화주의 이론을 수용한 대화주의 쓰기 이론을 사회 인지주의 쓰기 이론과 구분하여 독립된 영역으로 다루지 않고 대화주의 쓰기 이론을 동일한 사회 구성주의 패러다임 안에서 사회 인지주의 쓰기 이론이 좀 더 안정적으로 확장, 발전되고 있는 것으로 보고자 한다.[20] 그리고 사회 인지주의 쓰기 이론에서 필자는 텍스트를 구성하는 과정에서 수많은 다른 사람들과 사회적 혹은 내적인 대화에 참여하기 때문에 쓰기 행위는 대화적이라고 할 수 있다. 이때 대화의 개념을 한 사람의 통일된 목소리를 내는 대화뿐만이 아니라 서로 다른 입장을 가진 쌍방 간의 대화를 포함하는 넓은 의미로 이해한다.

지금까지의 논의를 정리하면, 사회 인지주의 쓰기 이론에서는 쓰기를 필자와 독자와의 대화로 간주하였다. 이때 독자는 교사나 동료 혹은 자기 자신이 될 수도 있고 필자를 둘러싸고 있는 환경이 될 수도 있다. 사회 인지주의 쓰기 이론에서는 의미 구성 과정에서 어떤

20 최근의 쓰기 분야의 연구는 사회・문화적 맥락 혹은 상황적 맥락과 텍스트를 연계하는 경향이 강하다. 대체로 수사학 분야의 연구는 북미를 중심으로 이루어지고 있고 언어학 분야의 연구는 시드니를 중심으로 이루어지고 있다. 특히 Halliday를 중심으로 한 시드니 학파가 주장하고 있는 문법 교육은 전통적인 의미의 문법 교육과는 달리, 맥락 속에서 이루어지는 텍스트의 의미를 중시한다. 시드니 학파의 생각은 장르 중심의 쓰기 교육으로 실제 실시되고 있다. 장르 이론 또한 사회 구성주의 철학을 공통적으로 기반으로 하고 있어 쓰기의 패러다임이 변한 것으로 보기 어렵다. 따라서 본 연구에서는 장르 이론 또한 사회 인지주의 쓰기 이론과 독립된 하나의 영역으로 다루지 않기로 한다.

독자와 어떤 대화를 나누느냐에 따라 텍스트의 내용, 구성, 표현이 달라진다고 보았기 때문에, 쓰기 요소 가운데 독자에 주목하였다. 따라서 사회 인지주의 쓰기 이론에서 독자(언어 공동체)를 분석의 대상으로 삼으며, 텍스트를 언어 공동체의 담화 관습 및 규칙의 집합으로 정의내리고 있다. 그리고 필자와 독자는 담화 공동체의 사회화된 구성원으로 보고 텍스트를 통한 의미 구성 능력은 언어 사용 집단으로서의 담화 공동체 혹은 학문 공동체의 참여로 가능하다고 생각하였다. 다음의 표는 의미 구성 방식에 관한 사회 인지주의 쓰기 이론의 설명 방식을 정리한 것이다.

표 3 사회 인지주의 쓰기 이론의 특징과 한계

영역 \ 쓰기 이론	사회 인지주의 쓰기 이론
기반 철학	구성주의 中 사회 구성주의
인접 학문	사회 언어학, 텍스트 언어학, 담화 분석 이론, 화용론, Vygotsky의 사회 구성주의 학습 이론, Bakhtin의 대화주의 문학 이론
의미 구성의 주체	담화 공동체
텍스트의 의미	공동체의 담화 관습 및 규칙의 집합
필자의 위치	담화 공동체의 구성원
독자의 위치	해석 공동체의 구성원
지식의 의미	담화 공동체 구성원들의 합의
지식의 재구성	강함

사회 인지주의 쓰기 이론가들은 필자의 사고 작용을 단순한 정보의 조작으로 여기지 않고 개인을 둘러싸고 있는 환경이나 교사, 동료

와의 협의 또는 협상을 통해 의미를 형성해 나가는 것으로 이해한다. 이 이론에서 필자는 타자와 상호 작용을 하거나 대화를 하면서 자신이 속해 있는 담화 공동체의 영향을 받으며 글을 쓰게 된다. 즉 사회 인지주의 쓰기 이론에서는 사고를 필자 개인의 정신 활동의 결과로 보지 않고 사회적 상호 작용을 통해 만들어지는 것으로 파악한다.

쓰기 행위에서 필자 주변의 사회 · 문화적 맥락이 중요하다는 것은 인정하지만, 사회 인지주의 쓰기 이론은 필자의 머릿속에서 일어나는 인지 과정에 대해 설명하기 어려운 한계를 지닌다. 이후 장르 중심 쓰기 이론가들은 이 문제를 극복하기 위해 사회적 상호 작용을 중시하는 담화 행위에 관심을 가진다. 그들은 사회 · 문화적 맥락 내에서 발생하는 텍스트의 언어적 특성을 설명하는 데 관심을 두면서, 맥락과 텍스트의 문제를 밝히기 위해 노력하였다. 하지만 맥락과 텍스트의 관계에 대한 정보를 제공할 뿐 필자의 개인 인지의 사회적 구성에 관한 정보는 거의 제공해 주지 못하고 있다.

2) 사회적 상호작용 모형의 특징과 한계

Nystrand(1989)는 1970년대가 쓰기 과정을 발견한 10년이었다면, 1980년대는 쓰기 과정에서 사회적 맥락이 차지하는 중요한 역할을 발견한 10년이었다고 하면서, 이 기간 동안에 '인지에서 사회로' 관점의 변화가 일어났다고 말하고 있다. 그는 텍스트의 의미가 형식주의 쓰기 이론가들이 주장하고 있는 것처럼 텍스트의 객관적 특질에 존재하는 것도 아니며, 개인 인지주의 쓰기 이론가들이 설명하고 있는 것처럼 독자의 인식에 의해 결정되는 것이 아니라고 주장하였다.

그는 텍스트의 의미는 필자와 독자 사이, 즉 독자의 인식, 텍스트의 특질은 텍스트의 의미라는 커다란 기획(enterprise) 안에서 통합된다고 생각하였다.[21] 다음은 의미를 필자와 독자 간의 상호 작용이라고 주장한 Nystrand(1989)의 생각을 모형으로 구안한 것이다.

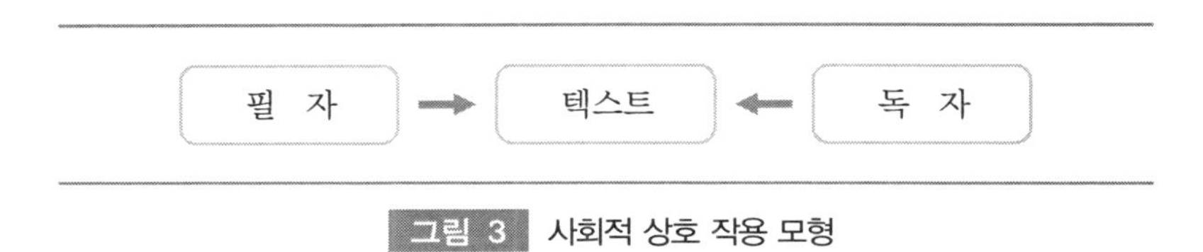

그림 3 사회적 상호 작용 모형

'사회적 상호 작용 모형'은 Bakhtin(1985)의 "메시지는 필자로부터 독자에게로 전달되지 않는다. 메시지는 일종의 이데올로기[22]적 다리로써 그들 사이에 구축된다. 즉 그들의 상호 작용 과정에서 구축되는 것이다"라는 말을 글을 매개로 한 의사소통[23]에 반영한 것으로

21 Nystrand(1989)의 연구에서, 텍스트의 의미는 필자와 필자의 의도를 속박하는 독자와의 상호 작용에 의해 결정되는 것이 아니라고 하였다. 이는 사회 구성주의 관점을 부정하고 필자와 독자 사이의 협상을 강조하는 대화주의적 경향을 지니는 것이다. 하지만 앞서(p.13) '사회 구성주의'와 '대화주의'가 '사회 인지주의 쓰기 이론'의 범주에 포함되는 것으로 규정하였다. 따라서 Nystrand(1989)의 모형을 사회 인지주의 쓰기 이론의 대표적인 모형으로 제시한다.

22 김욱동(1994:122-3)은 Bakhtin이 말하는 '이데올로기'에는 정치적 의미가 함축되어 있지 않다고 설명하고 있다. 사실 우리는 말 그 자체를 말하거나 듣지 않으며, 진실되거나 거짓된 것, 착한 것이나 나쁜 것, 중요한 것이나 중요하지 않은 것, 유쾌한 것이나 불쾌한 것 등을 말하고 듣는다. 따라서 말은 행동이나 이데올로기로부터 생겨난 내용과 의미로 이루어져 있다고 볼 수 있다.

23 '의사소통' 하면 구어를 통한 응답의 교환이라는 의미를 떠올리기 쉽다. 본 연구에서는 의사소통 행위를 넓게 해석하여 문어를 필자의 개시 발화로, 그리고 그것을 읽는 독자의 이해를 응답 발화로 이해하고자 한다. 즉, 문어에서의 의사소통은 텍스트를 매개로 한 필자와 독자의 응답의 교환으로 볼 수 있다.

볼 수 있다. 사회적 상호 작용 모형에서 텍스트의 의미는 필자와 독자 또는 필자와 주제, 독자와 주제 사이의 상호 작용을 통해 균형을 이루는 지점에서 구성된다. 이러한 대화주의적 특성은 쓰기 과정에서 필자가 자신의 텍스트에 대해서 독자의 요구가 무엇인지, 독자가 어떻게 반응할지를 예측하면서 쓰기 행위를 한다는 것을 의미한다. 이는 쓰기 현상을 설명하는 데 있어서 필자와 독자가 고립되어 홀로 존재하는 것이 아니라 사회 집단 안에서 상호 작용하며 의미를 구성하는 것이 중요한 요인이 된다는 것을 뜻한다. 이때 텍스트는 단순히 필자의 목적과 의미를 번역한 결과물을 의미하는 것이 아니라 필자와 독자의 목적과 의미를 중재하는 의사소통의 매개물로서 그 의미를 규정하고 있는 것이다.

하지만 Nystrand(1989)의 '사회적 상호작용 모형'은 기본적인 모형의 틀만 제시하고 있을 뿐 모형을 이루는 세부 요소나 요소 간의 관계를 파악할 수 있는 장치가 마련되어 있지 않다. 다시 말해서 쓰기 과정에서 작동할 수 있는 상호작용적 변인들, 필자가 예측하고 해석하는 독자의 기대, 독자에 대한 선행 의사소통의 영향, 필자가 지금까지 작성한 텍스트의 영향, 필자가 예측하는 독자의 반응, 의사소통을 시발하는 맥락 등과의 관계를 파악할 수 있는 장치를 마련해 두지 않고 있다. 따라서 '사회적 상호작용 모형'을 통해 필자와 텍스트와 독자가 상호작용을 통하여 새로운 의미를 창출하고 이를 언어로 표상하는 쓰기 행위를 어려움이 있다.

지금까지 '형식주의 쓰기 이론', '개인 인지주의 쓰기 이론', '사회 인지주의 쓰기 이론'에서 쓰기 현상을 어떻게 바라보고 있는지 분석하면서, 각 쓰기 이론의 한계와 의의가 무엇인지 살펴보았다. 그리고 쓰기 이론을 구체화된 형태로 제시한 여러 쓰기 모형들 가운데 대표적인 '단계적 쓰기 모형'(Roman & Wlecke, 1964), '인지적 쓰기 모형'(Flower & Hayes, 1980), '사회적 상호 작용 모형'(Nystrand, 1989)을 통해 각 이론에 따라 쓰기 현상을 어떤 특징적인 관점으로 파악하고 있는지, 이것이 어떤 의미가 있고 이것이 가지는 한계가 무엇인지를 구체적으로 검토해 보았다.

이들 쓰기 이론과 쓰기 모형은 쓰기를 구성하는 한두 요소에 주된 관심을 두고 설명한 것이다. 여기에는 학문의 기반이 되는 지식의 성격을 어떻게 보는가 하는 인식론적 관점이 반영되어 있다. 지식을 고정불변의 객관적인 실체로 인식할 때에는 모범적으로 구성된 텍스트를 강조하였고 지식을 구성물로 인식하게 되면서 의미를 구성하는 필자에 주목하거나 필자를 둘러싸고 있는 환경이나 개인과 개인 사이의 관계에 관심을 기울였다. 이들 쓰기 이론과 쓰기 모형이 수립하고 있는 쓰기에 관한 특징이나 요소 간의 관계는 쓰기 현상을 이해하는 데 부분적인 지식이나 정보를 제공해 준다.

쓰기 이론이나 쓰기 모형의 논의가 있는 그대로의 쓰기 현실을 반영하는 데 어려움이 있다손 치더라도, 실제 쓰기 행위의 복합적인 양상을 파악하기 위한 노력은 필요하다. 이러한 문제의식을 바탕으로 본고에서는 쓰기 현상을 온전히 설명하기 위한 새로운 관점으로 '통합 인지적' 관점을 제시하고 이를 구체적이고 명시적인 모형으로 구안하는 데 초점을 두고 논의를 진행하고자 한다.

통합 인지적 관점으로 본
쓰기 연구

제 Ⅲ 장

통합 인지주의 쓰기 모형 설계의 전제

통합 인지적 관점으로 본
쓰기 연구

제Ⅲ장

통합 인지주의 쓰기 모형 설계의 전제

사회·문화적 맥락 속에 위치한 개별 필자의 의미 구성 과정을 설명하기 위해서는 텍스트의 형식주의적 요소가 필자의 사고에 어떻게 작용하며, 이를 상황·맥락적 요소와 관련지어 필자의 사고 행위를 설명하려는 노력이 필요하다. 본 연구는 필자의 역동적인 의미 구성 행위를 인지적 요소를 토대로 한, 형식주의적인 요소와 상황·맥락적인 요소의 통합 과정으로 파악하고 이를 모형화하고자 한다. 이를 위해 본 장에서는 '통합 인지주의 쓰기 모형'을 구안하는 데 필요한 통합의 원리를 탐색하여 이를 제시하고자 한다. 그리고 '통합 인지주의 쓰기 모형'을 구안하는 데 필자가 쓰기 과정에서 활용하는 다양한 쓰기 지식을 살펴볼 필요가 있다. 이와 연관하여 쓰기 지식 가운데 언어 지식을 장르 차원, 텍스트 차원, 통사적 차원으로 나누어 고찰하고자 한다. 이는 다음 Ⅳ장에서 '통합 인지주의 쓰기 모형'의 실제를 제시하는 과정에서 학생들의 글을 분석할 때 분석의 토대를 제공해 준다.

01 통합 인지적 관점

쓰기 이론은 의미 구성 결과로서 텍스트의 자율성을 중시하느냐, 의미 구성의 과정을 중시하느냐, 의미 구성 과정에서의 사회적 맥락을 중시하느냐에 따라 형식주의 쓰기 이론, 개인 인지주의 쓰기 이론, 사회 인지주의 쓰기 이론으로 구분된다. 이들 이론은 쓰기 현상을 이루는 여러 요소들 가운데 어느 요소를 더 중시하느냐에 따라 의미 구성 행위의 주체나 의미 구성 과정에 대한 관점의 차이가 생겨난 것이다.

형식주의 쓰기 이론에 따르면, 필자는 자신이 생각하는 바를 전달하기 위해 형식이나 어법, 문체, 문법 등을 중시하며 텍스트를 구성한다. 형식주의 쓰기 이론에서는 텍스트를 완벽하게 모범적으로 구성하면 의미는 전달된다고 보았다. 따라서 필자가 모범적인 수사적 규칙을 활용하여 텍스트를 구성하면, 객관적인 지식의 실체를 담은 텍스트가 스스로 기능하여 독자에게 의미를 전달하게 된다고 보았다. 이 이론에서는 필자와 텍스트의 역할만이 부각되고 쓰기 과정에서 필자의 의미 구성 능력은 거의 인정되지 않는다. 그리고 독자의 역할 또한 거의 고려되지 않는다.

개인 인지주의 쓰기 이론에서 필자는 고독한 존재이다. 필자는 철저히 자신에 생각에 의존하여 글을 쓴다. 이들은 쓰기 과정에서 부딪치는 문제들을 다양한 전략들을 사용하며 문제를 해결하고 의미를 구성해 나간다. 개인 인지주의 쓰기 이론에서는 쓰기를 필자 개인의 머릿속에서 이루어지는 목표 지향적인 문제 해결의 과정, 의미 구성의 과정으로 정의하고 있다.

사회 인지주의 쓰기 이론에 의하면, 필자는 자신을 둘러싼 사회 · 문화적 맥락 속에 위치하면서 타자와 상호 작용하거나 대화를 하면서 글을 쓴다. 이때 중요한 것은 의미 구성의 주체를 개별 필자가 속해 있는 담화 공동체로 보고 있다는 점이다. 이는 텍스트를 생산할 때 필자가 담화 공동체 구성원으로 각 개인의 담화에 미치는 영향에 관심을 두며 의미를 구성하기 때문이다. 이 경우 개인보다 담화 공동체가 지나치게 강조되면, 필자가 생산한 텍스트는 곧 공동체의 담화 관습이나 규칙의 집합이 된다.

이상에서 살펴본 바와 같이, 형식주의 쓰기 이론이나 개인 인지주의 쓰기 이론, 사회 인지주의 쓰기 이론은 필자와 텍스트, 독자를 둘러싼 사회 · 문화적 상황 사이의 상호 작용을 통한 의미 구성을 설명하기에는 부족한 점이 많다.

실제 쓰기 활동을 간략히 서술하면, 필자는 먼저 문제를 확인하고 나름대로 문제를 마음속에 표상하며, 필요한 전략을 동원하여 사고 조작의 과정을 거치며 글을 써 나간다. 이 과정에서 필자는 자신 스스로 문제를 해결할 수도 있고 여러 가지 자료나 동료들에게 도움을 받을 수 있다. 그러나 쓰기 과정에서의 도움은 결국 필자의 판단에 의하여 내용이 정리되고 재구성되어야 한다. 만약 쓰기 과정에서 의미를 구성하는 데 '맥락적 구성'이 차지하는 비중이 크다고 할지라도, 필자의 사고에 바탕을 둘 때에만 의미 구성이 가능하기 때문에 사회적 맥락만을 강조할 수는 없다.

따라서 실제 쓰기는 필자와 독자, 이를 둘러싼 상황, 텍스트 사이에서 일어나는 상호 작용의 결과라고 보는 것이 타당하다. 이 경우 필자가 문맥과 상황을 이해하고, 쓰기 지식을 활용하며 의미를 구성해 나가는 활동을 살펴보는 것이 쓰기 현상을 온전하게 설명하는 일이 될 것이다. 이와 같은 의미 구성 현상을 설명하기 위해 본고에서는 새로운 설명 방식으로 '통합 인지적' 관점을 제안하고자 한다.

통합 인지적 관점에서의 '통합'[24]은 필자 개인의 인지 조작을 중심으로 한, 상황・맥락적 요소와 텍스트를 이루는 객관적인 요소의 통합을 뜻한다. 여기에서 '결합'이라는 용어를 사용하지 않고 '통합'이라는 용어를 사용한 까닭은 각각의 요소를 대등하게 결합시킨 것이 아니라 필자의 정신 작용에 중점을 두었기 때문이다.

통합 인지적 관점은 필자의 머릿속에서 일어나는 의미의 구성 과정을 강조한다는 점에서 개인 인지주의 쓰기 이론과 유사하지만, 입장의 차이가 있다. 통합 인지적 관점은 개인 인지주의 쓰기 이론처

24 쓰기와 관련된 연구에서 '통합'에 대한 논의는 이재승(2006)과 박영민(2008)에서 찾아볼 수 있다. 이재승(2006)은 쓰기 교육을 위해서 쓰기 이론의 세 관점을 '통합'적으로 수용하려는 자세가 필요하다고 주장하고 있다. 여기에서 쓰기 교육을 위한 통합의 구체적인 방법을 제시한 것은 아니고, 관점의 전환이 필요하다는 점을 피력하고 있다. 박영민(2008)은 논리와 합리를 축으로 하는 '차가운 인지'의 관점을 정서 요인을 수용하는 '뜨거운 인지'의 관점으로 '통합'을 사용하고 있다. 본고에서 사용하는 '통합'의 개념은 교육적 처방을 위해 사용한 이재승(2006)의 통합과 정서적 요인을 포함한 뜨거운 인지를 제시하기 위해 사용한 박영민(2008)의 통합과는 차이가 있다.

럼 필자 '개인의 구성'만을 강조하지는 않는다. 통합 인지적 관점은 인지적 요소와 상황·맥락적 요소, 텍스트적 요소가 유기적으로 관련을 맺으면서 의미를 구성한다는 점에 초점을 둔 설명 방식이다. 다시 말해서 쓰기 현상을 상황·맥락의 요청에 따라 텍스트를 구성하는 요소의 원리나 규칙에 얽매이지 않고 텍스트의 요소들을 해석하며 의미를 구성해 나가는 것으로 이해하는 관점이다.

그런데 여기에서 글쓰기가 이루어지는 상황·맥락적 요소가 쓰기 과정에 어떻게 관련되는지, 그리고 텍스트의 객관적인 요소가 의미 구성 과정에 어떻게 영향을 미치는지, 이러한 쓰기의 여러 요소들이 통합되면서 새로운 의미가 형성되는 기저를 이루는 것이 무엇인지에 관한 의문이 생긴다.

쓰기 활동과 관련하여 언어로 쓰기 문제를 인식하고 그 문제를 해결하며, 텍스트를 생산하는 데 작동하는 사고 조작이 존재한다는 사실을 미루어 짐작할 수 있다. 언어 활동에 수반되는 인간의 내적 사고 활동은 읽기 연구가들에 의해 '언어적 사고력'이라는 용어로 연구가 이루어져 왔다. '언어적 사고력'이란 언어와 관련된 사고 과정 즉, 언어를 의미로 환원하는 과정과 의미를 언어로 나타내는 과정을 말하며 나아가서는 그 수행 능력을 의미한다. 언어를 통한 텍스트 생산과 이해 과정은 언어 사용자가 유사한 언어 단위와 수준, 범주를 이용하고 상호 관련성 있는 규칙과 전략을 사용하기 때문에 읽기 활동과 쓰기 활동에 수반되는 사고 과정이 유사하다.[25] 하지만 텍스

25 앞서 스키마 이론과 Anderson 등(1985)의 연구 결과를 통해 읽기 활동에서 독자가 의미를 구성하는 사고의 과정과 쓰기 활동에서 필자가 행하는 사고의 과정이 유사하다는 점을 지적하였다(본고 p.8 참고).

트 이해의 경우에는 언어를 입력 자료로 삼고 의미의 생성을 목표로 삼는 반면에 텍스트 생산의 경우에는 의미에서 출발하여 언어를 출력 자료로 생성하는 것을 목표로 삼는다. 이처럼 텍스트 이해와 생산의 과정은 엄격한 차이가 있다. '언어적 사고력'을 글을 쓰는 과정에서 작동하는 사고력으로 제한하여 적용하면, '쓰기적 사고력'이라는 개념을 상정해 볼 수 있다. 본고에서 제안하는 '통합 인지적' 관점에서 '쓰기적 사고력'은 쓰기 요소들 간의 상호 작용과 의미의 구성 현상을 설명하는 데 핵심적인 역할을 담당한다. 다음 절에서는 쓰기의 여러 요소들을 통합하며 의미 구성하는 데 핵심적인 역할을 담당하는 '쓰기적 사고력'의 개념과 이를 구성하고 있는 요소를 탐색해 보고자 한다.

02 통합 인지주의 쓰기 모형의 원리

언어는 외적 환경과 인간 사이에 일어나는 심리적 접촉 과정에서 그 연결 관계를 쉽고 원활하게 해주는 역할을 한다. 심리학에서는 언어를 인간 자아와 환경 사이에서 이해와 학습, 사고를 조장해 주는 중간 매개적 도구로 이해한다. 노명완(2004)은 언어는 크게 두 가지의 도구적 기능을 담당한다고 설명하고 있다. 하나는 언어가 개인 내적인 사고의 도구로 쓰인다는 점이고 다른 하나는 개인 사이의 의사소통의 도구로 쓰인다는 점이다. 언어의 도구성은 단어 수준보다 글의 표현과 이해 과정에서 더 크게 일어나는 경향이 있다. 다음 그림(노명완 외, 1988:19)은 표현과 이해의 의사소통 과정을 언어와 앎 사이의 의미 구성 과정으로 나타낸 것이다.

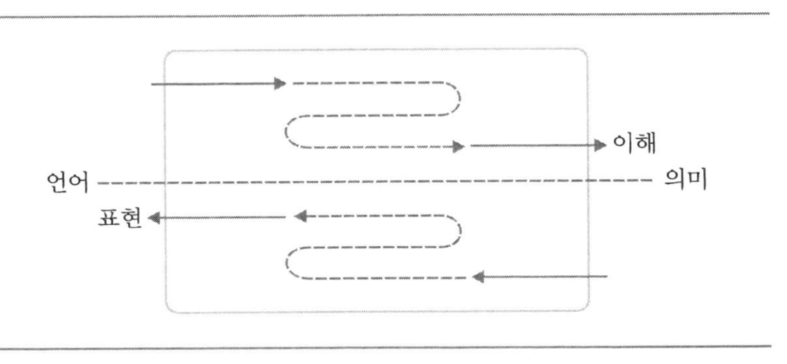

그림 4 표현 · 이해의 의미 구성 과정 모형

언어를 활용한 표현과 이해 과정은 사물의 상징화 또는 그 반대의 과정이며, 이는 다른 말로 표현하면 '의미 구성 과정'이라고 볼 수 있다. 왼편의 언어는 구체적 상징 기호인 말이나 글로서 일종의 부호(code)이다. 여기서 주의할 것은, 상징 기호인 말이나 글은 상징 기호일 뿐 그 자체가 의미는 아니라는 점이다. 그리고 오른쪽의 앎은 우리의 의식 또는 무의식 속에 있는 앎으로서, 아직 언어화되지 않은 비언어적 상태의 앎이다. 우리가 흔히 말하는 지식, 정보, 내용, 개념, 의미, 느낌, 감 등 우리가 안다고 하는 모든 것이 여기에 속한다. 그리고 마지막으로 네모는 앎을 언어로, 또는 언어를 앎으로 변형시키는 표현과 이해의 지적 과정이다. 언어는 바로 여기에서 도구로서 작용한다. 언어는 사물이나 사상에 대한 우리의 지각적 인식인 앎을 구체적인 상징 부호(즉 언어)로 재현하는 과정에서 이를 더욱 쉽고 분명하게 이끌어 주는 도구로 작용하는 것이다. 언어를 앎으로 혹은 앎을 언어로 변형시키는 과정인 표현 과정과 이해 과정은 실질적으로 '의미 구성 과정'이라고 말할 수 있다.

언어적 표현과 이해가 의미 구성 과정임을 쓰기 과정에서 분명히 확인할 수 있다. 쓰기 과정을 간략하게만 살펴보아도, 쓰기 과정은 '자신의 쓰기 목적 확인하기→ 예상 독자 분석하기 → 필자와 독자를 중심으로 글쓰기 전체 상황 계획하기 → 구체적인 아이디어 생성하기 → 생성된 아이디어를 조직하기 → 아이디어를 글로 표현하기 → 표현된 글을 수정하며 고치기' 등의 매우 복잡한 정신 과정임을 알 수 있다. 이 과정에서 필자가 행하는 하나하나의 정신 작용이 바로 의미를 구성하는 지적 작용인 것이다. 예를 들어, 글쓰기의 목적을 구체화하는 것도 의미 구성 과정이며, 독자의 필요나 요구 또는 배경 지식을 분석하는 것도 의미 구성 과정이다. 그래서 표현 과정을 '의미 구성 과정'이라고 부르는 것이다.

표현 과정이 의미 구성 과정임은 언어와 앎을 비교해 봄으로써 더 분명히 이해할 수 있다. 아래의 표는 언어와 앎의 속성을 비교한 것이다.

표 4 언어와 앎의 속성 비교

언어	공유적	시간적	공간적	명시적	분석적	순차적
앎	비공유적	비시간적	비공간적	비명시적	비분석적	비순차적

위의 표에 나타나 있듯이, 언어는 여러 사람이 서로 약속한 상징 기호로서 공유적이고, 시간과 공간의 제약 속에서 순차적인 외형을

갖고 있다. 언어는 또한 사물이나 사상을 단어나 문장으로 분류하고 분석하고 구체화하여 명시적으로 나타낸다. 이에 비하여 앎은 개인이 내면적으로 갖고 있는 비언어적 모습이므로, 다른 사람과 공유할 수 없다. 앎은 내면의 의식 또는 무의식 속에 있으므로 비시간적이고 비공유적이고 또 비순차적이다. 앎은 또한 비명시적이다. 이런 앎의 속성을 가장 잘 나타내 주는 것이 바로 '느낌(feeling)'이다. 느낌은 분명히 우리가 알고 있는 일종의 앎으로서, 분석하기 어려운 한 덩어리의 의식이다. 느낌이 한 덩어리이기에 순서가 없고 비시간적이고 비공간적이라는 것이다. 그러나 그 의식 속의 느낌을 분석하여 그것을 언어로 나타낸다면, 언어로 드러난 그 느낌은 이제 다른 사람과 공유도 할 수 있고, 분명하고 분석적이고, 또 시간적 · 공간적 · 순차적인 모습을 띠게 된다(노명완, 2004:19). 따라서 앎을 언어로 변형시키는 지적 과정은 다른 사람과 공유할 수 없는 비공유적 속성을 공유할 수 있는 속성으로, 비시간적 · 비공간적 속성을 시간적 · 공간적 속성으로, 비분석적이고 비명시적인 것을 분석적이고 명시적인 것으로 바꾸는 것이다.

필자는 자신의 생각이나 느낌을 언어로 표현하기 위해서 복잡하고 힘겨운 과정을 겪어야 한다. 내용 생성의 어려움을 겪기도 하고 생성한 내용을 언어화하는 과정에서 어려움을 겪기도 한다. 필자는 전략을 활용하여 쓰기 과정에서 부딪치는 문제들을 해결함으로써 의미를 구성해 나간다. 이번 절에서는 의미 구성 현상과 관련하여 쓰기의 '문제 해결'적 특성을 재조명해 보고 이를 토대로 하여 '쓰기적 사고력'의 개념과 이를 구성하는 사고 유형, 사고 과정을 탐색해 보고자 한다. 그리고 필자가 문제 해결을 위해 동원하는 '쓰기 전략'

과 '쓰기 기능', '쓰기 지식'과의 관계를 분명히 밝히고자 한다.

1) 쓰기의 문제 해결적 특성

(1) 쓰기의 '영역 일반' 문제 해결적 특성

일상생활에서 일어나는 많은 일들은 문제 해결의 성격을 띤다. 문제 해결은 문제의 성격에 따라 그 해결하는 방법과 과정이 다르게 진행되며, 해결자의 배경 지식이나 성격에 따라서도 문제 해결의 과정과 방법은 다르게 진행된다.

글쓰기에서 과제가 주어지면 필자는 먼저 무엇에 대하여 쓸 것인가를 생각하게 된다. 이때 '무엇'에 대한 필자의 생각이 글의 주제이다. 주제를 정한 다음, 주제를 뒷받침하는 데 필요한 소재를 찾고 선택한다. 그런 다음 글을 쓰는 목적이나 독자를 고려하여 글의 형식을 정하고 생성된 내용을 조직하여 글로 표현하는 과정을 거친다. 이처럼 쓰기는 과제를 해결하기 위하여 주어진 문제를 체계적으로 분석하는 일을 하고 이를 바탕으로 하여 일정한 방법과 과정을 거치는 문제 해결적인 성격을 지니고 있다. Emig(1971)과 Flower & Hayes (1980)는 사고구술법(think-aloud protocol)을 통해 필자의 인지적 과정을 분석하여 쓰기 과정이 문제 해결의 과정임을 밝혀내기도 하였다.

김영채(1995)는 문제 해결의 접근 방법을 크게 일반적인 것과 영역 구체적인 것으로 나누고 있다. 일반적인 것은 문제 해결에 적용되는 일반적인 특성을 말하고 영역 구체적인 것은 전문 영역에 따라서 독특한 접근 방법이 있음을 의미한다. 보통 문제 해결이라고 할 때 기본적으로 전제되는 사항들이 있다. Anderson(1984)는 문제 해결의 일반적 특성의 준거로 유목적성, 인지적 조작, 일련의 인지적 조작 과정을 제기하였다(김도남, 1997:24 재인용). 쓰기는 문제 해결의 한 형태이기 때문에 Anderson이 제시한 일반적인 문제 해결의 특성을 포함해야 한다. 쓰기의 일반적 문제 해결 특성을 좀 더 분명하게 이해하기 위해서 유목적성, 인지적 사고 활동, 일련의 과정 포함, 전략을 통한 문제 해결, 자기 조정 등의 준거를 통해 구체적으로 살펴보는 일이 필요하다.

첫째, 필자는 일정한 목적을 가지고 글을 쓴다. 어떤 문제에 대하여 글을 쓴다는 것은 의사소통을 위한 중요한 수단이 되는 행위이다. 필자는 독자에게 어떤 영향을 미치기 위하여 글을 쓴다. Brewer(1980)는 텍스트 사용자의 목적(force)에 따라 정보 전달, 즐거움 주기, 설득 목적, 미적 목적 4가지로 나누고 있고,[26] D'angelo(1980)은 쓰기의 구체적인 목적을 알리기 위한 것 또는 가르치기 위한 것, 확신시키기 위한 것 또는 설득하기 위한 것, 즐거움을 주기 위한 것, 강한 감정을 표현하기 위한 것 네 가지로 범주화하고 있다(최현섭 외, 1996:315). 필자는 독자의 지적 상태를 변화시키기 위하여 어떤 일을 주장하기도 하고 어떤 정보를 제공하기 위하여 설명하기도 한다. 이와 같이 필자는 자신의 생각과 느낌을 표현할 때 다양한 목적을 가진다.

26 한철우 외(2005:82)에서는 Brewer(1980)의 텍스트 사용자의 목적(force)에 따라 분류한 내용을 상세하게 설명하고 있다. '정보 전달'은 필자가 어떤 것에 관하여 정보를 제공하려고 의도하는 것이고 '즐거움 주기'는 재미, 무서움, 긴장감 등을 통하여 즐거움을 제공하려고 의도하는 것이다. 그리고 '설득 목적'은 필자가 독자로 하여금 특정한 행동을 하도록 하거나 특정한 생각을 받아들이도록 설득하려는 것이고 '미적 목적'은 필자가 예술 작품과 같은 텍스트를 통하여 독자에게 심미적 체험을 갖도록 의도하는 것이다.

둘째, 문제 해결적 글쓰기의 일반적 특성으로 사고를 통한 조작 활동을 들 수 있다. 필자는 지식 내용을 바탕으로 과제와 관련된 정보를 인출하여 분석, 추리, 비판 등의 조작 행위를 거쳐 텍스트를 생산한다. Bloom(1956)은 지적인 확인 목표 분류를 지식, 이해, 적용, 분석, 종합, 평가 등으로 나누고 있는데, 이들 각각을 인지 조작이라고 부른다.

개인 인지주의 쓰기 이론에서는 쓰기 행위를 개인 필자의 내적 사고 활동을 통한 의미의 구성 과정으로 파악하였다면, 사회 인지주의 쓰기 이론에서는 쓰기 행위를 사회 구성원들 간의 상호 작용을 통한 의미 구성의 과정으로 파악하였다. 두 이론은 쓰기 행위를 개인적인 행위로 바라보느냐 아니면 사회적인 행위로 바라보느냐에 따라 구별되지만, 일련의 쓰기 과정에서 지식, 이해, 적용, 분석, 종합, 평가 등의 기본적인 사고 조작 활동이 필요하다는 점에서는 공통된다. 셋째, 쓰기 행위는 단순한 회상이나 글씨 쓰기만으로 이루어지지 않는다. 글을 효과적으로 쓰기 위해서는 쓰기 상황에 대한 분석을 토대로 하여 일정한 절차를 밟아야 한다. 필자는 어떤 상황에서 글을 쓰든지 사고 행위를 바탕으로 반드시 일정한 심리적 과정을 거치면서 글을 써 나가게 된다. 학자들마다 쓰기의 과정을 다양하게 제시하고 있는데, 이를 살펴보면 세 과정으로 나누는 경우가 상당히 많다.[27] 시간의 흐름에 따라 쓰기 전, 쓰기, 쓰기 후로 나누는 방식 또는

27 쓰기의 과정을 Smith(1994)는 구성(構成, composing)과 전사(轉寫, transcribing)로 나누고 있고, Britton(1970)는 개념(conception), 부화(incubation), 산출(production)로 구분하고 있다. Graves(1975)는 쓰기 전(prewriting), 구성(composiong), 쓰기 후(postwriting)로, Glatthorn(1982)는 계획하기(planning), 초고쓰기(drafting), 교정하기(revising)로 나누고 있다. 최현섭 등(1996)은 아이디어 생성하기, 아이디어 조직하기, 텍스트 생산하기, 교정하기로, 박영목 외(1995)은 계획하기, 아이디어 생

활동 위주로 계획하기나 작성하기, 검토하기로 나누는 것이 대표적이다.

넷째, 쓰기의 과정은 몇 단계의 하위 과정을 가진다. 이러한 하위 과정은 해결해야 할 문제를 포함하고 있고 쓰기 활동은 하위 문제를 전략을 통해 해결할 때 이루어진다. 사람들의 문제 해결 활동을 설명하기 위한 대표적인 모형으로는 Case(1985)의 '실행 제어 구조(executive control structure)'를 들 수 있다.[28] Case(1985)의 연구에 따르면, 사람들이 문제를 해결하는 과정에는 문제 상황 표상, 목표 표상, 전략의 표상 등 세 가지 요소가 내포되어 있다. 쓰기 과정에도 일련의 조작 과정을 거치는 동안 전략을 이용하여 문제를 해결하게 된다.

다섯째, 쓰기 행위는 자기 조정의 과정이다. 우리는 자신의 사고를 자각하고 조절할 줄 안다. 일련의 쓰기 과정에서 문제를 해결할 때, 필자는 자신의 사고 과정을 의식적으로 자각할 수 있으면 사고 과정을 더 잘 통제할 수 있다. 이 점은 쓰기를 발견, 탐구 행위로 파악하는 것과 맥을 같이 한다. 탐구의 과정에는 필연적으로 자기 조정의 과정이 필요하기 때문이다.[29]

성하기, 조직하기, 표현하기, 고쳐쓰기로 구분하고 있다(이재승, 2006:260-262 참고).

28 '실행 제어 구조'는 인간 내부의 정신적 청사진으로, 특정 문제 사태를 다루는 습관적 절차와 그 문제 사태를 구성하는 습관적 방식을 일컫는다. Case는 아동을 대상으로 문제를 해결하는 과정을 관찰하여 그들이 문제 상황과 목표를 표상하고 전략을 통하여 문제를 해결한다는 사실을 밝혀내었다. 문제 해결의 과정을 구체적으로 설명하면, 사람들은 문제 상황에서 문제를 발견하면(문제 상황 표상) 이를 해결하려고 한다(목표 표상). 하지만 문제를 직접 해결하려고 하는 것이 아니라 문제를 이루는 하위 문제를 살펴보고(하위 문제 상황 표상), 이를 해결하려고 한다(하위 목표 표상). 하위 목표에서 다시 문제를 발견하면, 이를 해결하려고 한다. 이러한 과정을 거쳐 하위 문제를 찾아내고 그것을 해결하기 위한 목표를 표상한다. 이러한 목표를 달성하기 위한 활동을 한다(전략의 표상). 김도남(1997:25)에는 Case(1985)의 '실행 제어 구조(executive control structure)'에 대한 설명이 모형과 함께 구체적으로 되어 있다.

(2) 쓰기의 '영역 구체' 문제 해결적 특성

쓰기는 의미를 구성해 가는 과정이다. 필자는 글을 쓰는 과정에서 알고 있는 지식을 단순히 나열하는 것이 아니라, 자신이 기존에 가졌던 지식을 분석, 변형하면서 의미를 새롭게 창조해 나가게 된다. 이재승(2006:98)은 이를 다음과 같이 그림으로 제시하고 있다.

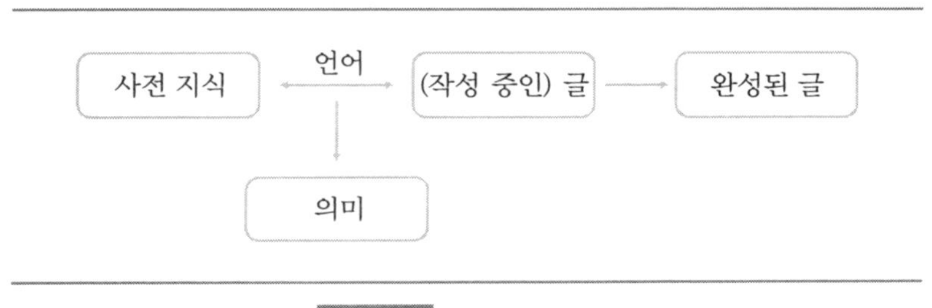

그림 5 상호 작용적 모형

위 그림에서 보면 글을 쓰는 것은 언어를 매개로 하여 계속해서 사전 지식과 작성 중인 글이 만나는 과정이다. 필자는 글을 써 나가는 과정에서 상황에 적합한 주제, 예상 독자의 요구, 필자 자신의 입장 등을 고려하면서 자신의 사전 지식을 추가, 삭제, 변형해 나가게 된다. 이 과정에서 새로운 의미가 형성되고 새롭게 형성된 의미는 다시 사전 지식에 영향을 미치게 되고 작성 중인 글에도 영향을 끼치게 된다.

29 쓰기를 한 편의 글을 완성해 나가는 과정으로 파악할 뿐만 아니라, 그 자체가 사고의 한 양식(style)임을 부각시킴으로써 이른바 '범교과적인 쓰기(writing across the curriculum)'를 강조하는 데 영향을 끼쳤다(이재승, 2006:99).

쓰기 활동이 다른 분야의 문제 해결 활동과 구별되는 점은 첫째, 수사학적인 문제를 포함하고 있다는 점이다. 쓰기 활동은 문자를 통한 의사소통이므로 텍스트의 종류에 따른 일정한 형식을 갖는다. 글의 종류에 따라 글의 전개 방식이나 표현 방식, 글의 구성 형식이 달라진다. 쓰기 활동의 이러한 수사학적인 특징은 쓰기의 '영역 구체'적인 특성을 명확하게 밝히는 요소가 된다.

둘째, 쓰기 과정에서 부딪치는 문제는 명확하게 정의되지 않는다는 특성을 지닌다. Newell과 Simon(1972)은 문제의 요소를 시초 상태, 목표 상태, 조작인, 조작인의 제안[30]으로 나누고, 이를 바탕으로 문제를 잘 정의된 문제(well-defined problem)와 잘 정의되지 않은 문제(ill-defined problem)로 구분하였다(김영채, 2002:331 재인용). 잘 정의된 문제는 이들 네 가지 요소에 관한 정보가 모두 제공된 경우이고 잘 정의되지 않은 문제는 이들 요소에 대한 정보가 적게 주어지거나 주어지지 않은 문제이다. 김영채(2002:331)는 쓰기 활동을 위 네 가지 요소에 따라 분석한 후, 네 가지 요소들에 대한 정보가 상당히 적게 주어졌다는 사실을 밝혀내었다. 필자는 쓰기의 문제가 잘 정의되지 않는다는 특징으로 인해서 스스로 목표나 주제를 선택하고, 문제 해결 방법을 모색해야 한다. 즉, 문제를 어떻게 표상할지, 이를 어떤 과정으로 해결해야 할지를 필자 스스로 선택해야만 한다. 문제의 이러한 특성으로 인해 쓰기 과정에서는 필자 개인의 특성이 반영되면서 문제가 해결된다.

30 '시초 상태'는 문제에 대하여 주어진 정보를 뜻하고 '목표 상태'는 최후의 목표 장면에 대한 정보를 의미한다. '조작인'은 어떤 상태를 다른 상태로 변화시키기 위하여 수행시킬 수 있는 작용 또는 이동 행위를 가리키고 '조작인의 제한'은 조작인의 적용을 구속하고 지배하는 규칙을 말한다.

박권생(2005)은 Perkins의 주장을 수용하여 통찰문제 풀이를 통해 창의적 문제 해결 능력을 향상시킬 수 있다는 것을 증명하였다. Perkins는 Wright 형제의 비행기 발명, Darwin의 진화론 정립, Fleming의 페니실린 발견 등 여러 가지 획기적 발견 · 발명이 오랜 기간의 탐색을 거쳤으나 해결될 기미가 보이지 않다가, 돌발적인 사건 또는 계기를 만나서 갑자기 해결책을 깨닫게 되는 과정을 거친다는 사실을 발견하였다. 박권생(2005)은 Perkins가 분석한 획기적 발명 · 발견의 과정과 통찰의 과정이 흡사하다는 사실을 밝히고 이러한 통찰의 과정은 일반적인 문제 해결의 과정과 유사하다고 주장하였다.

우리가 만나는 문제 중에는 수학 계산 문제와 같이 순차적인 논리적 추리를 통해 해결되는 문제도 있고 Perkins의 연구에서 이용된 수수께끼처럼 그러한 추리로는 해결되지 않는 문제도 있다. 쓰기 활동에서 필자가 만나게 될 문제는 후자에 가깝다. 논리적 추리로는 해결되지 않는 문제 중에서 해결될 기미가 보이지 않다가 갑자기 그 해결책을 드러내는 문제를 '통찰 문제'라고 한다.

쓰기 과제는 Newell과 Simon의 관점에서 이야기하면 '잘 정의되지 않은 문제(ill-defined problem)'의 성격을 지니고 박권생(2005)과 Perkins의 논의의 관점에서 보면, '통찰 문제' 혹은 '획기적인 발견 · 발명의 문제'에 해당한다. 이들 연구를 통해 쓰기 과제의 구조적인 특징을 정리하면 다음과 같다. 첫째, 접근법 및 접근 통로가 방대하며, 둘째, 해결에 필요한 단서가 보이지 않고, 셋째, 잘못된 가정을 유발하여 사고의 폭을 좁히며, 넷째, 옳지 못한 해결책이 옳은 해결책으로 보이게 한다는 점이다.

따라서 필자는 쓰기 행위에 수반되는 과제의 구조적 특징을 극복해야만 한다. 필자는 쓰기 과정에서 목적을 가지고 일련의 사고 과정을 거쳐 텍스트를 생산한다. 이러한 쓰기 과정은 인지적 · 정의적 · 경험적 요소들이 복합적으로 작용하여 문제 해결을 이루게 되는데 이들은 모두 필자의 사고 작용을 중심으로 이루어진다.

2) 쓰기의 사고 내적 활동 탐색

언어 사용 행위는 사고 행위와 밀접한 관계가 있다. 언어는 경험을 표상하는 체계적이고 보편적인 수단일 뿐만 아니라 각 개인의 경험을 재해석하는 수단이다. 특히 의미를 언어화하는 쓰기 활동은 언어와 관련된 문자를 읽고 쓸 수 있는 기초적인 사고 기능뿐만이 아니라, 언어에서 의미를 추출하여 재구성하는 고등 사고 기능과도 밀접한 관련이 있다. 앞서 논의한 것과 같이 글을 쓴다는 것은 문제 해결 행위로서, 쓰기에 수반되는 사고는 합리적으로 문제를 규정하고 거기에 대처해 나가는 유목적이며 의도적인 정신 활동이라고 규정할 수 있다. 따라서 쓰기에 수반되는 사고를 규명하지 않고는 쓰기 현상을 이해하기는 어렵다. 여기에서는 Bloom(1956), Marzano(1988), 허경철(1991)의 사고에 관한 대표적인 선행 연구를 고찰함으로써 쓰기 활동에 수반되는 사고 기능을 구명해 보고자 한다.

(1) '쓰기적 사고' 용어 사용 이유

우리는 어떤 문제에 직면했을 때, 배경 지식을 가지고 있을 뿐만 아니라 문제 해결 전략을 가지고 있어서 문제를 해석하고 관련된 지식과 절차를 찾아내고 정보들 간에 새로운 관계를 조직화하면서 문제를 해결한다. 그런데 이때 과학과에서 탐구하는 문제와 역사과에서 탐구하는 문제의 성격은 분명히 다르며, 문제의 성격에 따라 문제 해결 과정 또한 다르기 때문에 '과학적 사고'와 '역사적 사고'란 개념이 실재한다. '과학적 사고'나 '역사적 사고'는 각각의 학문 영역에서 부딪치는 문제를 해결하기 위해 교과 지식을 토대로 형성되며, 교과 지식 또한 과학적 사고 과정과 역사적 사고 과정을 거쳐서 형성된다. 교과 지식은 교과와 관련된 문제 해결의 결과이며, 이는 좀 더 복잡한 문제의 해결을 위한 기반이 된다.

그렇다면 텍스트를 이해하고 표현하는 쓰기 활동에서 국어학, 국문학, 수사학 등의 쓰기 지식을 토대로 인지적이면서도 정의적인 쓰기의 과정을 거친다는 사실에 주목하여, '쓰기적 사고'의 개념을 상정하는 것 또한 가능하다고 본다. 과학과에서 다루고 있는 문제는 자연 현상이며, 자연 현상에 관한 문제를 해결하는 것이 과학적 사고이다. 과학 문제를 탐구하는 과정에서 해결해야 하는 문제는 탐구의 결과를 언어로 설명하는 것과는 다른 별개의 문제이다. 예를 들어 날씨 예측과 관련하여 우연적으로 보이는 현상들 사이에서 필연적인 법칙을 발견했다고 하자. 과학자는 발견한 결과를 보고서나 논문의 형식을 통해 알리려고 할 것이다. 이와 같은 일은 과학자들의 임무이지만, 엄밀히 말하면 글을 쓰는 행위는 과학적인 문제를 해결하는 것이라고 볼 수 없다. 이러한 문제는 쓰기 고유의 문제이며, 쓰기 분야에서 탐구해야 할 문제이다.

다음과 같은 연구 결과는 차별화된 '쓰기적 사고'를 통한 글쓰기 학습이 필요하다는 사실을 뒷받침해 준다. Applebee(1984)는 몇 년간 미국 고등학교에서 이루어지고 있는 쓰기 교육 현장을 관찰하였다.

실험에 참여한 학생들은 과제가 주어졌을 때, 과학과나 사회과에서 '브레인스토밍'이나 '의미망' 활동을 통해서 쓰기 활동을 하였지만, Applebee는 정작 글쓰기에 도움이 되지 않는다고 결론내리고 있다. 이 연구를 통하여 쓰기 활동에서 중요한 것은 쓰기와 관련된 사고 행위라는 점을 알 수 있다. 실험에 참여한 학생들은 쓰기에 필요한 사고의 과정으로 글쓰기를 하지 않았기 때문에 '얼른 떠올리기'나 '생각 그물 만들기'와 같은 전략들이 결과적으로 아무런 도움이 되지 않았던 것이다. 과학 문제나 사회 문제를 탐구하는 과정에서 해결해야 하는 문제와 그것을 언어로 설명하는 과정에서 해결해야 하는 문제는 별개의 문제이다. 엄밀하게 말하면 글을 쓰는 행위는 과학적 문제나 사회적 문제를 해결하는 것이라고 볼 수 없다. 따라서 쓰기에서의 사고 행위는 어떤 특별한 상황에서 특정의 독자를 대상으로, 특정한 내용에 대해 사고하는 행위라는 점에서 다른 사고 행위와 구별된다.

이 단계에 작용하는 사고는 학자에 따라 다양하고 그 분류 또한 다르다. 허경철(1991)은 범주화, 순서화, 비교나 대조, 속성 파악, 관계나 양식 파악, 핵심 아이디어 식별, 오류 확인, 귀납, 연역, 유추의 10가지로 인간의 사고를 나누고 있고 Marzano(1988)는 초점을 맞추는 기능, 정보 수집 기능, 조직 기능, 분석 기능, 생성 기능, 통합 기능, 평가 기능의 7가지로 분류하고 있다. 사고의 정체를 찾고 분류하는 일이 어렵다 하더라도, 쓰기 활동에는 언어와 관련된 사고 과정이필수적으로 동반되기 때문에 '쓰기적 사고'의 요소와 과정을 탐색하는 일은 매우 가치 있는 일이 될 것이다.

(2) '쓰기적 사고'의 요소와 과정

사고는 3가지 요소, 즉 지식, 인지 조작, 사고 태도 내지 성향으로 이루어져 있다. 사고는 아무 것도 없는 상태에서 일어날 수는 없다. 문제를 발견했을 때 사고하기 위해서는 사고할 수 있는 자료가 있어야 한다. '지식'은 사고 활동이 일어날 수 있도록 하는 최소한의 특정 영역의 내용들이다. 사고는 이런 지식을 바탕으로 여러 인지 조작을 통해 이루어진다. '인지 조작'은 사고의 기술과 방법을 뜻한다. 인지 조작은 사고를 잘 하기 위해서 사용하는 관찰, 분류, 분석, 이해, 추론, 유추, 비교, 일반화, 종합화, 문제 해결, 의사 결정과 같은 사고의 방법과 기술을 의미한다. 사고의 행위 자체가 개인의 정신적 조작이기 때문에 그 과정에는 사고자의 특성이 반영된다. 사고자의 특성이 배제된다면 그 행위는 기계적인 처리와 같다. 사고를 잘 하기 위해서는 지적 욕구와 지적 열정이 필요하며, 호기심과 민감성, 성실성 등의 태도가 요구되는데, 이것이 바로 '사고 태도' 내지 '성향'이다(허경철, 1993:4). 쓰기가 언어활동 가운데 하나이고 언어와 사고가 밀접한 관계를 갖고 있다는 사실을 고려해 보면, 필자가 쓰기 상황에서 경험하게 되는 활동이 곧바로 사고에 연결되어 사고를 자극하고 유발한다는 결론을 얻게 된다. 간단하게 생각해 보면, 쓰기 활동과 관련지어 텍스트를 생산하는 데 의미를 구성하거나 표현하는 정신 활동을 '쓰기적 사고'라고 한다면, '쓰기적 사고'는 다시 '쓰기 지식', '쓰기 인지 조작', 그리고 '쓰기 성향'으로 나눌 수 있다.

① 쓰기 지식

글쓰기에서 개인이 지닌 경험과 신념, 믿음, 개념(명제) 등이 지식이 될 수 있다. 몇몇 쓰기 연구가들은 쓰기 활동에 필요한 지식을 구체적으로 제시하였다. Faigley와 Skinner(1982)는 쓰기와 관련된 지식을 일반적인 지식과 쓰기 상황에서 활용되는 지식으로 나누어 제시하고 있다. 일반적인 지식은 언어 체계에 관한 지식, 담화에 관한 지식, 쓰기 습관에 관한 지식, 쓰기 성향에 관한 지식을 말한다. 쓰기 상황에서 활용되는 지식은 쓰기의 각 과제에서 구체적인 목적과 관계에 대한 지식, 주제에 대한 지식, 쓰기 환경에 관한 지식을 의미한다.

Applebee(1982)는 쓰기와 관련된 지식으로 화제(topic)에 관한 지식, 언어(language)에 관한 지식, 독자(audience)에 관한 지식을 제시하고 있다. 화제에 관한 지식은 쓰기 과제에 대하여 필자가 갖는 지식이고 언어에 대한 지식은 단어 및 문장 수준에서의 지식, 텍스트 수준에서의 지식, 그리고 상위 수준에서의 지식 등과 관계된 지식을 의미한다. 독자에 관한 지식은 독자에 대한 분석과 독자와의 상호 작용에 관한 지식을 뜻한다.

Alexander(1991)는 쓰기에 필요한 지식으로 사회 · 문화적 지식, 개념적인 지식, 초인지적인 지식을 제시하고 있다. 사회 · 문화적 지식은 사회 구성원들이 함께 공유하는 내적인 믿음이다. 개념적인 지식은 과제와 관련된 넓은 범위의 지식(domain knowledge)과 구체적인 지식(discipline knowledge), 그리고 담화에 관계된 지식을 포함한다. 초인지적인 지식은 자신이나 과제, 전략에 관한 지식이다.

이은희(1997)은 쓰기 영역 교수 · 학습의 대상으로 쓰기 과정을 수행할 수 있는 능력, 쓰기의 과정을 점검할 수 있는 능력, 텍스트의 구조적 · 형식적 측면에 대한 지식, 장르에 대한 지식 요인을 들고 있다.

위에서 언급한 지식을 정리하면, 과제와 관련된 지식, 언어 사용과 관련된 지식, 독자와 관련된 지식, 전략과 관련된 지식, 쓰기 상황과 관련된 지식, 자신의 쓰기 능력과 관련된 지식 등 다양하다. 이러한 지식은 사고를 하는 데 기초 자료가 된다.

특히 지식과 관련된 기억은 저장보다는 인출과 더 많이 관련되어 있다. 지식에 대한 인출은 재생(recall)과 재인(recognition)으로 나눈다. 재생은 어떤 단서를 제공해 주지 않고 바라는 내용을 장기 기억에서 출력하는 것을 말하고, 재인은 단서가 될 수 있는 정보를 제시한 후, 필요한 내용을 생성하거나 정보 에서 올바른 내용을 확인하는 것을 말한다. 필자는 쓰기 활동에 필요한 모든 내용과 방법을 장기 기억 속에 저장하고 있지는 않다. 특히 쓰기 과제와 관련된 배경 지식이 부족한 필자는 정보 수집 과정을 통해 주제와 관계된 내용 지식을 습득하게 된다. 이는 Shepard(1967)의 연구[31]에 의해 재인 기억이 재생 기억보다 더 강력하다는 것이 밝혀졌다(김영채, 2002:94 재인용). 따라서 본 연구에서는 쓰기 과정에서 재생된 지식뿐만이 아니라 재인되는 내용 또한 지식의 범주에 포함하기로 한다.

31 Shepard(1967)는 피험자에게 단어 항목들을 한 번씩 보여 주었는데, 600개 중에 540개(88%)를 재인한다는 사실을 발견하였다. 그의 연구는 김영채(2002:94)에 자세히 설명되어 있다.

② 쓰기 성향

사고의 행위 자체는 개인의 정신적 조작이기 때문에 그 과정에는 사고자의 특성이 반영된다. 허경철(1993)은 사고 성향을 일반적 성향, 창의적 성향, 비판적 성향으로 나누고 이를 다시 세부적으로 유목화하였다. 그는 효율적 사고를 위한 일반적 성향으로 지적 열정, 지적 성실, 지적 인내, 지적 겸손을 제시하였고 창의적 성향으로 자발성, 대담성, 민감성, 호기심, 변화에 대한 욕구, 풍부한 정보 수집에의 열망, 다양한 대안 탐색에의 요구, 질문(문제)의 제기 등을 들었다. 그리고 비판적 성향으로 건전한 회의성, 지적 정직, 객관성, 체계성, 철저성 등을 제시하였다.

쓰기 활동에 있어 필자들이 갖는 성향으로는 각 개인의 지능이나 동기, 인지 형식, 걱정 등이 있다. 지능은 필자가 지니는 내용적인 지식이나 전략을 말한다. Kellogg(1994)는 여기에 방법, 개성 등을 덧붙여서 지능을 좀 더 넓은 개념으로 파악하기도 하였다.

동기는 필자가 작문 활동에서 창의적인 방법을 동원하고 잠재적인 가능성을 충분히 끌어낼 수 있도록 하는 역할을 한다. 동기의 종류는 성취동기, 쓰기 욕구에 대한 동기, 내재적인 동기와 외부적인 동기 등으로 나눈다. 동기는 쓰기 활동에서 각 개별 필자에게 다양하게 작용하며 작문을 하게 하는 원동력이 된다.

인지 형식은 사고를 통하여 문제를 해결할 때 각 개인이 갖는 특정한 인지 경향이다. Kellogg는 충동적 · 반성적 형식을 제시했고 Sternberg는 규범적 형식, 실행적 형식, 판단적 형식을 제안하였다. 이들 인지 형식들은 오랜 시간에 걸쳐 형성되고 개별 필자마다 다양한 양상을 보인다.

쓰기 활동에 있어서 걱정은 여러 가지 역할을 한다. Nickerson(1988)은 실패에 대한 걱정이나 두려움은 필요한 활동을 할 수 있도록 동기 부여를 하기도 하지만, 생각을 마비시키거나 사고 작용에 나쁜 영향을 끼치기도 한다고 설명하였다. 쓰기는 정서적인 요소가 많이 작용하는 문제 해결적 사고 과정이므로 걱정 또한 중요한 문제가 된다.

③ 쓰기 인지 조작[32]

사고의 구성 요소로서 인지적 조작이 차지하는 비중은 지식이나 성향보다 크다. 지식이나 성향은 사고라는 현상의 숨겨진 힘이고 요소이다. 이에 비해 인지 조작은 사고라는 현상의 표층 구조를 이루는 부분으로서, 일반적으로 인지 조작과 사고를 거의 동일시할 정도로 인지 조작은 사고를 대표한다. 그러므로 사고의 유형이나 종류를 구분하고 사고의 과정 · 단계를 추출하는 작업은 인지 조작 영역을 유목화하고 명료화하는 작업과 대단히 밀접한 관계를 갖는다.

인지 조작을 구성하는 여러 요소들은 학자들마다 그 분류가 다르다. 일반적으로 수용하고 있는 분류가 존재하지 않으므로, 이 분야에서 대표적인 Bloom(1956), Marzano(1988), 허경철(1991)의 연구를 면밀히 분석하면서 문제 해결적 쓰기 활동에 수반되는 인지 조작을 탐색하기로 한다.

32 '인지 조작'은 여러 유형의 사고 과정에 영향을 미치는 일반적인 것이 있는가 하면, 어떤 것들은 특수한 인지 과제에 주로 관련된 매우 정밀한 것이 있다. 인지 심리학자들은 이를 구별하여, '사고 기능(인지 기능)'과 '복합적 사고 과정'이라 부른다. '사고 기능(인지 기능')은 조작의 범의가 좁고 미세하고 시간이 덜 요구되는 사고 조작을 뜻하며, '복합적 사고 과정'은 범위가 넓고, 보다 거대하여 조작이 끝날 때까지 여러 가지 기능들이 동원되면서 보다 긴 시간이 걸리는 것을 가리킨다.

Bloom(1956)은 '교육목표분류학'에서 지적 영역과 관련하여, 크게 '지식, 이해(변환, 해석, 추론), 적용, 분석(요소, 과정, 조직 원리의 분석), 종합(의사 전달 자료, 절차나 방법의 창안), 평가(내적 준거에 의한 평가, 외적 준거에 의한 평가)'를 제시하고 있다.

Marzano(1988)는 사고 과정 후의 결과물의 종류나 특성을 기준으로 개념 형성(Concept Formation), 원리 형성(Principle Formation), 이해(comprehension), 문제 해결(Problem Solving), 의사 결정(Decision Making), 탐구(Scientific Inquiry), 작문(Composition), 대화(Oral Discourse) 여덟 가지를 제시하고 있다. 여기에서 '개념, 원리, 이해'는 지식을 습득하는 사고와 관계되고 '문제 해결, 탐구, 의사 결정, 작문'은 지식을 생산하거나 적용하는 사고와 관련되며, '대화'는 지식의 습득, 활용, 산출 모두에 적용되는 사고로 보았다. 그리고 Marzano(1988)는 사고의 핵심적 기능(Core Thinking Skills)으로 초점(focusing), 정보 수집, 기억, 조직, 분석, 생성, 통합, 평가를 제시하고 있다.

허경철(1991)은 사고력의 구성요소로서의 인지적 조작 영역을 상위 인지, 비판적 사고, 창의적 사고, 사고 과정, 그리고 핵심적 사고 기능의 다섯 가지로 분류하고 있다. 그리고 핵심 사고 기능(Core Thinking Skills)으로 범주화, 순서화, 비교나 대조, 속성 파악, 관계나 양식 파악, 핵심 아이디어의 식별, 오류 확인, 귀납, 연역, 유추의 10가지를 제시하고 있다.

㉮ 복합적 사고

복합적 사고는 기본적 사고 기능을 이용하여 복합적인 인지 기능을 수행하는 사고이다. Marzano(1988)는 앞서 제시한 8가지 사고 유형들을 들었고, 허경철(1991)은 여기에 상위인지, 비판적 사고, 창의적 사고 등을 덧붙이고 있다. 여기에서 Marzano와 허경철이 제시한 복합적 사고 유형들은 대체로 목적 지향적인 성격이 강하다는 점을 발견할 수 있다. 쓰기 행위가 문제 해결적 성격을 지닌다고 할 때, 일렬로 나열되어 있는 복합적 사고 유형들의 층위 설정이 가능하게 된다. 다음에서는 Marzano(1988)와 허경철(1991)을 중심으로 쓰기에서의 복합적 사고 과정의 위계를 설정하고자 한다.

먼저 Marzano가 제시한 '개념 형성'이나 '원리 형성'은 문제를 해결하기 위하여 동원되는 사고로서, 개념이나 원리를 형성할 것을 목적으로 수행되는 사고 과정이나 유형이다. 이러한 점에 주목하면 '개념 형성'이나 '원리 형성'은 문제 해결보다 한 단계 낮은, 하위 층위의 사고 유형으로 보는 것이 바람직하다.

다음으로 Marzano가 제시한 복합적 사고 유형들 가운데 '의사 결정'과 '문제 해결'적 사고와의 관계는 좀 더 자세히 살펴볼 필요가 있다. 의사 결정은 가치 선택이 보편적으로 개재되는 문제에서 현명한 선택을 하고자 하는 경우에 필요한 사고 과정이다. 몇몇 연구자들은 의사 결정을 문제 해결과 같은 인지의 한 영역으로 다루기도 하고, 문제 해결의 하위 영역으로 다루기도 한다.

일반적으로 말하면 '문제 해결'은 해결 계획을 세우고 실행하는 데 초점이 있는데 반해, '의사 결정'은 몇 가지의 해결 대안들 중 최선의 또는 가장 합리적인 해결책을 판단하는 데 초점이 있다. 그리고 '문제 해결'은 많은 사람들이 동의할 수 있는 정확한 답이 있는 상황에 작용하는 사고 과정으로 보고 '의사 결정'은 여러 가지 가능한 답이 가능한 상황, 즉 정답이 정해져 있지 않은 상황에 적용되는 것으로 본다. '의사 결정'이 이루어지는 상황은 도달해야 할 목표나 해결안이 뚜렷한 경우도 있지만, 뚜렷하지 못한 복합적인 상황도 존재한다. 또한 '문제 해결'은 가치가 개입되지 않은 상황에 적절하고 잠정적인 해결안들을 확인하고 그것들을 연속적인 방식으로 차례차례 검증하는 것으로 여긴다. 반면에 '의사 결정'은 가치에 대한 고려와 판단을 통합하는 상황에 적절한 것으로, 가능한 한 많은 잠정적인 해결안들을 먼저 확인하고 그것들을 어떤 준거와 관련지어 동시적으로 평가하는 것으로 본다.

앞서 쓰기 과제의 특성 가운데 잘 정의되지 않는다는 점을 지적하였다. 문제의 정의에서부터 해결의 방법이나 절차가 분명하지 못한 경우에는 쓰기 과정에서 의사 결정이 중요한 요소로 작용하게 된다. 그러므로 적절한 내용과 방법을 찾아서 선택하는 쓰기 활동은 처음부터 끝까지 계속적인 의사 결정의 과정이라고 할 수 있다. 이러한 차이점에 주목하여 쓰기 활동에서 일어나는 '의사 결정'의 복합적 사고를 문제 해결을 위한 하위 활동으로 이해할 수 있다.

이 밖에 허경철(1991)이 제시한 '비판적 사고'와 '창의적인 사고'는 문제 해결을 위한 핵심적인 사고 조작으로 크게 작용한다. '비판적 사고'의 용어를 분석해 보면, 비판적 사고 연구자들 가운데 몇몇은 비판적 사고를 기존의 준거에 기초하여 특정 진술을 평가하는 것으로 보았다. 이때 평가라는 것은 판단의 준거를 포함하는 것으로 이 준거는 올바른 평가 혹은 비판을 하기 위해 필수적인 요소가 된다. 대표적인 학자로는 Beyer(1988), Ennis(1985, 1987, 1991), D'Angelo(1971)[33]

33 Beyer(1988)는 비판적 사고를 정보나 지적인 주장의 신뢰성, 정확성, 가치를 판단하는 사고 작용으로 보았다. 즉 비판적 사고를 분석, 평가와 관련된 사고 작용으로

등을 들 수 있고, 이들은 진술의 내용을 평가하는 데 필요한 논리적 형식을 비판적 사고의 핵심으로 판단하였다.

초기 비판적 사고 연구자들은 비판적 사고를 진리를 발견하기 위한 도구로 보았기 때문에 비판적 사고를 능력 혹은 기술(skill)로 생각하였지만, 최근의 연구에서는 비판적 사고를 비판적 사고 기술과 비판적 사고 성향의 상호 작용의 결과로 보고 있다. 이때의 성향은 개인의 태도 및 행위를 좌우하는 일반적인 작동 원리로, 특별히 어떤 방식으로 행동하려는 습관적인 경향성으로 볼 수 있다. 다시 말해서 비판적 사고를 고차원적인 정신 활동으로 파악하고, 특정 내용이나 형식과 상관없이 모든 문제 상황에 적용할 수 있는 심리적 태도 혹은 성향으로 파악하고 있는 것이다. 이는 초기 비판적 사고 연구자들이 비판적 사고를 분석이나 평가의 의미로 파악한 것과는 달리 탐구 능력, 문제 해결 능력으로 바라보고 있다는 것을 뜻한다.

이상에서 볼 수 있듯이, 비판적 사고는 비판적 사고 기술과 비판적 사고 성향, 이 두 요인 간의 상호 작용의 결과로 나타난다고 볼 수 있다. 즉, 비판적 사고는 쓰기 활동에서 부딪치는 문제를 해결하기

보고 비판적 사고의 10가지 속성을 제시하였다. Beyer(1988)가 제시하고 있는 비판적 사고의 속성에는 ① 입증할 수 있는 사실과 가치 주장 구별하기, ② 관련되지 않은 정보, 주장, 전제로부터 관련된 것을 구별하기, ③ 어떤 진술의 사실 여부 결정하기, ④ 어떤 출처의 신뢰성을 결정하기, ⑤ 애매한 주장이나 논증을 확인하기, ⑥ 진술되지 않은 가정을 확인하기, ⑦ 편견을 탐지하기, ⑧ 논리적인 오류를 확인하기, ⑨ 추론의 계열에서 논리적인 모순점 인지하기, ⑩ 어떤 논증이나 주장의 강도 결정하기가 있다. Ennis(1985, 1987, 1991)는 비판적 사고를 무엇을 믿고 행동할 것인가를 결정하는 합리적이고 반성적인 사고라고 정의내리고 있다. Ennis는 이 정의에서 비판적 사고를 능력뿐만이 아니라 이를 사용하려는 성향과 가치판단을 포함하는 것으로 설명하였다. D'Angelo(1971)는 비판적 사고의 개념을 확대하여, 평가의 대상으로 논증, 경험을 포함시키고, 평가의 의미를 과정을 포함하는 의미로 확장시키고 있다(신경숙, 2000:11-23 재인용).

위해 사용하는 복합적인 사고 조작의 하나로, 필자의 머릿속에서 복잡하게 떠오르는 생각들을 선별하고 조직하여 논리적인 오류를 점검하는 기능을 담당한다. 이는 쓰기의 활동과 내용면에서 논리성과 타당성을 지니게 하며, 쓰기의 전체적인 통일성과 일관성을 가지는 데 기여하는 역할을 한다고 볼 수 있다. 이러한 점에서 '비판적 사고'는 필자가 문제 해결적 쓰기 과제를 해결할 때 수반되는 필수적인 사고 유형으로, 문제 해결보다 하위 층위의 사고 유형으로 이해할 수 있다.

'창의적 사고'는 창의력, 창조성, 창의, 창조력 등 여러 가지로 표현된다.[34] 창의적 사고에 대한 개념은 학자마다 다르고, 그것을 정의하는 관점도 다르다. 김영석(1990)은 창의적 사고를 다룬 연구들을 강조하는 대상에 따라 세 가지로 나누어 다음과 같이 정리하고 있다. 먼저 산출물을 강조하는 정의로, 창의력은 본질적으로 새로운 것, 즉 알려져 있지 않은 아이디어를 낳게 하는 능력을 뜻한다. 둘째, 과정을 강조하는 정의로 창의적 사고란, 곤란한 문제에 직면하여 그것을 해결하기 위하여 추측하고 가설을 세워 검증하며 또 다른 자료들을 수집하고 검증하여 그 결과를 전달하는 과정을 의미한다. 셋째, 내적 경험을 강조하는 정의로 창의적 사고란, 하나의 새로운 결과를 이야기하는 행동의 출현이며, 그것은 그 개인의 특성과 그 개인을 둘러싼 사건, 사람, 자료, 자기의 생활상의 어떤 상황 등에서 생성되는 과정을 일컫는다. 자세히 살펴보면 이들 세 정의는 문제 해결적 특성을 지닌 쓰기 활동과 밀접한 관련을 맺고 있음을 알 수 있다. 산출물을 강조하는 정의는 완성된 한 편의 글에서 창의력을 강조하는

34 본고에서는 정의적인 측면을 가리킬 때는 '창의성'이라는 용어를 사용하고, 지적인 면을 지칭할 때는 '창의력'이라는 말을 사용하기로 한다.

것으로 이해할 수 있고 과정을 강조하는 정의는 문제 해결적 행위로서의 쓰기 행위에서 일어나는 사고 과정, 즉 인지 처리를 강조한 것으로 이해할 수 있다. 내적 경험을 강조하는 정의는 창의성이 발휘될 수 있는 동기적 요소[35]를 강조하고 있다고 볼 수 있다.

창의적 사고의 생성에 작동하는 요인으로 크게 인지적 특성과 정의적 특성으로 나눌 수 있다. Guilford는 인지적 특성으로서의 창의력을 강조하면서 이를 지적 능력으로 파악해야 한다고 주장하고 있다. 창의력의 지적 요소로는 학자들마다 조금씩 다르게 제시하고 있지만, 공통적으로 유창성, 융통성, 독창성, 정교성을 들 수 있다. '유창성(fluency)'은 특정한 문제 상황에서 가능한 많은 양의 아이디어를 산출해 내는 양적인 사고 능력을 말한다. '융통성(flexibility)'은 경직되고 고정적인 사고방식이나 시각과 반대되는 개념으로 다각적, 다방면으로 사고를 변화시켜 다양한 해결책을 찾아내는 사고 능력이다. '독창성(originality)'은 문제 사태에 대하여 통상적인 것에서 탈피하여 독특하고 참신한 아이디어를 산출해 내는 사고 능력을 뜻하고, '정교성(elaboration)'은 다듬어지지 않은 기존의 아이디어를 구체적인 것으로 발전시키는 능력을 말한다(위은영, 2000:10-11). 최근의 연구들은 창의적 사고를 문제 해결 과정에서 전개되는 인지 과정의 본질을 구명하는 데 노력을 집중하는 경향이 있다.

창의성 구성 요인에 있어서 정의적인 특성은 인간의 성취 과정에

35 '창의적 사고'를 개인의 특성으로 설명하는 대표적인 학자로는 S. Freud와 인본주의자들이 있다. Freud는 창의적 사고를 무의식(id)와 의식적 부분(ego)의 대립에서 생겨나는 것으로 창의적 상상과 동일시하였다. 대표적인 인본주의자로는 C. Rogers, R. May, A. Maslow 등이 있고, 이들은 자아실현과 창의적 사고를 연결지어 모든 인간은 타고난 자아실현적 창의력을 가지고 있다고 보았다.

서 개인에게 요구되는 내적 동기나 태도 등과 관련된다. 정의적 특성 또한 학자들마다 다르게 제시하고 있지만, 공통적으로 민감성, 자발성, 독자성, 근면성, 호기심[36] 등을 제시하고 있다.

위의 논의들을 정리하면, 창의적 사고는 문제로부터 새롭고 다각적이며 유용한 많은 아이디어를 산출해 내어, 그 문제를 해결하는 능력이라고 정의내릴 수 있다. 이를 통해 '창의적 사고'는 문제 해결을 위해 새로운 아이디어를 산출하는 문제 해결의 하위 과정으로 보는 것이 타당하다.

여기에서 창의적 사고와 관련하여 생각해 볼 문제가 있다. 창의력의 핵심 용어인 '새롭다(독창적이다)'와 '가치 있다(유용하다)'는 두 용어를 어떻게 볼 것이냐의 문제이다. 이와 관련하여 박권생(2005)은 어떤 아이디어나 한 편의 글을 '독창적인 것' 또는 '독창적이지 못한 것'으로 양분하기보다는 '독창적이지 못한 것'에서부터 '다소 독창적인 것'을 거쳐 '매우 독창적인 것'에 이르기까지 매우 다양한 분류를 설정하는 것이 창의력의 복잡한 개념을 보다 더 잘 반영할 수 있다고 보았다.

본고에서는 이러한 관점을 수용하여 창의력을 질적인 개념으로 보기보다는 양적인 개념으로 파악하고자 한다. 다시 말해서, 필자가 당면한 과제를 해결하기 위해서 자신의 경험과 지식을 바탕으로 이를 새롭게 결합함으로써 의미를 구성하게 될 것이다. 이때 창의력이란 반드시 누가 봐도 새로운 것이어야 할 필요는 없으며, 다른 사람들에게는 이미 익숙한 것이라도 자신에게 지금까지 경험하거나 활용하지 못했던 새롭고 유용한 것이면 창의적인 것으로 보고자 한다.

36 창의성의 정의적인 특성인 민감성, 자발성, 독자성, 근면성, 호기심에 관한 논의는 위은영(2000:10-11)에 자세히 설명되어 있다.

이상에서 볼 수 있듯이, 허경철(1991)이 제시한 복합적 사고 과정인 '비판적 사고'와 '창의적 사고'는 궁극적으로 쓰기 과제 해결을 위한 유목적적이고 의식적인 정신 작용이라고 규정할 수 있다.

㉯ 기초적 사고

Marzano(1988)의 8가지 사고 유형들과 허경철(1991)의 비판적 사고, 창의적 사고, 사고 과정은 여러 개의 기본적인 사고 기능들이 동원된다는 공통점이 있다. 그리고 상위인지는 쓰기 과정에서 늘 따라 주어야 하는 일이다. 쓰기 과정에서 기본적 사고 기능은 쓰기 대상을 처음 만나서 의미를 구성하기 위해서 생각을 의도적으로 집중하고 통제하는 활동을 한다. 아래의 표는 Bloom(1956)의 인지 영역과 Marzano(1988)와 허경철(1991)의 핵심적 사고 기능을 정리한 것이다.

표 5 Bloom, Marzano, 허경철의 기초적 사고 기능 비교

학자별 / 기초적 사고 기능	Bloom(1956)	Marzano(1988)	허경철(1991)
이해하기	지식, 이해(번역)	초점(focusing), 기억, 정보 수집	핵심 아이디어의 식별
개념 형성하기	이해(해석)	조직	관계나 양식 파악, 비교나 대조, 속성 파악, 범주화, 순서화
추론하기	이해(추론), 적용	생성	유추, 오류 확인
추리하기	분석, 적용	분석, 생성	귀납, 연역, 오류 확인
평가하기	평가	평가	
종합하기	종합	통합	

위의 자료에서 우리는 몇 가지 흥미로운 점을 발견할 수 있다. 첫째, 학자들은 사고 기능을 여러 하위 기능들(skills)로 세분화하고, 이 기능들을 처음에는 낮은 또는 쉬운 수준의 기능에서 점차 높은 수준 또는 어려운 수준으로 위계화하고 유목화하였다는 점이다. 둘째, 세 학자가 제시한 사고 기능들은 약간의 차이만 보일 뿐 매우 유사하다는 점이다. 약간의 차이는 누가 더 항목을 세분화했는가, 그리고 이를 어떤 언어로 명명했는가의 차이 정도이다. 셋째, 이들 기본적인 사고 기능은 여러 가지 복합적인 사고 과정에 동원된다는 공통점이 있다. 그러나 현재까지의 연구 결과만을 가지고는 각각의 사고 과정에 어떠한 사고 기능들이 어떻게 관련되는지 명확하게 파악할 수는 없다. 다만, 각 사고 과정에 어떤 종류의 사고 기능이 강하게 관련되는지 정도는 밝혀낼 수 있다.

본고에서는 Bloom(1956)과 Marzano(1988), 그리고 허경철(1991)의 논의를 검토하여, 쓰기 활동에서의 기초적인 사고 기능으로 '이해하기', '개념 형성하기', '추론하기', '추리하기', '평가하기', '종합하기' 여섯 가지를 제시하고자 한다. 각각의 의미를 제시하면 다음과 같다.

'이해하기'는 해결하고자 하는 문제를 인식하는 단계로, 쓰기 과정에서 필자는 쓰기 과제와 관련된 정보를 장기 기억에서 재생해 내거나 책을 읽고 다른 사람의 이야기를 들으면서 많은 정보를 수집하게 된다. 이해하기 단계는 시각적인 사전 인지 선별 작업을 포함하여 배경지식 속에 존재하는 정보를 재생하는 과정을 포함하기 때문에 필자는 이러한 과정을 통해 문제를 보다 깊게 이해할 수 있다.

'이해하기'와 유사한 개념으로 Bloom(1956)은 '지식', '이해(번역)'를 사용하고 있고 Marzano(1988)는 '초점', '기억', '정보 수집'을, 허경철

(1991)은 '핵심 아이디어의 식별'이라는 용어를 사용하고 있다. 이들의 용어 설명을 살펴보면, 다소간 차이를 보이지만 대체로 표현의 차이일 뿐 본질적인 차이가 있다고 보기 어렵다.

그런데 여기에서 Bloom(1956)이 제시하고 있는 '이해'의 하위 형태들을 살펴볼 필요가 있다. Bloom(1956)은 '이해'의 하위 형태로 '번역', '해석', '추론'을 제시하고 있는데, '번역(translation)'은 개인이 어떤 자료를 원래와는 다른 언어, 용어, 다른 형태의 자료로 바꾸어 놓을 수 있는 능력 즉, 자료의 각 부분마다 그 부분의 의미를 부여하는 능력을 의미한다. '해석(interpretation)'은 자료를 아이디어들의 구성체로 보고 이와 같은 아이디어의 구성체를 이해하기 위해서 각 개인이 자료를 마음속으로 새롭게 재구성하는 능력을 가리킨다. '추론(extrapolation)'은 자료에 서술된 경향이나 조건들을 이해하고 이를 토대로 추측하거나 예측하는 것을 말한다. 이 가운데 본고에서 설명하는 기초 사고 기능으로서의 '이해하기'는 Bloom(1956)의 '번역'과 유사하다.

필자는 쓰기 과정에서 이해하기 사고 과정을 기초로 하여, 공통적인 속성을 가지고 있는 어떤 형태를 마음속에서 만들어 낸다. 공통적인 속성을 가지고 있는 대상, 사건 또는 아이디어들의 유목을 기초로 마음속으로 어떤 구조를 지니게 되는데, 이것이 바로 '개념'[37] 이다. '개념 형성하기'를 Bloom(1956)은 '이해(해석)'로 설명하고 있고 Marzano(1988)는 '조직'으로, 허경철(1991)은 '관계와 양식 파악', '비교와 대조', '속성 파악', '범주화', '순서화'로 설명하고 있다.

37 개념은 '단어의 의미와 동일하게 보는 견해', '공통된 속성을 갖는 여러 자극의 유목으로 보는 견해', '주변 정보의 관계를 이해하는 데 도움이 되는 기능을 중심으로 보는 견해' 등 크게 3가지 견해가 있다. 본 연구에서는 세 가지 견해를 모두 고려하여, '개념 형성'의 정의를 내렸다.

개념은 앞서 이해한 내용들을 조직화시켜 주기 때문에 세상을 이해하기 쉽게 만들어 준다. 필자는 개념 형성을 통해 개념에 속한 것과 속하지 않는 것을 변별할 수 있고 어떤 개념의 유목을 다른 개념의 유목과 관련시킬 수 있다. 따라서 '개념 형성하기'의 사고 기능은 필자가 체계적이고 일관성 있게 정보를 처리하고 관련된 문제를 좀 더 쉽게 이해할 수 있도록 도움을 준다.

이와 같이 형성된 개념들은 서로 연결되어 개념 위계를 이룰 수 있고, 더 나아가 두 가지 이상의 개념들이 가지고 있는 공통적인 속성들을 추상화하여 더 큰 형태인 원리나 법칙, 이론 등을 이룰 수도 있다.

'추리(reasoning)'는 주어진 정보 이상으로 새로운 의미를 만드는 것을 말한다. 이때, '추리'는 'reasoning = reason + ing'로 전제에서 결론을 도출해 가는 단계들을 말하기도 하고, 또는 도출해 낸 결론 자체를 의미하는 것으로 쓰이기도 한다. 즉 추리한다는 것은 전제들 사이의 관계를 어떤 규칙에 따라서 추론하고 결론에 도달하는 것이다. 이 때문에 추리를 논리적인 추론이라 말할 수 있다.

논리적인 추리에는 강력한 방향이 있으며 그 방향에 의해 결론에 도달하게 된다. 추리는 두 방향 가운데 어느 하나로 진행되는데, 크게 보아 연역 추리와 귀납 추리로 나누어 볼 수 있다. 일반적으로 귀납 추리는 일련의 구체적인 것에서 일반적인 것으로 진행되는데 비해서, 연역 추리는 이와는 반대로 일반적인 형태에서 시작하여 어떤 구체적인 것에 대한 결론에 이르게 된다.

쓰기 측면에서는 실제 우리 주변의 세계를 이해하고 새로운 의미를 발견한다는 점에서 귀납 추리가 적용되어야 할 경우가 많다. 연역 추리는 사실로 주장되는 명제들로부터 결론을 추론한다. 이 과정에서 의미 정보는 증가하지 않는다. 반면에 귀납 추리는 논리 영역보다는 오히려 과학적 추리 및 현상에 대한 설명과 관련된 것으로 정보의 양이 실제 제시된 것 이상으로 증가된다. 귀납 추리는 논리적으로 타당하지 않기 때문에 논리학적 관점에서는 단지 근거 없는 추론법으로 간주되기도 하지만, 쓰기 활동에서는 의미 있는 정보를 증가시킨다는 점에서 분명히 중요한 추리 방식이다.

인간의 사고 과정에서 귀납 추리된 잠정적인 규칙이 새로운 예에 연역적으로 적용되는 경우를 발견할 수 있다. 예를 들어 과학자는, 한 실험 결과로부터 가설을 유도할 수 있고 이를 토대로 하여 다른 실험에 대한 결과를 예언함으로써 그것을 연역적으로 검증할 수 있다. 쓰기 활동에서도 귀납과 연역 추리가 서로 교체되는 경우를 발견할 수 있고, 그러한 상호 보완적인 작용에 의해 필자의 추리 능력은 점차 발전하게 된다.[38]

추리하기보다 더 포괄적인 개념인 '추론(inference)하기'는 외현적으로 진술된 것과 관련하여 떠오르는 모든 것을 포괄하는 용어이다. 다시 말해서 추론은 어떤 진술에 대하여 진술되지 않은 다른 어떤 아이디어들을 떠올리는 것이다. 김영채(1998:71)는 추론의 특성에 관

38 귀납과 연역 추리의 사고 과정이 드러난 예를 들어 보면 다음과 같다. 이 글은 2009년 2학기 인하대학교 〈글쓰기와 토론〉 수업 시간에 경영학과 1학년이 작성한 내용 가운데 일부를 정리한 것이다. 글의 일부분을 옮겨 보면, "㉠ 중년 위기의 원인? 경제적 어려움? 불륜 문제? → 과연 그럴까? → ㉡ 심리학에 기대어 원인을 살펴보면, 사회가 기대하는 일종의 가면을 쓰고 생활을 해 왔기 때문이다. 가짜에 한계를 느끼고 파괴성을 띤 것이다 → ㉢ 20대인 우리의 위기는? 사회가 기대하는 모습을 가진 사람을 우대하는데?" 정도가 된다. 여기에서 '㉠ → ㉡'의 사고 과정은 연역 추리에 해당하고, '㉡ → ㉢'의 사고 과정은 귀납 추리에 해당한다고 볼 수 있다.

하여 하나의 진술에 대하여 일어날 수도 있고, 여러 개의 진술에 대하여 일어날 수도 있다고 설명하고 있다. 그리고 자발적일(spontaneous) 수도 있고, 의도적이고 계획적일 수도 있다고 설명하고 있다. 자발적이란 우리가 의식하여 자각하지 못하는데도 저절로 일어나는 것을 뜻한다.

쓰기 과정에서 '추론하기'과 '추리하기'는 매우 중요한 의미를 지닌다. '이해하기'와 '개념 형성하기'는 앞서 살펴본 바와 같이 문제를 깊이 있게 이해하는 데 토대가 되는 사고 기능이다. 이에 반해서 '추론하기'과 '추리하기'는 필자가 현재 가지고 있는 지식을 확장하고 축소하는 조작 과정을 통해 새로운 의미를 만들어내는 중요한 기능을 담당하는 사고 기능이기 때문이다.

'평가하기'란 추리와 추론의 과정을 거쳐 새롭게 형성된 내용을 어떤 기준을 사용하여 그것이 충족되었는지를 판단하는 것을 의미한다. 평가적 사고는 추론과 추리의 과정을 거쳐서 내린 주장이나 결론, 행위를 대상으로 하면서, 추리를 통하여 판단에 이르고자 한다는 점에서 특이하다고 할 수 있다.[39] 곽병선(1982)은 언어의 사용, 논리의 사용, 방법 및 증거 사용, 가치 판단의 절차의 영역으로 구분하여, 각 영역별로 판단 요소들을 제시하고 있다. 이 가운데 곽병선(1982)이 제시하고 있는 언어 사용 측면에서의 비판적 사고 요소를 살펴보면, 용어 또는 진술문의 의미를 결정하기, 언어의 애매성을 확인하기, 경향성 있는 판단을 피하기, 감정적인 언어를 분석하기, 모

39 이 경우 평가의 기준은 어떤 규칙이나 논리, 보편적인 가치 등으로 이루어지고, 보편적인 지적 준거에는 분명한가, 정확한가, 엄밀한가, 적절한가, 사고에 깊이가 있는가, 사고의 폭이 넓은가 등이 포함된다(김영채, 2004:210).

호한 용어를 가려 쓰기, 맥락에 비추어 말을 해석하기, 추상적인 용어에 구체적인 의미를 부여하기, 상투어를 분석하기, 말은 사물이 아니라는 사실을 이해하기, 외연과 내포를 변별하기, 어원적인 오류를 인식하기, 주요 용어를 정의하기, 비유적인 언어를 글자 그대로 해석하는 것을 피하기 등이 있다.

'종합하기'는 여러 개의 요소나 부분을 전체로서 하나가 되도록 묶는 것을 의미한다. 앞서 살펴본 추리나 평가의 사고 기능은 분석력을 요구한다. 반면에 '종합하기'는 이러한 사고 과정을 통해 얻은 정보들을 통합함으로써, 이를 유의미한 것으로 해석하고 재구성하는 사고 기능이다. 여기에는 통합된 전체로 구성된 새로운 자료와 이전 경험의 부분들이 결합되는 것도 포함된다. 종합은 지적 영역에서 창의적 사고를 가장 분명하게 제공하는 유목이다. 그러나 이것은 완전히 자유스러운 창의적 표현은 아니다. 왜냐하면 일반적으로 특정한 문제, 자료, 그리고 어떤 이론 및 방법상의 체제에서 오는 한계 내에서 표현해야 하기 때문이다.

(3) '쓰기적 사고력'의 개념과 과정

지식(교과 내용)은 사고에 의하여 생성, 분석되며 이해, 조직화되고 평가, 유지, 변형된다. 다시 말해서 지식이란 사고를 통하여 이해되고 증명될 수 있는 것이며 마음속에서만 존재한다.[40] 지식이 곧 사고이며, 사고의 한 가지 양식(mode)이라 볼 수 있다. 물론 지식과 사고의 존재 양식에는 약간의 차이가 있다. 사고는 정신적인 과정으로 존재

40 '사고'와 '지식'의 관계를 설명할 때 사용하는 '사고'의 의미는 넓은 의미의 '비판적 사고'라고 할 수 있다.

하지만, 지식은 사고의 과정을 통한 어떤 결과로 존재한다. 대개의 경우 사람들은 다양한 사고를 통하여 지식을 얻는다. 사람들은 어떤 것에 대하여 사고를 하며, 이러한 사고 과정을 거치면서 일련의 결과를 얻게 된다. 이러한 결과를 우리는 지식 혹은 내용이라 부른다.

지식과 관련하여 김영채(1998:45)는 수학 공식을 외울 수 있는 정도만큼 수학을 아는 것이 아니라 수학적인 사고를 할 수 있는 정도만큼 수학을 아는 것이고, 과학 교과서에 있는 사실과 법칙을 기억해낼 수 있는 만큼 과학을 아는 것이 아니라 과학적인 사고를 할 수 있는 정도만큼 안다고 설명하고 있다. 이는 국어, 물리, 수학, 역사 등 어떤 학문이든 간에 사고의 한 가지 양식이라는 이해를 바탕으로 한 것이다. 이러한 논리를 쓰기 활동에 적용해 보면, 쓰기 활동은 쓰기적 사고 속에서 그리고 그러한 사고를 통해서만 가능하다고 볼 수 있다.

사고 활동이 지식과 조작, 성향으로 이루어진다는 점을 미루어 보면, '쓰기적 사고'는 '쓰기 지식'과 '쓰기 성향', '쓰기 인지 조작'을 종합적으로 다루어야 한다. 하지만 본 연구의 관심이 쓰기 과정에서의 필자의 내적 사고 활동을 구명하는 데 있기 때문에, '쓰기 지식'과 '쓰기 인지 조작' 두 요소에 한정하여 필자의 사고 과정을 탐색해 보고자 한다. 본고에서는 '쓰기 지식'과 '쓰기 인지 조작' 두 요소가 필자의 지적인 사고 능력과 밀접하게 관련된다는 점에 주목하여 이를 '쓰기적 사고력'으로 부르기로 한다.

'쓰기적 사고력'의 개념과 과정을 좀 더 분명히 하기 위해서는 먼저 서혁(1996, 1997)의 논의를 재조명해 볼 필요가 있다. 그는 독자가 읽기 활동에서 대단히 복잡한 정신 작용을 거치면서 텍스트의 의미를 재구성한다고 보고 독자의 의미 구성과 관련하여 '국어적 사고'의 개념과 절차를 밝히고 있다. 그의 연구는 읽기 활동에서 독자가 의미를 구성하는 사고 과정과 쓰기 활동에서 필자가 행하는 사고 과정이 유사하다는 점에서 주목할 필요가 있다.

스키마 이론과 Anderson 등(1985)의 연구는 읽기 활동을 할 때 사용된 스키마가 쓰기 과정에서도 동일하게 이용된다는 사실을 밝히고 있다(이재승, 2006:251-252 재인용). Anderson 등(1985)은 실험을 통해 읽기 활동이 쓰기 능력의 발달을 촉진하고 쓰기 활동이 읽기 능력의 발달을 촉진한다고 주장하였다. 그리고 고차원적인 사고를 요하는 활동으로 갈수록 공통점이 많이 생긴다는 점을 밝혀내었다. 예를 들어 필자는 잘 짜여진 글을 읽으면, 글을 쓸 때 내용 조직하는 방식에 대한 정보를 얻을 수 있다. 이는 독해를 할 때 사용되는 스키마가 쓰기 과정에서도 동일하게 사용되는 것을 가리킨다. 여기에서 읽기 활동은 쓰기 활동을 하는 데 필요한 내용 스키마뿐만이 아니라 형식 스키마도 함께 제공해 주기 때문에 읽기 활동과 쓰기 활동에서 작동하는 사고들이 유사할 것이라는 점을 미루어 짐작할 수 있다.

서혁(1996, 1997)에서는 직접적으로 기초적 사고 기능과 복합적 사고 기능이라는 용어를 사용하지는 않았지만, 텍스트의 의미 구성 과정에서 공통적으로 사용되는 기초적인 사고 유형을 추출하고 그 과정과 단계를 제시하였다. 그가 제시한 사고의 과정과 단계는 '(감각) → 지각 → 개념 → 분석(해석) → 추리 → 상상 → 종합 → 비판(평가, 감상, 문제·해결)'이다. 이를 다시 국어 텍스트를 기반으로 기능에 따라 '사실적 사고'와 '추론적 사고' 그리고 '창의적 사고'로 범주화하였다. 여기에서 '사실적 사고'는 개념 파악, 분석(수렴적 사고), 기억·재생과 관련되고 '추론적 사고'는 추리(논증, 해석, 판단) · 상상과 관계되며 '창의적 사고'는 종합(확산적 사고), 비판(평가, 감상), (적용), 문제 · 해결과 밀접한 관련이 있는 것으로 파악하였다. 다시 말해서 '국어적 사고'의 개념과 단계를 설명하는 과정에서 기초적 사고 유형을 토대로 하여 사실적 사고, 추론적 사고, 창의적 사고가 활성화된다고 밝히고 있다.

그런데 서혁(1996, 1997)에서는 기초적 사고 기능에 대한 개념이 명확하게 정의되어 있지 않다. 그 결과 기초적 사고 기능뿐만이 아니라 복합적 사고 기능에 대한 정보를 명확하게 제공하지 못하고 있다. 그리고 복합적 사고 유형으로 사실적 사고, 추론적 사고, 창의적 사고를 제시한 기준 설정도 상당히 추상적으로 제시되어 있다.

이러한 한계를 지님에도, 서혁(1996, 1997)의 연구는 읽기를 의미의 재구성으로 파악하면서, 이 과정에서 작용하는 하위 사고들을 도출해내고 그들의 관계를 설명하고 위계를 설정했다는 점에서 '쓰기적 사고력'을 탐색하는 데 커다란 시사점을 제공해 준다. 물론, 읽기 활동에서 활성화되는 사고 기능과 쓰기 활동에서 활성화되는 사고 기능이 완전히 동일하다고 보기는 어렵다. 따라서 '쓰기적 사고력'의 개념과 사고 유형, 그리고 그 사고 과정을 탐색하기 위해서는 앞서 살펴본 '쓰기 지식'과 '쓰기 인지 조작'에 관한 논의를 종합적으로 검토할 필요가 있다.

쓰기에 관계된 지식은 과제에 관계된 지식, 언어 사용에 관계된 지식, 독자에 관계된 지식, 전략에 관계된 지식, 쓰기 상황에 관계된 지식, 자신의 쓰기 능력에 관계된 지식 등 다양하다. 이러한 지식은 쓰기의 내용과 쓰기 방법에 관한 것으로 필자의 장기 기억 속에 저장되어 있으며, 사고를 하는 데 기초 자료가 된다. 쓰기 내용과 방법에 필요한 지식 중에서 중요한 원리는 계획하기 원리, 아이디어 창안·조직의 원리, 적합한 언어로의 표현에 관한 원리 등이 있다.

본 연구에서는 지식의 범주 안에 필자의 장기 기억에 저장되어 있는 기존 지식뿐만 아니라 쓰기 과정 중에 외부에서 입력되는 지식도 포함하고자 한다.[41] 쓰기 지식에는 단순히 어떤 것을 아는 것만을 나타내는 것이 아니라 어떻게 수행할 것인지를 아는 것까지 포함된다.[42] 외부에서 새롭게 입력되는 정보는 쓰기적 사고의 작동에 의해 기존 지식의 인출을 돕거나 혹은 절차적 지식에 의해 기존 지식과 결합하여 새로운 의미를 구성하는 데 크게 기여할 수 있다.

여기에서 우리는 '쓰기 지식'과 '쓰기 인지 조작'이 지닌 독특한 기능적 관계에 주목해야 한다. '쓰기 지식'과 '쓰기 인지 조작'은 상호 작용을 통해 동시적이면서도 통시적으로 발전해 나간다. 필자는 쓰기와 관련된 지식을 사용하여 쓰기에 수반되는 사고 기능을 개발하게 되고, 다시 이러한 사고 기능을 통해 새로운 쓰기 지식을 풍부하게 습득하게 된다. 이러한 의미에서 '쓰기 지식'과 '쓰기 인지 조

41 엄밀히 말하면, '사고'는 이전에 습득한 지식의 사용을 강조하고 '학습'은 새로운 지식의 습득을 강조한다는 측면에서 구분이 가능하다. 하지만 쓰기 활동에서 사고의 특성이 지식을 다루고 그것을 조작하는 데 있기 때문에, 본 연구에서는 이 둘을 구분하지 않기로 한다.

42 지식은 '명제적 지식'과 '절차적 지식', '조건적 지식'으로 나눌 수 있다. '명제적 지식'이란 '어떤 것'이 사실임을 아는 것이며, '어떤 것'에는 사실, 신념, 의견, 일반화, 이론, 가설 및 태도 등이 포함된다. '절차적 지식'은 인지적인 활동을 '어떻게' 수행할지를 아는 것이다. 우리가 수학 문제를 풀거나 읽은 글을 요약한다면, 그것은 적절한 절차적 지식을 갖고 있음을 의미한다. 이러한 과제들은 모두 수행 과정에 필요한 '어떻게'가 요구되기 때문이다. '조건적 지식'은 명제적 지식과 절차적 지식을 '언제', '어떤' 조건으로 사용하며, 그렇게 사용하는 것이 '왜' 중요한지를 알려 주는 것이다. 다시 말해서 조건적 지식은 과제 목적에 적절한 서술적 지식과 절차적 지식을 선택하여 사용할 수 있게 해 주는 지식이다. 이와 같이 나누는 방식이 보편화되어 있다.

작'과의 관계는 동시적이면서 통시적이라고 할 수 있다.

쓰기의 사고 조작은 쓰기 지식을 바탕으로 이루어지는 일련의 처리 과정이다. 노명완(1989)은 쓰기를 의미를 언어로 나타내는 표현 활동이라고 말하고 있다. 필자는 자신의 생각이나 느낌을 언어로 표현하기 위해서 복잡하고 힘겨운 사고 활동을 하게 된다. 필자는 쓰기 과정에서 부딪치게 되는 문제를 목표 지향적이고 고차원적인 사고 활동을 통해 해결해 나간다. 한 편의 글을 쓰는 과정에서 필자는 쓰기 과제의 내용과 관련하여 해결해야 할 목표를 인식하고 이를 분류하고 추론과 추리의 과정을 거쳐 새로운 의미를 생성하고 이렇게 떠오른 내용에 대한 수용 여부를 판단하고 그 결과를 토대로 하여 새로운 아이디어나 지식을 창조해 나간다.

이러한 쓰기 과정에 수반되는 복합적 사고 유형으로 개념 형성, 원리 형성, 의사 결정, 사실적 사고, 추론적 사고, 비판적 사고, 창의적 사고를 제시할 수 있다. 앞에서 언급한 Marzano(1988)와 허경철(1991)의 복합적 사고 유형 가운데 '개념 형성'과 '원리 형성'은 여러 정보를 이해하는 과정에서 공통적인 속성을 가지고 있는 일정한 형태를 만들어 내는 것을 의미한다. 이는 필자가 대상을 깊이 있게 이해하는 과정에서 자연스럽게 이루어지는 사고 조작의 하나로 '사실적 사고'에 포함되는 것으로 이해할 수 있다.

'의사 결정'은 몇 가지 해결 방안 가운데 최선의 것 또는 가장 합리적인 해결책을 판단하는 데 초점을 둔다는 점에서 '문제 해결'과 약간의 차이가 있다. 하지만 '문제 해결'과 마찬가지로 해결의 단계를 거친다는 점, 쓰기의 전(全)과정에서 의사 결정이 일어난다는 점에 주목하여 '문제 해결'에 포함되는 것으로 볼 수 있다.

'비판적 사고'는 더 낫게, 더 합리적으로 판단하기 위한 사고이다. 쓰기 활동에서 필자는 비판적 사고를 행하기 위해 먼저 사고하는 내용에 대해서 분석을 하고, 타당한 것과 부적절한 것을 변별할 수 있는 준거를 마련한 후 이를 토대로 해석과 판단의 과정을 거쳐야 한다.

그런데 필자의 사고는 해석과 판단에서 멈추는 것이 아니라 해석과 판단의 내용을 토대로 하여 새로운 아이디어나 지식을 창조하는 활동으로 이어진다는 데에 주목할 필요가 있다. 이는 비판적 사고가 창의적 사고의 출발점으로서의 기능을 한다고 볼 수 있다. 이렇게 볼 때 비판적 사고 가운데 여러 정보에서 논리를 발견하고 이에 따라 의미를 생성하는 부분은 추론적 사고로 이해할 수 있고, 발견한 논리에 따라 판단하고 새롭게 의미를 생성하는 부분은 창의적 사고로 파악할 수 있다. 다시 말해서 '비판적 사고'를 구성하는 요소 가운데 '논리'와 관련된 부분은 '추론적 사고'로, '판단'과 관련된 부분은 '창의적 사고'로 상정할 수 있다.

이상에서 볼 수 있듯이, 문제 해결적 쓰기의 복합적 사고 유형으로 '사실적 사고', '추론적 사고', '창의적 사고'의 설정이 가능하다. '사실적 사고'는 사고의 대상 또는 생각거리와 관계된 사고를 말하는 것이고 '추론적 사고'와 '창의적 사고'는 그 대상에 대한 생각과 관계된 사고라는 점에서 구분이 가능하고 '추론적 사고'와 '창의적 사고'도 준거 마련 이후 해석과 비판의 과정을 거치면서 새로운 의미를 생성하느냐 아니냐에 따라 구분이 가능해진다. 앞서 Bloom(1956)과 Marzano(1988), 허경철(1991)의 연구를 검토한 후 쓰기의 기초적 사고 기능으로 '이해하기', '개념 형성하기', '추론하기', '추리하기',

'평가하기', '종합하기' 여섯 가지를 제시하였다. 복합적 사고와 기초적 사고의 관계를 생각해보면, '사실적 사고'는 '이해하기'와 '개념 형성하기'와 관련되고 '추론적 사고'는 '추리하기'와 '추론하기'와 관계되며 '창의적 사고'는 '비판하기'와 '종합하기'의 사고 기능들과 밀접한 관련을 맺는 것으로 파악할 수 있다. 지금까지 검토한 내용을 토대로 '쓰기적 사고력'을 다음과 같이 조작적으로 정의할 수 있다.

> 쓰기 활동과 관련된 '쓰기적 사고력'은 지식, 경험, 정서 등 여러 현상과 관련하여 국어로 의미를 구성하고 표현하거나 문제를 해결해 나가는 데 수반되는 정신 활동을 말한다. '쓰기적 사고력'은 모호하고 잘 정의되지 않은 문제를 인식하고 그 문제를 해결하기 위해서 필요한 '쓰기 지식'과 '쓰기 인지 조작'으로 이루어져 있다. '쓰기 지식'은 쓰기의 내용과 쓰기 방법에 관한 것으로 필자의 장기 기억 속에 저장되어 있기도 하고 쓰기 과정 중에 외부에서 입력되기도 한다. '쓰기 인지 조작'은 크게 '기초적 사고 기능'과 '복합적 사고 과정'으로 나누어지는데, '기초적 사고 기능'은 다시 이해, 개념 형성, 추론, 추리, 평가, 종합으로, '복합적 사고 과정'은 사실적 사고, 추론적 사고, 창의적 사고로 나누어진다. 이때 '사실적 사고'는 '이해', '개념 형성'과 관련되고 '추론적 사고'는 '추론'과 '추리', '창의적 사고'는 '평가'와 '종합'의 사고 기능과 밀접한 연관을 맺고, 쓰기의 문제 해결적 특성으로 인하여 위계를 이룬다.

한 편의 글을 쓰는 과정은 바로 그 자체로 사고의 과정을 밟아 가는 것이라고 할 수 있다. 추론적 사고는 '㉮ 주장'에 대해 '근거 ㉯'를 제시할 수 있는 사고를 말하고, 창의적 사고는 '㉮ 주장'의 '근거 ㉯'에 대해 의문을 제시하면서 '근거 ㉰', '근거 ㉱'를 제시하거나 '근거 ㉯'에 대하여 '㉲라는 주장'을 제시할 수 있는 사고를 가리킨다. 이때 창의적 사고와 추론적 사고의 단계에 도달하기 위해서는 사실적 사고가 필요하다. 사실적 사고 단계에서 대상을 깊이 이해하지 못하면 추론적 사고나 창의적 사고가 제대로 작동될 수 없다. '쓰기적 사고력'의 하위 과정들이 엄격하게 순차성을 지니지는 않지만, 사실적 사고가 추론적 사고의 바탕이 되고 추론적 사고가 창의적 사고의 토대가 되는 연쇄적인 연결 반응으로 이해할 수 있다. 본고에서는 '쓰기적 사고력'의 인지 조작 과정을 '이해 → 개념 형성 → 추론 → 추리 → 평가 → 종합'으로 이해하고[43] 이를 간단히 도식화하면 다음과 같다.

43 한명숙(1996)이 Herman Northrop Frye와 우한용의 견해를 수용하여 상상력의 발달 위계를 '인식적 상상력 → 조응적 상상력 → 초월적 상상력'으로 제시하고 있다. 이는 본문에서 언급하고 있는 국어적 사고의 단계와 매우 유사하다. '인식적 상상력'은 세계에 대한 형식화 기능으로, 문학을 통한 세계 개시(開示)의 능력이고, '조응적 상상력'은 현실에 대한 인식·비판 기능으로, 문학을 통한 세계와의 상호 교섭 작용을 의미한다. '초월적 상상력'은 가능한 모델 창조의 기능으로, 세계에 대한 비전으로 세계를 재구성하는 능력이다(한명숙, 1996:37). 이들이 주장하고 있는 문학적 사고의 발달을 살펴보면, '인식적 상상력'은 '사실적 사고'와 비슷하고 '조응적 상상력'은 '비판적 사고'와 유사하며 '초월적 상상력'은 '창의적 사고'와 흡사하다고 볼 수 있다.

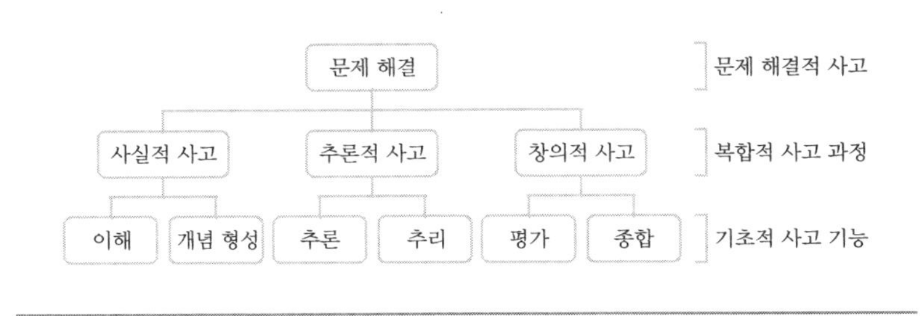

그림 6 쓰기적 사고력의 요소와 사고 층위

지금까지 문제 해결적 특성을 지닌 쓰기 활동과 관련하여, '쓰기적 사고력'의 사고 요소와 사고의 과정을 탐색해 보았다. 이들의 구별은 어디까지나 개념상의 구별이다. 이들의 구별은 상대적으로 비교했을 때 '사실적 사고'는 '이해'와 '개념 형성'의 경향이 좀 더 강하고, '추론적 사고'는 '추론'과 '추리', 그리고 '창의적 사고'는 '평가'와 '종합'의 경향이 강하다는 것을 의미하는 것이지, 실제 쓰기 상황에서 이렇게 엄격하게 구별된다는 것을 뜻하는 것은 아니다.

3) 쓰기적 사고력과 쓰기 기능, 전략과의 관계

'쓰기적 사고력'은 쓰기 활동에서 직면한 문제를 해결하는 과정에서 필자의 지식과 경험을 토대로 언어 그 자체, 언어와 대상 사이의 관계, 텍스트의 구성과 이해를 통해 쓰기 활동을 가능하게 하는 정신 활동이다. 물론 쓰기 영역의 지식을 충분히 지니고 있고, 단련된 사고 기능을 보유하고 있다는 것이 가치 있는 의미 구성을 보장하지는 않는다. '쓰기적 사고력'은 필자의 내적 표상을 다루고 조작하는 활동이기 때문에 정보를 어떻게 표상하고 어떤 조작을 수행하느냐 하는 것은 필자의 선택에 달려 있다. 구체적으로 '선택적'이라는 뜻은 필자가 주어진 상황에서 목적에 맞게 전체적인 쓰기 전략을 세우고 구체적인 사고 기능들을 통합해 간다는 것을 뜻한다. 사고의 기능을 통하여 쓰기 전략이 수행되지만 필자는 사고 전략에 따라 적절한 사고 기능들을 선택적으로 사용할 수 있어야 한다.

지금까지 기능(skills)과 전략(strategies)의 개념 문제에 대해서는 여러 사람들이 논의해 왔다. 그렇지만 아직까지 이 문제에 대해 학자마다 상당히 다르게 나타나고 있다. 몇몇 쓰기 연구자들은 기능과 전략은 기본적으로 구별되는 개념이 아니라고 본다. 이들은 능력을 보는 관점의 차이일 뿐이라고 말한다. 그런데 두 말은 모순된다. 능력을 보는 관점의 차이에서 생긴 것이라면 기능과 전략은 분명 다른 개념이다. 만약 기능과 전략이 기본적으로 같은 것이라면 이 두 용어를 사용할 필요는 없어진다. 다음에서는 '쓰기 기능'과 '쓰기 전략'의 관계를 좀 더 분명히 이해하기 위해서 지금까지 연구자들이 사용한 기능과 전략의 개념을 검토한 후, 이를 토대로 하여 '쓰기 지식'과 '쓰기 기능', 그리고 '쓰기 전략'의 관계를 밝히고자 한다.

(1) 기능과 전략의 개념

능력(ability)의 개념은 매우 포괄적이고 통합적이어서 구체적으로 무엇으로 구성되며 어떻게 작용하는 것인지 분명하게 밝힐 수 없기 때문에, 이러한 문제를 해결하기 위하여 능력의 개념을 기능(skills)로 나누어 접근하면서 분절적으로 파악하는 기능관이 도입되었다. 하지만 기능관은 행동주의적 관점에 서 있기 때문에 인간의 정신 작용을 설명하기 어렵고, 인간의 정신 작용을 행동과 같이 하위 요소로 분할하게 되어 하나의 과정으로 파악하지 못하는 문제를 안고 있다. 이러한 문제를 해결하기 위한 대안으로 나타난 전략관은 인지 심리학과 구성주의적 관점에서 정신 과정을 하나의 과정이며, 여러 가지 요인이 상호 작용하는 것으로 보았다. 이렇듯 기능과 전략은 서로 다른 관점을 바탕으로 하고 있기 때문에 쓰기 능력을 설명할 때 개념을 명확하게 구별하여 사용해야 한다.

그런데 쓰기 능력을 설명하는 데 기능과 전략에 대한 혼란이 계속되는 까닭은 이들의 개념 정의에서 기인한다. 특히 기능(技能)이라는 용어는 현실적으로 다양하게 쓰이고 해석된다. 문식성 사전(Theodore & Hodges, 1995; 이천희, 2005:12 재인용)에 따르면, 기능(技能, skills)은 다음 두 가지로 정의되어 있다.

> ㉠ 기능은 수행을 잘 하기 위하여 획득된 능력(proficiency)을 의미한다. 이용어는 흔히 지각 운동 학습의 결과로 세심하게 조직되어 있는 복잡한 근육 활동을 말한다. 글씨 쓰기, 골프 등이 이런 능력에 포함된다.
>
> ㉡ 기능은 또한 독해나 사고에 포함되는 고등 수준의 능력을 요구하는 지적인 활동을 의미한다.

이 정의에서 알 수 있듯이, 기능(技能)은 '지적인 것을 배제한 기계적인 활동'이라는 의미에서 '사고를 요하는 고등 능력'이라는 의미까지 넓게 쓰이고 있다. 즉 기능은 사고력을 요하지 않는 기계적인 활동이라는 것과 반대로 사고력을 요하는 고등 능력이라는 말을 둘다 포함하고 있다. 가장 단순한 수준의 기능에서부터 가장 고등한 수준으로서의 능력에 이르기까지의 모든 수준을 기능(技能)으로 정의내릴 수 있기 때문에, 학자들마다 언어활동에서의 기능을 다양하게 해석하고, 이를 다르게 설명하고 있다.

노명완 외(1988)에서는 기능에 대한 정밀한 논의가 필요하다고 강조하면서도, 이 책에서는 기능을 '내용 독립적인 일반화 수준의 전략'이라는 정도로 간략히 설명하고 있다. 이후 노명완(1992)은 기능(技能)을 '관찰 가능한 행동으로부터 추론되어야 하는 추상적인 개념'으로 규정하고 기능의 의미를 두 가지로 나누어 접근하고 있다. 하나는 여러 가지 많은 행동들을 설명할 수 있는 일반적인 의미의 심리적 실체를 말하고, 다른 하나는 한 개인이 갖고 있는 내재적인 것으로서 어떤 행동을 수행하는 데 동원되는 능력이라고 하였다. 그는 기능을 내용과는 무관하면서 과제를 수행하는 총체적인 능력으로 인식하고 있다. 즉, 기능을 상당히 폭이 넓은 고등 수준의 능력으로 해석하고 있는 것이다.

이성영(1990)은 기능의 개념에 대한 본격적인 정립을 시도하였다. 그는 주로 읽기 기능의 개념을 정립하려는 의도에서 기능의 일반적 개념을 정리하였다. 그는 기능(機能)과 기능(技能)을 구별하여 사용하면서, 技能이란 "機能을 수행하는 동태적인 構造"라고 정의내렸다. 예를 들어 읽기의 목표인 의미 획득은 읽기의 '機能'이 되며, 이 機能을 달성하려는 행동 양식을 읽기 '技能'이라고 설명하고 있다. 그가 사용한 機能과 技能의 구분은 기능의 좁은 의미와 넓은 의미에 대응된다.

한철우(1994)는 기능에 대하여 "기능은 무엇을 달성하기 위한 방법이지 그 자체가 목표일 수는 없다. 기능은 국어 능력을 발달시키기 위한 수단이지 목표는 아니다. 기능은 단순 반복 훈련을 강조하는 측면이 있다. 기능은 어떤 능력을 하위 요소로 쪼갠 분석적인 개념이다."라고 설명하고 있다.

이도영(1998)은 기능을 상당히 분절적이고 기계적인 자동성을 추구하는 개념으로 파악하였다. 이는 기능(skills)을 행동주의 심리학의 관점에 입각하여, 전체를 부분으로 나눈 개념으로 파악한 것으로 여겨진다. 이도영(1998)은 기능의 특성으로 첫째, 기능은 지식을 기반으로 해서 이루어지고, 둘째, 기능에는 정신적 기능과 신체적 기능이 있으며, 셋째, 기능에는 단순한 기능과 복잡한 기능이 있고, 넷째, 기능은 자동적인 속성을 지니고, 다섯째, 기능은 총체적 능력이 아니라 부분적 능력이며, 여섯째, 기능 학습을 하는 가장 좋은 방법은 경험과 반복이고, 일곱째, 기능을 획득했는지를 판단하는 기준은 기능의 유창성이라고 설명하고 있다.

기능에 대한 이도영(1998)의 논의를 글쓰기에 적용하면, 개개의 철자나 음절을 익히고 그 다음에 낱말을 익히고 문장을 익히고 문단을 익히면 좋은 글을 쓸 수 있다는 관점이다. 쓰기에서 기능을 강조한다는 것은 곧, 고정된 지식(내용)보다는 어떤 내용을 추구하는 방법 또는 수행의 측면이 강하다는 것을 의미한다.

이들 논의를 바탕으로 할 때, '기능(技能)'은 내용에 관한 문제가 아니라 어떤 내용을 추구하는 방법이라는 점을 확인할 수 있다. '기능(技能)'은 좁은 의미로는 언어 능력과 같이 종합적인 능력의 한 부분을 이루는 하위 요소를 뜻하고 광의로는 언어 사용의 고등한 정보 처리 행위 능력을 의미한다. 본 연구에서는 '기능(技能)'을 행동주의적 관점으로 접근하여, 추상적인 능력에 비하여 좀 더 구체적이고 분석 가능한 정신 능력으로 이해하고자 한다.

다음으로 전략을 살펴보면, 전략(戰略, strategy)은 원래 군사적 목적을 달성하기 위하여 일으키는 군사적 행동이나 조직을 뜻하는 군사 용어였다. 이후에 이 용어는 목적 지향적인 인간의 행위를 설명하는데 적합하다고 보아 경영학, 경제학, 정치학 등에 차용되어 지금은 상당히 많은 분야에서 두루 사용되고 있다. 전략은 '기술(techinique)', '책략(tactics)', '문제 해결 과정(problem solving procedures)' 등으로 불리기도 한다.

노명완 외(1988)는 전략을 잠정적인 언어 처리 과정에서 언어 처리자가 취하는 조직적인 계획과 처리 방법이라고 설명하고 있다.

천경록(1995)은 전략을 의사 결정과 같은 인지적 사고를 요하는 목적 지향적인 인간의 행동에 있어서 '행위자가 주어진 목적을 달성하기 위하여 최적의 대안을 모색하는 방법'이라고 정의내렸다. 그는 전략의 속성으로 유연성과 통합성, 발견성을 제시하고 있다. '유연성(flexibility)'은 전략의 사용자가 어떤 목표를 달성하고자 할 때, 전략을 기계적인 규칙에 따라 적용하는 것이 아니라 목표 달성을 위한 여러 가지 정보와 상황을 종합하여 융통성을 발휘하는 것을 뜻한다. '통합성(integration)'은 목표를 달성하기 위하여 모든 정보를 종합, 조정하는 것을 말한다. 인간이 짧은 순간에 많은 정보를 통합하여 의미 표상이 가능한 것은 전략의 통합성에 근거한다. '발견성(heuristic)'은 예상하지 않았던 새로운 내용이나 절차를 알게 되는 것을 말한다. 훈련에 의해 절차적 지식을 깨닫는 것에서 전략의 발견적 속성을 발견할 수 있다.

이도영(1988:131-132)은 전략의 속성으로 첫째, 전략은 목적 지향적인 행위이고, 둘째, 전략은 의식적인 행위이고, 셋째, 전략은 의도적인 행위이며, 넷째, 전략은 계획적인 행위이고, 다섯째, 전략은 통합적이고 총체적인 능력이고, 여섯째, 전략은 많은 양의 지식을 바탕으로 이루어지는 것이고, 일곱째, 전략의 사용에는 수준과 위계가 있고, 여덟째, 전략의 사용에는 정의적인 요소가 개입하고, 아홉째, 전략은 가르칠 수 있는 것도 있고 가르치기 어려운 것도 있으며, 열째, 전략 사용의 성공 여부를 판단하는 기준은 목적 달성의 유무에 있다고 설명하고 있다.

이도영(1998)에서 주목할 만한 점은 전략의 개념에 목적, 의도, 의식, 정의적 요소 등을 들고 있다는 것이다. 전략이 인간의 의도나 정의적 요소(태도)까지도 포함할 수 있는 폭넓은 개념이 될 수 있음을 언급한 것이라고 할 수 있다.

박수자(1994:92)는 전략을 특정 행위나 기술(techinique)의 사용으로 드러나며, 질문과 같이 관찰이 가능한 경우도 있고 정신 작용으로 관찰이 불가능한 경우도 있다고 보았다. 덧붙여 문제 지향적이며 학습에 직접적으로 기여하고 의식적으로 선택되고 변화가 가능하다고 설명하였다.

이상에서 볼 수 있듯이, 전략은 언어 사용자가 어떤 목표에 도달하기 위해, 자신의 능력과 상황에 맞게 자신의 배경 지식을 조절하고 운용하는 최적의 방법이라고 할 수 있다. 즉 언어 사용자의 배경지식, 기능을 수행하는 특정한 방식이나 절차로 사용하는 것을 말하는 것이다.

기능과 전략의 관계는 각각의 기반이 되는 이론적인 측면에서 살펴보면, 매우 상반된 것처럼 보인다. 기능을 강조하게 되면 고정성, 부분성, 개별성, 자동성 등의 속성이 강조되고, 전략을 강조하게 되면 융통성, 전체성, 통합성 등이 강조되게 된다. 그러므로 이 둘 사이에는 매우 중요한 차이가 존재한다고 볼 수 있다. 기능의 경우는 하위 기능들의 합이 상위 기능이 되는 위계적 관계가 형성되는 매우 고정적인 특성을 갖고 있다. 반면에 전략은 매우 역동적인 특성을 갖는다. 일정한 하위 전략들의 합이 곧 상위 전략을 구성하는 것이 아니라, 상위 전략은 필요에 따라 하위 전략을 선택하게 된다. 전략은 문제 해결의 목표에 따라 필요한 요소를 자유롭게 선택할 수 있기 때문에 매우 가변적이고 필요에 따라 전략의 위계가 바뀌기도 하고 전략 사용에서 배제되기도 하는 매우 역동적인 관계를 형성한다.

하지만 언어 사용의 측면에서 살펴보면, 기능과 전략은 동일한 과정과 요소를 보는 관점의 가치에 기인한 것일 뿐 서로 관련이 매우 깊다. 이런 까닭에 실제 언어 사용 측면에서 기능과 전략, 이 두 용어가 가리키는 경계를 구분하기는 쉽지 않다. 기능과 전략이 다른 용어라면, 언어 사용 측면에서도 이를 구별할 수 있는 명확한 기준이 드러나야 한다. 다음에서는 쓰기 과정에서 문제가 발생할 경우에 쓰기 기능과 쓰기 전략이 어떻게 관련되는지를 살펴보고 두 용어의 차이를 밝혀보고자 한다.

(2) 쓰기 기능과 쓰기 전략과의 관계

앞서 표현 과정은 자신의 개인적 앎을 다른 사람과 공유할 수 있는 다른 사람과 공유할 수 있는 의미로 변형하여 이를 구체적인 언어로 표현하는 과정임을 지적한 바 있다. 그런데 앎을 언어로 변형하는 표현 과정은 고등 수준의 지적 노력을 필요로 하는 어렵고 힘겨운 과정이다. 따라서 필자는 쓰기 과정에서 문제가 발생할 경우 언어의 기능과 전략을 적절하게 사용하여 문제를 해결해 나가야 한다. 쓰기 과정에서 문제 해결을 위하여 사용되는 기능과 전략은 사용되는 방식이나 관련되는 방식에서 차이가 드러난다.

최영환(1995)은 문제 해결 과정은 달성하고자 하는 목표, 문제 해결을 시작하는 현재 상황, 그리고 목표를 달성하기 위한 여러 가지 과정이나 경로 세 부분으로 구성된다고 보았다. '문제 진술'은 목표를 명확하게 인식하여 언어 사용자의 장기 기억 속에 존재하는 지식을 활성화시키는 것을 말한다. '문제 해결의 출발점'은 문제를 해결하기 위하여 언어 사용자가 처해 있는 현재 상황과 자신이 소유한 지식 및 능력을 확인하는 일을 모두 포괄하는 개념이다. 위의 두 가지 요소는 언어 사용 측면에서 차이점이 없다. 세 번째 요소인 '문제 해결의 수단이나 과정'은 위의 두 가지가 결정된 후에 여러 가지 과정이나 수단을 비교하여 더 효과적이면서도 쉽게 목표를 달성할 수 있는 것을 선택하는 것을 가리킨다. 기능과 전략의 차이점은 세 번째 요소에서 분명하게 드러난다.

쓰기 과정에서 부딪친 문제를 해결하기 위하여 쓰기 과정에 대한 지식의 소유 여부에 따라 '쓰기 기능'과 '쓰기 전략'으로 구분될 수 있다. 다시 말해서 '쓰기 기능'은 쓰기 과정에 대한 인식 없이 언어를 사용하는 것을 말하고, '쓰기 전략'은 언어 사용의 목표와 시기 및 방법에 대한 인식을 토대로 언어를 사용하는 것을 가리킨다.

그런데 노명완 외(1988:26)에서 지적하고 있듯이, 일단 습득된 전략은 지속적으로 활용됨에 따라 그 전략은 내용 의존에서 벗어나 내용 독립적인 일반적 수준의 지적 능력인 기능으로 발전하는 것이 가능하다. 쓰기 과정에서 목표 달성을 위하여 여러 가지 전략이 하나의 전략으로 통합되는 과정을 거치고, 또 각각의 과정이 연속적으로 결합되어 하나의 과정을 구성하게 된다. 이 단계에서 과정적 지식으로서의 전략에 대한 의식적인 접근이 점차 사라지고 자동적으로 적용이 가능하게 된다. 일반적으로 기능이라고 하면 관찰 가능한 행동을 의미하지만, 위와 같은 단계를 거쳐 거의 자동적으로 사용되는 전략을 기능(skills)이라고 부를 수 있다. 쓰기 과정에서 전략은 여러 가지 하위 과정으로 구성되기도 하고 각각의 하위 과정은 또 하나의 전략이 되기도 한다. 만약 전략이 자동화되어 기능과 같이 작용하지 않는다면, 실제 쓰기 활동에서 모든 전략을 인지적으로 접근하여 운용해야 하는 부담으로 인하여 글쓰기가 더욱 어려워질 것이다. 쓰기 기능과 쓰기 전략 간의 관계를 그림으로 제시하면 다음과 같다.

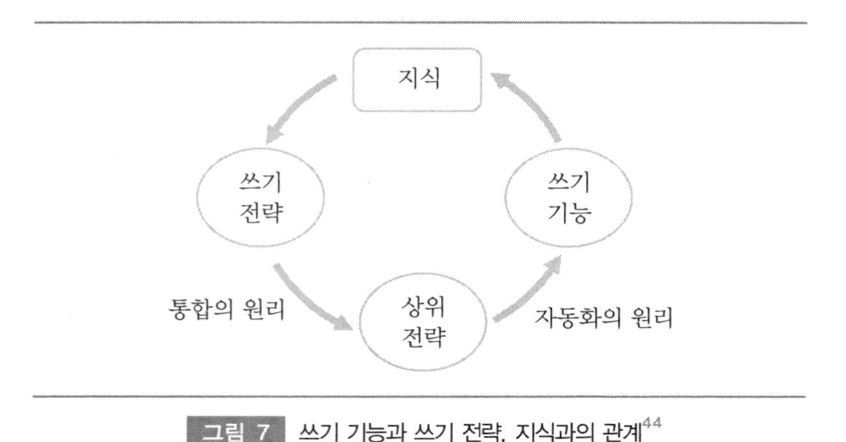

그림 7 쓰기 기능과 쓰기 전략, 지식과의 관계[44]

44 여러 가지의 쓰기 전략이 통합되어 하나의 전략이 되는 과정을 거치지 않고, 자동

여기에서 주목할 점은 '쓰기 전략'의 운용에는 '쓰기적 사고력'이 핵심이 된다는 것이다. 필자는 새로운 문제 상황에 직면하여 해결책을 강구할 때, 목표를 설정하고 목표를 달성하기 위하여 하위 과정들을 의식적으로 통제하는 사고 과정을 거치게 된다. 쓰기 과정과 관련된 쓰기 전략에는 '초점 맞추기 전략', '지식 기반 활성화 전략', '정교화 전략', '조직하기 전략', '의사소통적 전략', '문장 및 문단 쓰기 전략' 등이 있다. Ⅳ장에서 단계별 쓰기 전략과 사고 기능의 상관성을 밝히는 일은 쓰기 활동을 통해 실제 사고력 함양이 가능함을 이론적으로 증명해 보이는 작업이 될 것이다.

03 통합 인지주의 쓰기 모형의 지식 기반

필자는 상황에 적절한 텍스트 종류를 선택하고 표현 방식을 선택하면서 텍스트를 생산한다. 필자는 텍스트[45]를 생산하기 위해 자신

화의 단계를 거쳐서 쓰기 기능이 되는 경우도 있다. 그림에서는 이를 나타내기 위해서 옅은 선으로 표시하였다.

45 텍스트라는 용어는 연구자에 따라 다르게 사용하고 있다. 텍스트라는 용어를 사용하는 학자에는 Halliday(1973), Hasan(1978), Bloor & Bloor(1995) 등이 있고, 담화라는 용어를 사용하는 그룹에는 Grimes(1975), Sinclair & Coulthard(1975), Longacre(1983) 등이 있다. 또한 두 용어를 모두 사용하는 학자들로는 Harris (1964), van Dijk(1979), de Beaugrande(1979), Brown & Yule(1983) 등이 있으며, 이들은 이 두 용어를 서로 상반된 개념으로 사용하거나 상보적인 개념으로 사용한다. 이를 테면 van Dijk(1979)은 텍스트를 보통 담화의 기저가 되는 추상적인 이론적 개념물로 보고 담화는 관찰 가능하고 직관적이고 일상적인 용어로 사용하였다. Brown & Yule(1983)은 담화를 사용상의 언어(language in use)로 보고 텍스트를 담화의 표상으로서 의사소통 행위의 기록으로 사용하였다. 본고에서는 담화와 텍스트를 구별하지 않고 의사소통 기능을 갖는 문장보다 큰 언어 단위를 가리키는

이 지닌 텍스트와 관련된 구조적, 문법적 지식을 활용한다. 이때 글에 대한 일반 언어학과 텍스트 언어학에 관한 지식은 글쓰기를 가능하게 하는 기본 틀이 된다. 언어학 이론은 문장을 최대 분석 단위로 삼는데 반해서, 텍스트 언어학은 분석의 단위를 텍스트로 한다. 텍스트 언어학은 언어학의 연구 대상의 단위를 문장으로 국한시킨 데 대한 비판에서 비롯되었지만, 기본 전제는 단어, 구, 절, 문장 형성뿐만 아니라 텍스트 형성도 체계적으로 설명되어야 할 규칙성에 근거하고 있다는 점에서 언어학 이론과 동일하다. 이들 규칙성은 텍스트 생산의 근간을 이루는 원형적 지식으로 내재되어 있다가 실제 쓰기 행위에서는 다양한 형태로 나타나게 된다. 따라서 일반 언어학과 텍스트 언어학의 지식을 고찰하는 일은 필자가 쓰기 행위를 할 때 이용하는 언어적 형태들을 명료하게 설명할 수 있다는 장점이 있다.

텍스트 언어학에서는 텍스트의 구조를 두 가지로 구분한다. 하나는 내적 구조이고 또 다른 하나는 외적 구조이다. 텍스트 내적 구조는 다시 구성 층위에 따라 상위 구조, 거시 구조, 미시 구조로 나눈다. 상위 구조는 거시 구조가 좀 더 일반화된 경우로, 특정적이고 유형적인 구조를 가진 어떤 글의 장르를 확인할 수 있게 만들어 준다. 거시 구조는 명제들 간의 관계나 단락에서 제시된 생각 간의 관계가 관심의 대상이 된다. 거시 구조에서는 의미 관계를 중심으로 이루어지는 응집성이 중요하게 작용한다. 따라서 글의 논리적, 수사적 성격의 분석에 더 큰 관심을 두고 있다. 미시 구조는 개개 명제들 간의 상호 관련성에 관심을 두고 있다. 그리고 텍스트의 외적 구조는 텍

용어로 사용한다. 자세한 내용은 안병길(2002) 참고.

스트의 발생 환경으로서 시간, 장소, 필자(독자)의 태도나 관점, 목적 등의 상황적 요소가 개입되는 구조를 말한다.

본 절에서는 필자가 쓰기 과정에서 활용하는 언어 지식을 장르 차원과 텍스트 차원, 그리고 통사적 차원으로 나누어 고찰하고자 한다. 텍스트의 구조 가운데 상위 구조는 글의 전체적인 조직 원칙에 해당하므로 장르 차원에서 살펴보기로 하고 거시 구조는 글의 전체적인 의미를 표상하므로 텍스트 차원에서, 미시 구조는 명제들 간의 관계를 나타내므로 통사적 차원에서 살펴보고자 한다.

1) 장르 차원

장르[46]와 텍스트 유형은 서로 다른 이론적 토대를 가진다. 장르는 외부적 양식과 사용 측면에서 나타나는 차이가 반영되고, 필자에 의해 인식된 텍스트 구분과 직접적으로 일치한다. 장르는 문학에서 전통적 범주를 일컫는 용어로 사용되었는데, 단편 소설, 극, 자서전, 일기, 서사시, 우화 등이 포함된다. 언어학과 문학의 분석 맥락에서 장르는 필자에 의해 쉽사리 구분되는 텍스트 범주이며, 특정한 목적을 위해 특정한 상황에서 사용되는 텍스트 유형으로서 안내서, 신문 기사, 라디오방송, 사설, 대중 연설, 일상 대화, 광고 등이 장르에 해당된다. 이에 반해서 텍스트 유형은 인지적 범주나 언어적 준거에 기초하여 규정된다. 텍스트는 텍스트 내적 준거나 텍스트 외적 준거

46 '장르'와 관련하여 텍스트, 스타일, 문종, 종류나 양식 등 다양한 용어가 사용되고 있다. '장르'는 문학에서, '텍스트'는 텍스트 언어학에서, '스타일'은 언론학에서, '문종'은 국어 교과서에서, '종류나 양식'은 여러 영역에서 보편적으로 사용되고 있다.

또는 이 둘의 결합된 준거에 의해 범주화가 가능하다. 물론 장르와 텍스트 유형 간의 관계에 대해 차이를 두지 않는 학자들도 있다. 하지만 한 장르 내에서 언어적으로 구분되는 서로 다른 텍스트 유형이 존재할 수 있고 다른 한편으로는 다른 장르가 언어적으로 아주 유사할 수 있다. 이를 테면 신문 기사는 언어 형식상 서사적이고 구어적인 것에서부터 제보적이고 논증적인 것에 이르기까지 포함하고 있으며 신문 기사와 인기 있는 잡지 기사는 형식상 같을 수도 있다. 따라서 본 연구에서는 의사소통 상황에서 특정한 목적을 위하여 사용된 텍스트를 '장르'라고 지칭하고, 이는 다양한 텍스트 유형을 통해 실현된다고 봄으로써 장르와 텍스트 유형을 구별하고자 한다.

텍스트 유형은 개별 텍스트를 공통적인 속성에 의거하여 분류한 텍스트의 추상적 단위를 말하는데, 텍스트에 대한 체계적인 연구는 주로 수사학자들이나 언어학자들에 의해 이루어졌다.[47] 텍스트의 유형은 크게 목적(purpose) 및 양식(mode)과 관련된 전통적 수사적 준거(Bain, 1866; Kinneavy, 1971; Longacre, 1982)나 현실 및 실제를 보는 인식과 관련된 철학적 준거(Kinneavy, 1980) 등을 기준으로 나눌 수 있다.[48]

아리스토텔레스의 『수사학』에 연유되는 텍스트의 분류에는 2가지 전통이 있다. 하나는 '목적(purpose)'에 따라 분류하는 것이고 다른 하나는 '양식(mode)'에 따라 분류하는 것이다. Bain(1866)은 '담화 형식

47 특정 텍스트 유형을 중심으로 한 연구는 주로 독해 연구가들 사이에서 이루어져 왔다. 이야기 텍스트에 대한 연구에는 Mandler & Johnson(1977), Rumelhart(1977) 등이 있고, 과학 텍스트에 대한 연구에는 Kintsch & van Dijk(1978)가 대표적이다. 그리고 설명적 텍스트에 대한 연구에는 Meyer(1977), Meyer & Freedle(1984) 등이 있다(한철우 외, 2005:82)

48 Bain(1866), Kinneavy(1971), Longacre(1982), Kinneavy(1980)의 논의는 안병길(2002)을 참고하였다.

(forms of discourse)'이란 용어를 사용하면서 서사(narration), 서술(description), 해설(exposition), 논증(argument) 텍스트를 제시하였다. 이는 20세기까지 텍스트를 분류하는 전통적인 양식(modes)으로 전해 내려왔다. Kinneavy (1971)는 '의사소통 삼각형'의 4가지 요소인 '화자/필자, 청자/독자, 주제, 텍스트'를 기초로 하여, 표현, 설득, 설명, 문학 텍스트로 구분하고 있다. Kinneavy(1980)는 철학적 관점에 근거하여 텍스트 유형을 이론적으로 체계화하였다. 그는 '정적인 것'과 '동적인 것'[49]을 일차적 기준으로 선정하여 텍스트 유형을 나눈 후, 서술, 분류, 서사, 평가 텍스트를 제시하였다. Longacre(1982)는 광범위한 텍스트를 통괄하는 4가지 유형으로 서사(narrative), 절차(procedural), 해설(expository), 행동(behavioral) 텍스트를 제시하였다. 그는 이 4가지 유형을 '심층 구조 장르(deep structure genre)'라고 불렀는데, 각각의 장르를 표층 구조적 텍스트 유형에 대한 심층적이고 개념적인 구조로 보았다(안병길, 2002).

이렇듯 학자마다 텍스트 유형을 나누는 기준을 마련하고, 텍스트 유형을 제시한 것은 다양한 텍스트의 원형을 마련했다는 점에서 각각 의미 있는 연구 결과로 받아들일 만하다. 하지만 이들 연구들은 텍스트의 의미를 고착화시킬 가능성을 높일 뿐만 아니라 역동적인 쓰기 과정을 설명하는 데 한계가 있다. 왜냐하면 텍스트 유형에 대한 이들의 연구들은 한 가지 준거를 기준으로 텍스트 유형을 분류하고 있기 때문에, 쓰기 과정에서 필자가 텍스트의 기능을 수행하고 성취하기 위해 다양한 유형의 텍스트 종류를 선택하고 이를 통해 장르를 구체화하는 현상을 설명하는 데 어려움이 있다.

49 여기에서 '정적인 것'은 특정한 시간에 어떤 것을 보는 것을 뜻하고 '동적인 것'은 그것이 시간의 흐름에 따라 어떻게 변화하느냐를 보는 것을 의미한다.

다음에 제시하는 Brewer(1980)는 언어 사용자의 인지 구조와 텍스트 목적이라는 두 가지 기준에 따라 텍스트를 분류하고 있다. 그의 연구는 장르 유형은 분명하게 구분되는 성질의 것이 아니라 텍스트를 생산하는 상황·맥락에 따라 결정되며, 언어 사용자의 인지 구조와 텍스트 목적 등이 상호 복합적으로 작용하여 텍스트 유형이 결정된다는 점을 보여 준다는 점에서 의의가 있다.

Brewer(1980)는 먼저 텍스트 기저에 표상되는 언어 사용자의 인지 구조에 따라 텍스트 유형을 묘사적 텍스트(descriptive text), 이야기 텍스트(narrative text), 그리고 설명적 텍스트(expository text) 세 가지로 분류하여 제시했으며,[50] 또한 텍스트 사용자의 목적(force)에 따라 텍스트를 분류하였다. 텍스트의 기본 목적은 정보 전달, 즐거움 주기, 설득 목적, 미적 목적 4가지로 나눌 수 있다(한철우 외, 2005:83 재인용).

필자는 전통적인 장르에 관한 지식을 글쓰기 과정에서 상황에 맞게 적용하고 기본적인 장르에 관한 지식을 새로운 쓰기 계획을 생성하는 데 사용한다. 이 과정에서 '이야기 텍스트'는 사상(events)의 시간적 연속성을 바탕으로 다양한 종류의 텍스트 목적을 실현시키는 데 가장 쉽게 사용되고 '묘사적 텍스트'는 정적인 지각 장면을 언어로 표상하는 공간성을 바탕으로 여러 가지 텍스트의 목적을 나타내는 데 사용된다. '설명적 텍스트'는 필자의 논리적 사고를 기반으로 하

50 '묘사적 텍스트'는 정적인 지각 장면을 구체화하려고 하는 언어적 형태로서, 시간적·공간적 인지 구조가 그 바탕을 이룬다. 전형적인 묘사적 텍스트는 정적인 그림의 언어적 표상으로 볼 수 있다. '이야기 텍스트'는 시간의 흐름에 따라 일어나는 일련의 행위와 사상을 구체화하려고 하는 언어적 형태이다. 전형적인 이야기 텍스트는 동적인 그림의 언어적 표상으로 볼 수 있다. '설명적 텍스트'는 추상적이고 논리적인 과정들을 표상하려고 하는 언어적 형태로서, 텍스트 기저의 인지 구조는 귀납, 분류, 비교와 같은 사고 과정이다.

는 인지 과정들이 반영되기 때문에, 정보 전달이나 설득 목적은 주로 설명적 텍스트에 의해 실현된다고 볼 수 있다. 이러한 장르에 관한 설명 방식은 개개의 텍스트 유형에 대한 엄밀한 범주화를 바탕으로 한 것이라기보다는 실제 언어활동에서, 하나의 장르에 여러 텍스트적 요소가 혼합되어 있는 현상을 설명하는 데 용이하다. 이를 도식화하여 제시하면 다음과 같다.

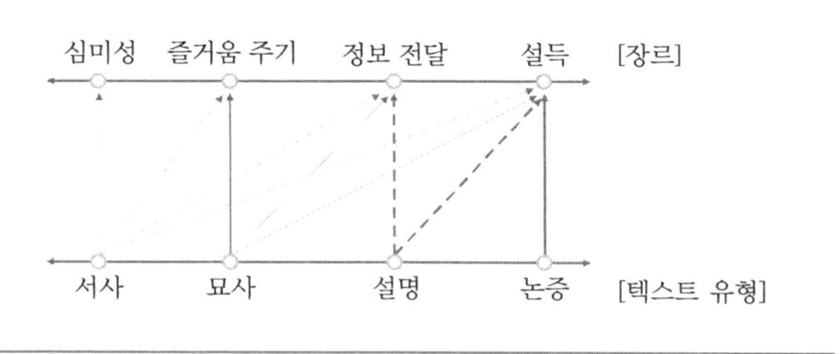

그림 8 장르와 텍스트 유형과의 관계

필자는 전통적인 장르에 관한 지식을 글쓰기 과정에서 상황에 맞게 적용하고 기본적인 장르에 관한 지식을 새로운 쓰기 계획을 생성하는 데 사용한다.

이러한 관점은 최근의 장르 중심 쓰기 이론가들의 주장에서도 발견된다. 그들은 장르란 반복적인 사회적 상황에 대한 수사적 반응이며 사회 변화의 추이에 따라 지속적으로 변화하는 가변적인 존재이고 장르 구조는 사회적 상호작용 유형이 반영된 수사적 구조이며 장르 지식은 상황 인지의 형식을 가진다고 말하고 있다. 장르 중심 이론가들이 강조하는 장르는 전통적인 장르와는 거리가 있다. 전통적인 장르는 정형화된 장르를 뜻하는 것으로, 여기에서는 텍스트를 구성하는 형식적인 요소가 강조된다. 하지만 최근의 장르 중심의 이론가들은 사회적인 맥락 속에서 형성되는 텍스트를 강조하고 있다.

정리해 보면, 본 연구에서는 장르를 사회적 맥락 속에서 형성된 구조를 지닌 것으로 파악하되, 쓰기 상황에서 언제나 변화 가능한 잠재력을 지닌 것으로 보고자 한다. 그리고 관습화된 텍스트의 유형에는 기본적인 구조가 존재한다고 본다. 여기에서 기본 구조란 언어 공동체의 구성원들이 의사소통 과정에서 목적을 달성하기 위해서 내용을 전개하는 전형적이고 이상적인 구조를 말한다. 이는 Longacre(1982)에 따르면, '심층 구조 장르(deep structure genre)' 정도가 될 것이다. 텍스트의 기본형은 실제 쓰기 행위에서 항상 그 구조대로 나타나는 것이 아니고 쓰기 행위가 가능하도록 하는 기본 틀이 된다. 이와 같은 방식으로 필자는 상황에 맞는 새로운 장르 유형을 창의적으로 실현해 나간다.

2) 텍스트 차원

일련의 문장들이 텍스트로 연결되기 위해서는 의미적으로 긴밀하게 연결되어야 한다. 이를 Beaugrande & Dressler(1981)는 '의미의 연속성'이라고 했다. 글을 구성하는 모든 개별 구성 요소들은 그 의미가 무엇이든 간에 하나 이상의 다른 구성 요소들과 일정한 관계를 유지한다. 글의 구성 요소들이 서로 의미 관계에 의해 연결될 때 응집성 있는 텍스트가 형성되고 글의 구성 요소들이 서로 의미 관계를 지니지 못할 때 응집성을 지니지 못하므로 텍스트가 되지 못한다. 이러한 의미 관계는 글의 구성 요소의 다양한 층위, 즉 개별 문장이나 개별 개념들 사이, 명제나 단락 사이, 전체로서의 글 구조 등에서 다양한 양상으로 발생하여 텍스트의 응집성을 형성한다.

본 연구의 관심 대상인 논증적인 글을 쓸 때, 필자는 어떤 정보에 대한 자신의 의견이나 관심을 제시하는 글을 쓰게 될 것이다. 이때, 필자는 독자에게 자신의 주장을 이해시키고 그 주장을 믿고 따르게 하는 것이 목적이 되기 때문에 주장과 함께 타당한 근거를 제시해야 한다. 따라서 상위 차원에서 텍스트가 표상하는 의미론적 구조는 '전제 - 결론'(혹은 '문제점 - 근거 - 주장')이 될 것이다.

이러한 전체적인 의미는 거시 구조에 의해서 표상된다. 텍스트의 구조는 필자의 목적이나 의도를 효율적으로 구현하기 위해 내용을 체계화한 결과물이다. 따라서 텍스트의 의미 구조는 필연적으로 위계적일 수밖에 없다. 텍스트가 개별 문장의 단순 집합체가 아니라 하나의 글을 이룰 수 있는 것은 텍스트 기저의 의미적 연결성 때문이다. 이때 텍스트 기저의 의미적 연결성을 '응집성(coherence)'이라 한다. 텍스트의 응집성을 형성하는 결정적인 요소는 텍스트를 구성하는 개별 구성 요소들 간의 의미 관계이다. 텍스트를 이루는 구성 요소들이 서로 의미 관계를 형성하면 응집성 있는 텍스트가 형성되고, 의미 관계를 지니지 못하면 응집성을 지니지 못하므로 텍스트가 되지 못한다. 이러한 의미 관계는 텍스트 구성 요소의 다양한 층위에서 발생하며 전체적인 텍스트 응집성을 형성한다. 거시 구조 수준에서 텍스트의 의미 관계를 밝힌 연구로는 Jones(1977), 이삼형(1994)이 대표적이다.

Jones(1977)의 'n차적 주제' 모형은 텍스트의 내용이 의미 구조 내에서 서로 층위를 달리하며 조직된다는 사실을 잘 보여준다. Jones(1977)는 주제가 구 · 절 · 문장 · 단락 · 텍스트 차원에 모두 존재하고, 텍스트의 다양한 국면에 따른 주제의 위계를 상정하고 있다(서혁, 1996:31-33 재인용). 그는 텍스트 전체의 주제에 해당하는 가장 상위의 주제를 '1차 주제'로, 문장 이하의 수준과 관련되는 가장 하위의 주제를 'n차적 주제' 지칭하였다. Jones(1977)의 'n차적 주제' 모형은 텍스트 표면의 '부분-전체' 관계를 바탕으로 하는 분석적인 주제 구성을 설명하는 방식이다. 그는 명제 관계의 유형으로 원인－결과, 수단－결과, 수단－목적, 조건－귀결, 근거－결론, 일반－특수, 부연－축약을 제시하였고 단락 진술의 유형이나 방식과 관련된 스크립트 관계 유형으로 논제－설명, 소전제－대전제－결론, 원리－전제－논항, 1항－사실－2항－사실, 논제－증거 등을 제시하고 있다.[51]

이삼형(1994)은 텍스트가 갖추어야 할 기본적인 자질로 '응집성(coherence)'과 '구조성'을 함께 설정하고 내용 구조의 유형으로 수집, 부가, 공제, 인과, 이유, 비교 · 대조, 상세화, 문제 · 해결, 초담화[52] 등

51 Jones(1977)에 의하면 텍스트의 중심 내용은 수행적 상호작용, 포인트, 개념, 스크립트의 네 가지 국면이 상호 작용하면서 이루는 그물망과 같은 지시적 구조를 형성한다. Jones(1977)의 지시적 국면과 텍스트적 국면을 표로 제시하면 다음과 같다(서혁, 1996:31-33 재인용).

지시적 국면	텍스트적 국면
수행적 상호작용	대화(Exchange, Conversation)
스크립트(script)	단락, 장, 독백
포인트(point)	절, 문장
개념(concept)	단어, 구

52 '초담화(meta-discourse) 관계'는 내용을 형성하는 요소로서의 역할보다는 내용 형성을 도와주는 역할을 담당한다. 즉, 의미의 연결 관계라기보다는 '……에 대해서 더 자세히 알아보자'와 같이 내용 도입의 역할을 담당하기도 하고 '이를 다른 측

을 제시하고 있다.

'수집 관계'는 폭넓게 나타나는 가장 일반적인 의미의 나열 관계를 말한다. 그런데 수집 관계를 이루기 위해서는 단순한 의미의 나열이 아니라 의미를 묶어주는 공통 기반이 필요하다. '부가 관계'는 중심되는 의미에 다른 의미를 덧붙여보다 큰 의미를 형성하는 방식을 말한다. 수집 관계와 부가 관계는 나열된 의미가 합해져서 보다 큰 의미를 형성한다는 점에서는 의미 형성 방식이 유사하다. 하지만 수집 관계는 의미를 이루는 문장들이 서로 대등한 관계로 결합하는 방식인데 반해서, 부가 관계는 중심이 되는 개념에 덧붙이는 방식이라는 점에서 차이가 있다. '공제 관계'는 큰 의미에서 일부의 의미를 제외하는 방식으로 의미를 형성하는 방법이다. 공제 관계를 이루는 의미들 또한 대등한 관계로 결합한다.

'인과 관계'는 원인과 결과라는 관계로 의미가 맺어지는 방식으로, 서로 대등한 자격으로 관계를 맺는다. 이유 관계는 인과 관계와 유사한 점이 많다. 그러나 '이유 관계'는 뒤의 의미가 앞의 의미의 이유나 근거를 제공하는 관계로써 종속적인 관계로 결합한다.

'비교 · 대조 관계'는 두 의미를 비교와 대조로 관계를 형성하는 방식이다. 비교는 유사점을, 대조는 차이점을 중심으로 한다는 점에서 이 둘을 구분하기도 하지만 함께 나타나는 경우가 많기 때문에 비교 · 대조 관계로 설정한다. 비교 · 대조를 이루는 두 문장의 의미는 대등한 관계를 이룬다. '상세화 관계'는 일반적 진술과 구체적 진

면에서 살펴보자'와 같이 내용의 전환을 알려주는 역할을 한다. '초담화'는 이삼형(1994)이 밝히고 있는 바와 같이, 의미 관계를 담당하기보다는 표지로서의 역할을 한다. 엄격히 이야기하면, 초담화는 다음에서 다루려고 하는 통사적 차원과 밀접한 관계가 있다.

술이 결합하는 형식으로 의미를 형성하는 관계이다. 상세화 관계를 이루는 방식은 구체적인 예를 보인다거나, 전체에 대하여 부분을 제시한다거나, 상위 범주에 대하여 하위 범주를 제시하는 등이 있다. '문제 · 해결 관계'는 문제를 제기하고 문제를 해결하는 방식으로 의미 관계를 형성한다. 문제 · 해결 관계와 유사한 방식으로 의미를 형성하는 다른 관계로는 질문에 대한 대답, 제안에 대한 반응 등이 있다.[53]

텍스트의 구조 측면에서 의미 구조의 위계뿐만이 아니라 언어 자질 간의 상관관계 또한 살펴볼 필요성이 있다. Smith(1985)는 텍스트 유형을 선택할 때 텍스트의 기능과 언어 자질 간의 상관관계가 영향을 미치기보다는 텍스트 생산의 목적이 중요하게 작용한다는 사실을 밝혀내었다(안병길, 2002:252 재인용). 그는 전형적인 텍스트 유형의 언어적 자질을 가진 절을 '텍스트 유형절'이라고 부르면서, 설명절이 서사 텍스트를 제외한 나머지 텍스트 유형에서 절대적으로 높은 비율을 차지하고 있다는 점을 지적하였다.[54]

그의 연구에서 주목할 점은 절차 텍스트와 행위 텍스트[55]는 자체 유형절의 비율이 높은 것이 아니라 다른 유형절인 설명절의 비율이

53 '내용 구조 유형'과 관련된 자세한 내용은 이삼형(1994:64-129) 참고.

54 Smith(1985) 8종류의 과학 교재에서 추출한 약 1,000여 개의 단어의 견본을 조사하여 연구하였다. 연구 결과, 서사 텍스트를 제외한 나머지 텍스트 유형은 절대적으로 높은 비율의 설명절을 가진다는 점, 설명 텍스트와 서사 텍스트는 절대적으로 높은 비율의 자체 유형절을 가진다는 점, 절차 텍스트와 행위 텍스트는 설명절을 제외하고는 다른 유형절보다는 상대적으로 높은 비율의 자체 유형절을 가진다는 점, 절차 텍스트와 행위 텍스트가 다른 텍스트 유형보다 낮은 자체 유형절을 갖는다는 점을 밝혀내었다. 자세한 내용은 안명길(2002) 참고.

55 Smith는 텍스트 유형으로 설명 텍스트, 절차 텍스트, 서사 텍스트, 행위 텍스트 네 가지를 선정하고 있다.

높다는 것이다. 그럼에도 이를 절차 텍스트와 행위 텍스트로 부르는 까닭은 텍스트 유형절의 상대적 지배성이 텍스트 유형을 결정하는 데 결정적인 기준이 아니라는 점을 알려 준다. 절차 텍스트와 행위 텍스트에서 설명절은 절차와 행위의 목적을 드러내기 위한 '문지방'으로서의 역할을 하고 있다고 볼 수 있다. 그러므로 텍스트 유형절은 텍스트 유형을 나타내는 지표로서의 역할을 담당하는 것으로 이해하고 텍스트 유형은 텍스트의 전반적인 목적에 의해 지배된다고 파악할 수 있다. 이는 텍스트 유형 분류에서 한 특정 텍스트 유형은 다른 텍스트 유형의 요소를 포함하거나 포함할 수 있다는 열린 상태를 전제하는 것이고 다른 텍스트와 구별되는 지배적인 전형적 특성을 지닌다는 것을 의미한다.

3) 통사적 차원

필자가 완성한 한 편의 글을 독자가 읽는다고 할 때, 필자가 글을 쓸 때 접하게 되는 원래의 상황과 글을 통해 독자에게 전달되는 상황은 동일하지 않다. 이는 필자와 독자가 시 · 공간적으로 분리되어 있음을 나타낸다. 이 경우 필자는 공통적인 지각없이 분리 확장된 상황에서 시 · 공간을 넘어 자신이 표현하고자 하는 의미를 독자에게 전달해야 한다. 따라서 쓰기를 할 때 필자는 쓰기 상황을 정확하게 인식하고 이를 적절한 문법요소를 사용하여 표현하고 독자가 텍스트를 통해서 충분히 자신이 의도한 의미를 이해할 수 있을 만큼 명확하게 표현해야 한다. 이와 같은 맥락에서 Halliday(1985)가 세상사에 대한 경험을 조직하고 그러한 경험을 다른 사람들과 공유하기 위하여 언어 맥락과 인지 작용 사이의 변증법적 관계를 중재하는 언어의 기능을 강조한 것이라고 생각된다.

텍스트의 구조는 필자가 전달하고자 하는 입체적 의미 내용이 구조화되어 있는 텍스트 기저와 입체적 의미 내용을 선형적 언어 형태로 나타내는 텍스트 표층으로 구성된다. 텍스트 언어학에서는 글이 갖추어야 할 자질이 무엇인가를 살펴보는 과정에서 '응집성(coherence)'과 '결속성(cohesion)'을 기본적인 자질로 설정하고 있다. '응집성(coherence)'은 텍스트 기저의 개념들 간의 관계에서 비롯되는 긴밀한 의미적 관련성을 뜻한다. 이에 반해서 '결속성(cohesion)'은 문장과 문장, 구절과 구절이 연결된 방식으로 흘러가게 하는 장치를 말하는데, 문법적 표지나 어휘 또는 특정의 언어적 자질과 어휘적 표현에 의해 표시된다.

필자는 중심 화제를 바탕으로 거시 구조 수준에서 형성한 의미 관계를 미시 구조 수준에서의 어휘소나 명제들 간의 긴밀한 의미적 관련성을 바탕으로 뒷받침해야 한다. 텍스트는 각각의 문장이나 명제가 관련성을 갖고 결합되고, 이 명제들이 거시 구조 수준에서 전체적으로 조직될 때 응집적이라고 할 수 있다. 그런데 글의 의미 관계는 대다수가 텍스트 표층의 결속성을 통하여 나타난다.

'응집성'이 텍스트 기저를 텍스트답게 만드는 내부 구조적 자질이라면, '결속성'은 선형적 언어 형태인 텍스트 표층을 텍스트답게 만드는 표층 구조적 자질이다. 미시 구조는 하나 혹은 그 이상의 명제에 해당하는 의미 내용의 연결성과 관계되는 응집성을 지니고, 이는 텍스트 표층의 언어적 장치들과 관계되는 결속성과 밀접한 관련을 맺게 된다. 따라서 필자는 쓰기 과정에서 작게는 미시 구조 차원에서부터 표현하고자 하는 의미 내용의 연결성을 텍스트 표층의 여러 가지 장치를 통하여 명시화해야 한다.

이때 의미 관계를 표현한 언어 요소, 즉 의미의 입체적인 구조를 알려 주는 정보를 담은 언어 요소를 '의미 구조의 표지(markers of text-structure)'라고 한다. '텍스트의 의미 구조 표지'는 필자가 전달하고자 하는 입체적 의미 관계를 알려 주는 역할을 하여, 글을 읽는 독자가 텍스트를 읽고 텍스트의 의미 구조를 재구성하는 데 단서가 된다. 물론 의미 관계가 항상 텍스트 표층의 표지로 표현되는 것은 아니며,[56] 표지로 표현되지 않을 경우에는 독자가 자신의 배경 지식을 활용하여 판단해야 한다. 그러나 의미 관계는 다양할 수 있어서 어느 하나의 관계로 명확하게 제시되지 않을 경우에는 연결 관계를 알려 주는 표지가 있어야만 정확한 의미 관계를 이해할 수 있다. 미시 구조 수준에서의 표지에 관한 대표적인 논의로는 박영목(2008)과 Halliday와 Hasan(1976) 등이 있다.

박영목(2008:125-126)은 '문장의 연결성'을 '문법적 연결성'과 '어휘적 연결성', '접속 관계에 의한 연결성'으로 구분하고 있다. '문법적 연결성'은 문장을 연결하는 연결 장치의 사용을 통하여 실현되는데, 대표적인 연결 장치에는 지시, 대치, 생략의 세 가지 유형이 있다. '어휘적 연결성'은 의미상으로 유사한 어휘들의 병치로 말미암아 생겨나는데, 어휘적 연결성을 실현하는 방법에는 반복과 병치의 두 가

56 김봉순(1996:45)은 텍스트의 '의미 구조 표지'는 다음의 세 가지 차원에서 실현된다고 설명하고 있다. 첫째, 관계가 성립되는 대상 명제들을 명시적으로 지적함으로써 관계가 성립하는 지점을 드러내는 경우이고, 둘째, 그 대상 명제들의 관계의 특성을 지적함으로써 관계의 종류를 드러내는 경우이다. 셋째, 구조 전반에 관해서 설명함으로써 구조 자체를 전면적으로 보여주는 경우가 이에 해당한다.

지 유형이 있다. ‘접속 관계에 의한 연결성’은 접속어나 연결 어구에 의해 실현되는 연결성을 말한다.

Halliday와 Hasan(1976)은 텍스트의 결속 구조는 개별 명제들 간의 결속 기제로 상호 관련되며, 지시, 대용, 생략, 접속, 어휘적 결속 등이 이에 해당된다고 설명하고 있다. ‘지시’는 어떤 단어의 해석이 이전에 나온 단어에 의존하는 것을 말하는데, 후행하는 대명사의 해석이 선행하는 명사에 기대는 경우이다. 이 경우 선행 명사와 후행 명사가 하나의 요소 쌍을 이루어 결속성을 띠게 된다. ‘대용’은 하나 혹은 그 이상의 단어를 다른 요소로 것을 말한다. 가령 ‘목표’란 말을 ‘그는 가장 훌륭한 교사가 되고 싶어 한다.’라는 식으로 바꾸어 표현하는 경우이다. ‘생략’은 ‘장미 향기가 온 방을 채우고 있다. 백합 향기도.’에서처럼 앞에 진술된 단어나 생각을 뒤에서 표현하지 않는 경우이다. 이 경우 후술 표현이 표면에는 없지만 기저 문장에서 전술 표현과 요소 쌍의 관계를 형성하기 때문에 결속성을 지니게 된다. ‘접속’은 텍스트의 인접한 두 부분이 어떻게 관련되는지를 표시하는 말이다. 접속은 문장과 문장뿐만이 아니라 더 큰 단위인 단락과 단락도 이을 수 있다. 대표적인 예로 접속 부사가 있다. ‘어휘적 결속’은 어휘들의 반복, 동의어, 유의어, 상위어의 사용이 이에 해당한다. 이 가운데 상위어를 사용한 예를 들어 보면, 한 문장에서 장미, 백합, 국화라고 표현해 놓고, 다른 문장에서는 꽃이라는 상위어를 사용하여 앞에 나온 내용을 가리키는 경우이다(한철우 외, 1995:85). 이상과 같이 결속 기제는 요소 쌍을 형성하며 결속성을 구현하기 때문에 결속성은 통사 구문의 의미의 공유 면에 위치하는 특징을 지닌다.

명제들 간의 관계를 결속 기제(혹은 표지)를 통해 텍스트 표층에 명시화하기 위해 필자에게 필요한 것이 언어 지식이고, 언어 지식은 지식으로서의 독자성은 물론이고, 쓰기 활동에 있어서도 언어 사용을 위한 과정적이고 절차적인 지식으로서 반드시 필요한 정보의 성격을 지닌다. 이미 습득된 언어 지식은 쓰기 과정에서 규범에 맞는 언어를 사용하여 원활한 언어활동을 할 수 있도록 할 뿐만 아니라 쓰기 상황에서 맥락을 새롭게 해석하여 새로운 언어 기호로 표현하는 것을 가능하게 해 준다.[57] Ⅳ장에서는 명제들 간의 의미 관계를 중심으로 그것이 텍스트 표층으로 언어화될 때 필자가 텍스트 표층의 구성 요소들을 어떻게 선택하고 결정하는지를 살펴보고자 한다.

57 본 연구에서 다루는 언어 지식은 『글쓰기와 토론』(2009)에 제시되어 있는 내용을 위주로 한다. 『글쓰기와 토론』(2009)에서는 정확한 문장 쓰기를 중요하게 다루면서, 좋은 생각과 상관없이 글 구성의 기본인 문장은 언제나 정확히 써야 한다는 점을 강조하고 있다. 이때 정확한 문장이란 의미는 정확하게 전달되는 문장을 의미한다. 즉, 독자의 입장에서 여러 가지 의미로 해석되는 문장이 아니라 논리적으로 명확하게 내용이 읽히는 문장을 말한다. 『글쓰기와 토론』에서는 필자가 정확한 문장을 쓰기 위해서 유념해야 할 점으로 주제의 명확한 표현, 주어와 서술어의 호응, 접속의 일관성 유지, 모호한 수식 표현, 의미적 측면, 기타 성분과 호응, 표현적 측면 총 7가지를 제시하고 있다.

통합 인지적 관점으로 본
쓰기 연구

제 IV 장

통합 인지주의 쓰기 모형 설계의 실제

통합 인지적 관점으로 본
쓰기 연구

제 Ⅳ 장

통합 인지주의 쓰기 모형 설계의 실제

통합 인지주의 쓰기 모형은 필자의 문제 해결 중심의 사고 과정에 바탕을 둔 쓰기 모형이다. 필자의 의미 구성 행위를 강조한다는 점에서는 개인 인지주의 쓰기 모형이나 사회 인지주의 쓰기 모형과 동일하지만 입장의 차이가 있다. 실제 쓰기 활동에 있어서 필자는 먼저 문제를 확인하고 나름대로 문제를 마음속에 표상하며, 필요한 전략을 동원하여 사고 조작의 과정을 거치며 글을 써 나간다. 이 과정에서 필자는 자신이 문제를 해결할 수도 있고 여러 가지 자료나 동료들로부터 도움을 받을 수 있다.

그러나 쓰기 과정에서의 도움은 결국 필자의 판단에 의하여 내용이 정리되고 재구성되어야 한다. 만약 쓰기 과정에서 의미를 구성하는 데 '맥락적 구성'이 차지하는 비중이 크다고 할지라도, 필자의 사고에 바탕을 둘 때에만 의미 구성이 가능하기 때문에 사회적 맥락만을 강조할 수는 없다. 그렇다고 앞으로 설계하려고 하는 통합 인지주의 쓰기 모형이 개인 인지적 쓰기 모형처럼 필자 '개인의 구성'만을 강조하는 것도 아니다. 통합 인지주의 쓰기 모형에서는 상황・맥락의 요청에 따라 텍스트를 구성하는 요소의 원리나 규칙에 얽매이지 않고 텍스트의 요소들을 해석하며 의미를 구성해 나가는 것으로 이해한다.

여기에서 글쓰기가 이루어지는 구체적인 상황 속에서 필자 개인이 어떻게 의미를 구성하는지, 그리고 의미 구성 과정과 텍스트가 어떻게 긴밀하게 연결되는지에 대한 물음의 단서를 얻을 수 있다. 앞에서 언급한 바와 같이, 쓰기 활동과 관련하여 국어로 쓰기 문제를 인식하고 문제를 해결하며 텍스트 생산을 가능하게 하는 사고 조작 과정이 '쓰기적 사고력'이다. 통합 인지적 관점에서 보면 '쓰기적 사고력'은 쓰기 요소들 간의 상호 작용을 통한 의미 구성 현상을 온전히 설명하는 데 토대가 되는 핵심적인 역할을 담당하게 된다.

이에 본 장에서는 쓰기 과정에서 '쓰기적 사고력'이 토대가 되어 '언어 지식'과 '상황・맥락'의 요소가 어떻게 통합되어 가면서 의미를 생산하는지를 구체적으로 모형을 통해서 제시하고자 한다. 이를 위해 정보처리의 설명 기제를 활용하여 기본적인 골격을 만들고, 앞서 Ⅲ장에서 살펴본 이론적 논의와 사례연구를 토대로 모형화하려고 한다.

사례연구 방법에 있어서 학생들의 머릿속에서 일어나는 쓰기 행위를 직접적으로 관찰하는 것이 가장 좋은 연구 방법일 것이다. 하지만 이러한 연구 방법은 현실적으로 존재하지 않는다. Emig(1971)과 Flower & Hayes(1980, 1981)는 쓰기의 과정을 사고구술법을 도입하여 탐구하였다. 이에 Cooper & Holzman(1989)는 사고구술법에 대하여 강한 의문을 제기하였다. 그들은 실험자들이 쓰기 과정에서 사고구술을 하게 되면, 오히려 복잡한 쓰기 행위를 관찰하기 어렵다고 지적하면서 일상적인 교실 상황이라면 실험 대상자인 학생들의 쓰기 활동을 면밀히 관찰하고 분석하는 연구 방법이 더 낫다고 주장하고 있다. 본 연구에서는 Cooper & Holzman(1989)의 주장을 수용하여 필자의 쓰기 행위를 직접적으로 관찰하고 이를 분석하는 연구 방법을 선택하고자 한다. 그리고 쓰기 과정에 대한 학생들 각자의 다양한 정보를 얻기 위해서 질문 방법을 병행하고자 한다. 사례 연구는 인하대하교에서 2008년 1학기부터 2009년 2학기까지 〈글쓰기와 토론〉 수업을 듣는 1학년 학생들을 대상으로 하였다. 교육 현장에서 개별 필자(학생들)[58]의 쓰기 과정을 면밀하게 관찰한 후, 이를 분석하는 일은 쓰기 모형을 구안하는 데 기초적인 토대가 될 것이다.

58 일반 필자와 교육 현장에서 관찰의 대상이 된 필자를 구별하기 위해서 '학생들'이라고 지칭하기로 한다. 인하대학교 글쓰기 수업은 e-class를 통한 수업과 본 연구자가 진행하는 실습 수업으로 나누어져 있다. 본 연구자는 학생들이 쓰기에 필요한 지식을 충분히 학습하고 실습 수업에 참여한다고 생각하고, 실제 수업에서 쓰기 지식에 관계된 내용은 되도록 언급하지 않았다. 그리고 수업은 과정 중심 접근법에 의하여 진행되었다.

01 통합 인지주의 쓰기 모형의 설명 기제

앞서 살펴본 Flower & Hayes(1980), Nystrand(1993)의 쓰기 모형은 개인 인지주의 쓰기 이론과 사회 인지주의 쓰기 이론을 토대로 나름대로의 연구 방법과 해석 논리를 적용하고 있다. 하지만, 이들 쓰기 모형이 쓰기 활동을 탐구한 결과로서 이루어진 것이라고 본다면 어느 정도 합치되는 점을 찾을 수 있다. 이들은 정보 처리 체계의 유추를 통하여 쓰기를 하는 동안에 이루어지는 필자의 사고 작용에 대한 분석으로 기억의 활동이나 사고의 조작 과정, 그리고 과정에 영향을 미치는 요소들을 분석해 냄으로써 쓰기 활동의 사고 모형을 제시하였다. 이들의 쓰기 모형은 기본적으로 정보의 저장고를 나타내는 상자와 필자와 독자, 그리고 이들이 구성한 의미에 영향을 미치고 있는 힘, 즉 수사적 맥락을 나타내는 보다 여러 개의 화살표로 이루어져 있다.

이는 Atkinson과 Shinffrin(1968)의 기억 모형에서 기본적인 골격을 차용한 것으로 여겨진다. Atkinson과 Shinffrin(1968)은 정보의 저장고를 나타내는 여러 개의 상자와 정보의 흐름을 나타내는 화살표로 기억 모형을 제시하고 있다. 이후에 Newell과 Simon(1972)은 문제 해결을 정보처리의 설명 기제로 설명하면서, 문제를 해결하기 위한 행동의 요소를 크게 정보처리 체제, 과제 환경, 문제 공간으로 나누었다.[59] 이들 논의에서 쓰기 활동은 정보처리 체계의 유추를 통하여 과

59 Atkinson과 Shinffrin(1968), Newell과 Simon(1972)의 논의는 김도남(1997)을 참고하였다.

제 환경, 쓰기의 절차, 필자의 기억과 같은 요소들로 이루어져 있다는 공통점을 발견하게 된다. 이 요소들은 필자가 쓰기를 수행할 때 사고 조작에 영향을 주어 쓰기 활동에 관여한다.

쓰기에서 '과제 환경'은 쓰기의 과제에 따라 주어지는 맥락적인 것이다. 필자가 어떤 글을 쓸 때, 과제는 독자나 자신의 의도, 작문의 내용 구성에 대한 체제 등의 과제 환경을 가지게 된다. 또한 작성 중인 텍스트나 외부에서 유입되는 정보도 과제 환경이 된다. 필자는 선행된 텍스트 혹은 새롭게 유입된 정보에 맞추어 뒤에 이어질 내용을 생성하고 작성한 내용을 재구조화한다. 이러한 과제 환경은 쓰기 과정에 작용하여 텍스트 생산에 관여한다.

필자가 구성하는 텍스트는 필자 자신만의 독특한 텍스트라기보다 이미 수많은 다른 사람들이 그 주제에 대해 이야기해 왔던 것이기 때문에 상호텍스트적이며, 그 상황 안에서 필자는 수많은 다른 사람들과 사회적 혹은 내적인 대화에 참여하기 때문에 쓰기 행위는 대화적이다. '상호텍스트성'은 텍스트와 특정 상황 속에 위치한 또 다른 텍스트가 서로 관계를 맺고 있는 것을 말한다. 상호텍스트성의 개념을 고려해 볼 때, 필자가 글을 쓴다는 것은 자신들이 기존에 읽었던 텍스트의 경험이나 지식을 환기하면서 텍스트를 구성하거나 재구성하는 것을 의미한다. 이것은 곧, 의미 구성은 개인의 인지 활동이지만 이러한 활동 속에는 필자가 기존에 읽었던 텍스트의 내용이나 경험 혹은 의미가 동시에 작용한다는 점에서 의미 구성은 사회 인지적 차원에서 발생하고 있음을 알 수 있다. 필자는 이미 사회적으로 확립된 쟁점들 가운데 하나를 쓰기 과제로 선택하거나 부여 받게 된다. 쓰기가 발생하는 사회적 상황 뒤에는 변화하는 사회적 맥락, 다양한 공동체의 구성원, 변화하는 정치적 · 도덕적 · 교육적 상황과 문화적 영향이 있을 수 있다.

이때, 문제가 가진 객관적인 환경과 필자가 이해하는 문제의 내용은 반드시 같은 것은 아니다. 그래서 필자가 문제를 어떻게 이해하는가와 관련된 '문제 표상'이 중요한 의미를 지니게 된다. 문제 표상은 필자가 문제를 해결할 수 있는지 또는 해결할 때 얼마나 쉽게 해결할 수 있는지를 결정하며, 해결자마다 문제 해결 방법이 다를 수 있음을 시사한다.

'필자의 기억' 속에는 쓰기 활동을 하는데 필요한 내용 지식과 방법적인 지식이 들어 있다. 이 지식들은 기억의 작용에 의하여 활성화된다. 인지적 관점의 이론가들은 인간의 사고는 문제를 발견하고 해결하기 위한 구조적인 틀을 내포한다고 주장하고 있다.[60]

기억의 작용은 그 역할별로 지식의 내용을 담고 있는 장기 기억과 문제를 해결하기 위해 필요한 지식을 일시적으로 담고 있는 단기 기억, 실제로 지식을 조작하여 새로운 의미를 만들어내는 작동 기억으로 나누어진다. 장기 기억은 배경 지식이 들어 있는 부분으로 명제적 지식과 절차적 지식, 조건적 지식이 들어 있다. 단기 기억은 장기 기억 속의 지식들이 활성화되어 잠시 머무르는 공간일 뿐만 아니라, 쓰기 과정 속에서 필요한 지식이 외부에서 유입되어 저장되어 있는 공간이다. 작동 기억은 사고가 일어나는 곳으로 단기 기억에서 표상된 정보들을 조작하는 활동을 통해 새로운 의미를 구성하는 역할을

60 Atkinson과 Shinffrin(1968)은 사고를 감각 기억과 단기 기억, 그리고 장기 기억으로 나누었고, Updike(1994)는 작동 기억과 장기 기억으로 나누었다(김영채, 1995:47).

한다. 인간의 문제 해결의 특징은 작동 기억(working memory) 공간과 단기 기억의 용량의 한계로 순간적으로 주의를 초점화할 수 있는 범위가 제한적이다. 그래서 필자는 문제를 병렬적으로 동시에 해결하는 것이 아니라 조작을 통해 한 번에 한 과정씩 진행한다.

'쓰기의 절차'는 문제를 해결해 나가는 그 자체이다. Newell과 Simon(1972)은 이를 '문제의 공간'이라 했고, 문제의 시초 상태에서 시작하여 중간 상태를 지나 목표를 달성하는 과정의 상태를 포함하는 것으로 설명하였다. 쓰기 과정에서 보면 '필자의 기억'이나 '과제 환경'은 쓰기의 실제적인 활동에 영향을 미치는 중요한 요소이다. 필자는 문제의 불완전성으로 인하여 문제를 해결하는 데 배경 지식에 의존하게 되고, 지금의 문제에 적절한 지식을 불러내어 사용해야 한다. 이 과정에서 '쓰기적 사고력'이 작용하여 문제를 해결하게 된다.

필자는 과제 환경에 따라 장기 기억에서 지식을 인출하여 마음속에 문제를 표상한다. 우리가 어떤 물건이나 사건을 경험하면 그 내용은 우리의 머릿속에서 어떠한 형태로든 흔적으로 남게 되는데, 이것을 '표상'이라 부른다. 이러한 표상은 머릿속에 있는 정신적인 것이므로 눈에 보이지 않는다. 이처럼 머릿속에 나타나는 것을 내적 표상이라고 하고 단어, 이미지, 아이디어, 기호, 숫자 등과 같은 것을 통하여 외부적인 것으로 나타내는 것을 외적 표상이라 부른다. 본 연구에서는 쓰기 활동과 관련하여 내적 표상을 '심리적 표상'으로, 외적 표상을 '언어적 표상'으로 부르기로 한다.

우선 쓰기 과제를 처음 만나서 필자가 의도적으로 의미를 구성하기 위해 생각을 집중하고 통제하는 사고 활동의 서열을 간략하게 제시하면 다음과 같다.

㉠ 먼저, 필자가 쓰기 과제(화제)를 만난다.

㉡ 이때 필자의 장기 기억(내용 스키마/형식 스키마) 가운데 일부분이 화제에 자극을 받아 작동한다.

㉢ 화제와 관련하여 쓰기 과제에 필요한 작동 기억(내용 스키마/형식 스키마)이 작동한다.

㉣ 쓰기 과정－계획하기 단계, 아이디어 창안·조직하기 단계, 표현하기 단계－을 거친다. 쓰기의 각 과정은 심리적 표상 단계와 언어적 표상 단계로 나누어진다. 이때 각 쓰기 단계에서 문제를 표상하고 해결하는 과정을 그림으로 제시하면 다음과 같다.

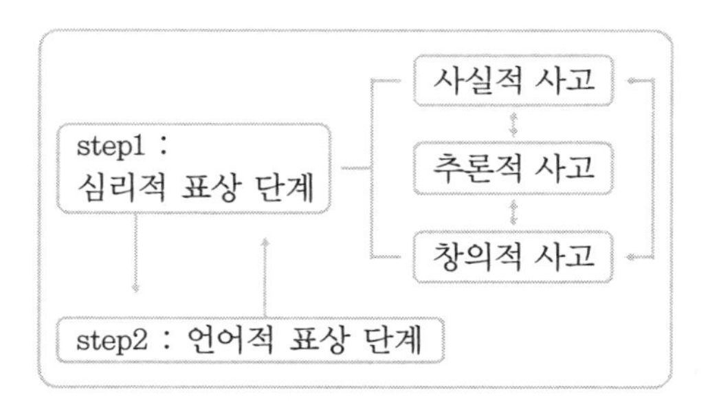

그림 9 각 쓰기 단계에서의 표상 과정

필자는 각 쓰기 과정별로 해결해야 할 문제를 중심으로 의미를 구성해 나가고, 이 과정이 머릿속에서 이루어지면 '심리적 표상 단계'이고 문자 언어로 기록되면 '언어적 표상 단계'가 된다. 간혹 학생들이 “제가 뭘 말하려고 하는지는 알겠는데, 그걸 어떻게 언어로 표현해야 할지 모르겠어요”라고 말하는 경우는 표상 단계가 ‘심리적 표상 단계’와 ‘언어적 표상 단계’로 나뉘어져 있음을 보여준다.

필자는 새로운 정보를 기억하고 그 정보를 가지고 무엇인가를 생각하기 위해서 이 정보를 언어적으로 또는 비언어적으로 심리적인 표상을 한다. 글쓰기를 할 경우, 이러한 심리적 영상(mental image)들 가운데 어떤 것들은 손쉽게 언어적인 표상으로 옮겨지지만 어떤 것들은 그렇지 못한 경우가 발생하기도 한다(원진숙 · 황정현, 2006:128). 심리적 표상과 언어적 표상은 심리적 표상 후에 언어적 표상 단계로 순차적으로 진행되거나 최소한 병행한다고 볼 수 있다.

지금까지의 내용을 정리해 보면, 쓰기 활동은 필자의 지식과 쓰기적 사고력을 바탕으로 한 사고 활동 속에서 이루어진다. 필자의 지식은 쓰기 내용과 쓰기 방법에 관한 것으로 필자의 장기 기억 속에 저장되어 있거나 외부에서 새롭게 유입될 수 있다. 새로 유입되는 정보와 작성 중인 텍스트는 일단 단기 기억층에 저장되었다가 장기 기억을 자극하여 회귀적으로 쓰기 과정에 영향을 미치게 된다. 이러한 쓰기의 전(全) 과정은 필자가 속해 있는 담화 공동체의 사회 · 문화적 맥락에 영향을 받는다. 이를 그림으로 제시하면 다음과 같다.

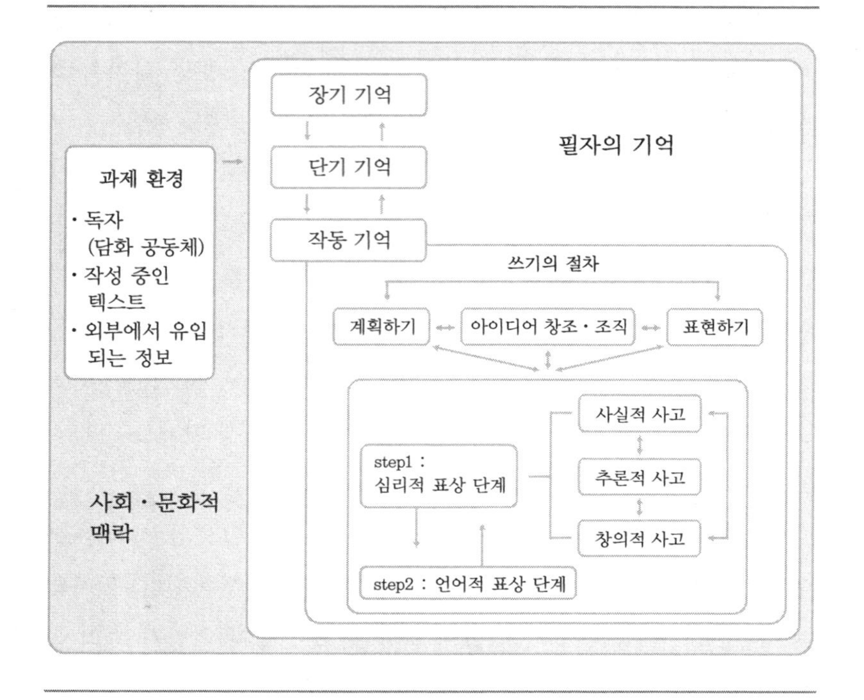

그림 10 통합 인지주의 쓰기 모형의 설명 기제

쓰기는 문자 언어를 통하여 자신의 생각과 느낌을 표현하고자 하는 활동이다. 위의 모형에서는 쓰기 활동은 크게 글을 쓰는 사람이 자신이 지닌 장기 기억 내에 보관되어 있는 여러 정보들 중에서 과제를 해결하는 데 필요한 내용을 선택하여 이를 변형, 조직하는 '심리적 표상' 단계와 이를 기호화하는 '언어적 표상' 단계로 구분하였다. 보통 글을 쓸 때에는 자신의 머릿속에 의미를 만들어 내는 구성 행위와 그것을 문자로 옮겨 적는 필사의 행위가 동시에 일어나기 때문에, 이 두 행위는 서로 간에 영향을 주고받으며 복합적으로 작용한다. 이러한 쓰기 활동은 계획하기, 아이디어 창안 · 조직하기, 표현하기 단계에서 순환적으로 이루어진다. 이들 각 단계들은 문제 해결적 글쓰기의 하위 목표라고 볼 수 있는데, 일련의 전략을 사용함으로써 해결할 수 있다.

그런데 여기에서 만약 필자가 '심리적 표상 단계'에서 의미를 구성하지 못한 채 '언어적 표상 단계'로 넘어가게 되면, 다음 쓰기 과정에서 직면하게 되는 문제를 해결하는 데 많은 어려움을 겪게 될 것이다. 그리고 구성된 의미가 명료하거나 구체적이지 못하기 때문에 잘 쓴 글로 평가 받을 수 없다. 결국 글쓰기를 의미 구성 행위로 보는 관점에서는 쓰기 과정에서 행해지는 심리적 표상 단계가 의미 구성에 핵심을 이루고 그 나머지 것은 주변이 된다고 할 수 있다. 이 점에 주목하여 본 연구에서는 '심리적 표상 단계'에 초점을 두고, 이를 '쓰기적 사고력'의 복합적 사고 과정인 '사실적 사고', '추론적 사고', '창의적 사고'로 나누어 '통합 인지주의 쓰기 모형'을 구안하기로 한다.

02 통합 인지주의 쓰기 모형 구안

1) 쓰기 과정 구분의 방식

(1) 기존 논의의 검토

지금까지 사람들이 쓰기 과정을 나눈 방식을 비교해 보면, 기본적인 흐름은 유사하나 구체적인 내용을 살펴보면 꽤 차이가 있다. 이를 과정으로 나눈 수에 따라 다음과 같이 크게 몇 부분으로 나눌 수 있다.

첫째, 쓰기 과정을 두 과정으로 나누는 경우이다. 이 범주에 들어갈 수 있는 구분 방식은 Smith(1994)의 경우처럼 구성(構成, composing)과 전사(轉寫, transcribing)로 나누는 것이다. 여기에서 구성은 쓸 내용을 생성, 조직하는 것을 말하고 전사는 계획하고 조직한 것을 문자로 옮기는 행위를 일컫는다. 글을 쓰는 것은 머릿속에서 의미를 구성하는 행위와 구성한 행위를 문자 형태로 표현하는 것으로 보고 있다.

두 과정으로 나누는 방식은 쓰기 과정을 간명하게 제시했다는 점과 쓰기의 중요한 두 특성을 명시했다는 점에서 의의가 있다. 그러나 쓰기의 과정을 지나치게 단순화시켰으며, 전사 후에 이루어지는 과정을 고려하지 않았다는 점에서 문제를 지니고 있다.

둘째, 쓰기 과정을 세 과정으로 나누는 경우는 상당히 많은데, Britton(1970)은 개념(conception), 부화(incubation), 산출(production)로 나누고 있고 Graves(1975)는 쓰기 전(prewriting), 구성(composiong), 쓰기 후(postwriting)로 구분하고 있다. Copper & Odell(1977)은 쓰기 전(prewriting), 쓰기(writing), 교정(revision)으로 나누고 있고 Glatthorn(1982)은 계획하기(planning), 초고쓰기(drafting), 교정하기(revising)로 나누고 있다. 이 외에도 계획하기(planning), 작성하기(transcribing), 검토하기(reviewing)로 나누는 경우나 쓰기 전(prewriting), 쓰기(writing), 다시쓰기(rewriting)로 나누는 경우, 그리고 초고쓰기 전(predrafting), 초고쓰기(drafting), 초고쓰기 후(postdrafting)로 나누는 경우도 여기에 해당된다.

사람마다 다소 차이는 있겠지만, 이들 간에 공통적인 부분이 많다. 대체로 연습과 계획, 쓰기 전 활동은 초고를 쓰기 전 아이디어를 생성하고 선정, 조직하는 행위를 일컫는다. 그리고 초고쓰기나 작성하기, 부화라는 말은 구성한 것을 문자로 옮기는 행위를 의미한다. 그리고 쓰기 후, 교정, 검토, 다시쓰기 등은 초고를 쓴 후에 이를 고치고 다듬는 행위를 가리킨다는 점에서 공통된다.

쓰기 전, 쓰기, 쓰기 후로 나누는 것은 시간의 흐름에 따라 나눈 것으로 간명하다는 장점이 있다. 하지만 각각에서 어떤 활동을 해야 하는지에 대한 구체적은 정보는 주기 어렵다. 그리고 계획하기나 작성하기, 검토하기로 나누는 것은 각 활동에서 무엇을 해야 하는지에 대해서는 구체적인 정보를 주지만 너무 축약했다는 데 문제가 있다. 이러한 구분 방식은 내용 생성하기나 조직하기는 언제 해야 할지 정보를 주지 못한다.

셋째, 쓰기 과정을 네 과정이나 다섯 과정으로 나누는 경우가 있다. Calkins(1986)는 리허설, 초고쓰기, 교정하기, 편집하기 네 과정으로 나누고 있고 Hillerich(1985)는 구상하기, 쓰기, 기능 습득, 편집하기, 출판하기, 평가하기 여섯 과정으로 구분하고 있다. 여기에는 앞의 세 단계로 나누는 방식을 조금 변형한 경우가 포함된다. 그 대표적인 예가 최현섭 등(1996)과 박영목 외(1995)이다. 최현섭 등(1996)에서는 아이디어 생성하기, 아이디어 조직하기, 텍스트 생산하기, 교정하기로 나눈다. 때로는 아이디어 생성과 조직하기 사이에 선정이라는 과정을 포함하기도 한다. 박영목 외(1995)에서는 아이디어 생성하기 앞에 계획하기를 덧붙이고 있다. 그리고 텍스트 생산하기를 '표현하기'로, 교정하기를 '고쳐쓰기'로 달리 표현하고 있다. 그래서 박영목 외(1995)에서는 계획하기, 아이디어 생성하기, 조직하기, 표현하기, 고쳐쓰기로 나누고 있다(이재승,2006:260-262).

아이디어 생성, 선정, 조직 등의 방식으로 나눌 경우, 여기에서 몇 단계로 나누느냐 하는 것은 별로 중요한 문제가 아니다. 다만 이들이 쓰기 전, 쓰기, 쓰기 후 등으로 나누는 방식과는 다른 방식을 취하고 있다는 점이 중요하다. 이 구분 방식은 앞서 세 부분으로 나누는 경우에 비해 좀 더 쓰기 과정을 구체화하였다는 점에서 나름의 의의가 있다. 그리고 단순히 쓰기 전으로 표현하기보다는 아이디어 생성, 조직이라고 표현함으로써 이 과정에서 구체적으로 무엇을 해야 하는지 쉽게 알 수 있게 해 준다는 장점을 지닌다.

(2) 통합 인지주의 쓰기 모형의 과정 구분의 방식

앞에서 살펴본 일련의 쓰기 과정을 나누는 방식은 크게 두 가지로 나누어 볼 수 있다. 하나는 시간의 흐름을 기준으로 나누는 방식이고 또 하나는 기능(skills)[61]을 기준으로 나누는 방식이다. 앞의 방식에는 쓰기 전(prewriting), 쓰기(writing), 쓰기 후(postwriting)로 나누는 것이 대표적이고 뒤의 방식에는 아이디어 생성하기, 조직하기, 표현하기, 수정하기로 나누는 것이 대표적이다. 본고에서는 두 방식 가운데 후자의 방식으로 쓰기 과정을 나누기로 한다.

기능 중심으로 나누는 방식은 일련의 쓰기 과정에서 필자가 각각의 단계에서 쓰기를 수행하기 위해 구체적으로 무엇을 해야 하는지에 대한 정보를 줄 수 있다는 장점이 있다. 또한 쓰기 과정을 쓰기

61 앞서 Ⅲ장에서는 기능(技能)을 좁은 의미와 넓은 의미로 나누어 살펴보았다. 일반적으로 기능은 좁은 의미로 언어 능력과 같이 종합적인 능력의 한 부분을 이루는 하위 요소를 뜻하고, 넓은 의미로 언어 사용의 고등한 정보 처리 행위 능력을 지칭한다. 본문에 쓰인 기능은 좁은 의미의 기능(技能)을 뜻하는 용어로, 종합적인 쓰기 능력의 한 부분을 이루는 하위 요소를 뜻한다.

전, 쓰기, 쓰기 후 과정으로 본다면 쓰기 후 과정에서 다시 계획하기를 할 수 없다. 실제 우리의 쓰기 행위를 살펴보면, 글을 쓰다가 개요를 수정하기도 하고, 쓰고 난 이후 개요를 수정하여 다시 글을 작성하기도 한다. 이런 점에서 보면 쓰기 과정을 기능 중심으로 나누는 방식이 쓰기 행위에서 나타나는 역동성과 순환성을 더 잘 설명할 수 있다는 이점도 있다. 그런데 쓰기 과정을 기능(skills)을 중심으로 나눌 경우에도 몇 가지 수정해야 할 점이 있다.

먼저 계획하기(planning)의 포함 여부이다. 기능을 중심으로 나누는 사람들은 대체로 아이디어 창안하기와 조직하기, 표현하기, 수정하기로 나눈다. Flower & Hayes(1980)의 경우는 계획하기 속에 내용 생성하기와 조직하기, 목표 정하기를 포함하기도 했다. 하지만 실제 관찰한 바에 의하면, 글쓰기 이전에 대부분의 필자들은 과제에 대한 분석, 글쓰기 상황에 대한 분석, 독자에 대한 분석을 한다. 글쓰기 전에 계획하기 단계를 거치지 않은 필자의 경우는 쓰기 활동에서 많은 어려움을 겪으면서, 쓰기 중간에 계획하기를 경험하게 된다. 그러므로 쓰기 활동을 위한 전(前) 단계로 계획하기를 분리하여 '쓰기적 사고력'이 어떻게 관여하는지를 밝혀보는 일이 중요하다고 생각한다.

여기에서 한 가지 유의할 점이 있다. 박영목(2008:24)은 계획하기는 아이디어 창안 과정과 조직 과정, 그리고 표현의 과정에서도 일어난다고 주장하고 있다. 예를 들어, 글의 목적을 달성하는 데 필요한 아이디어를 창안하거나 조직하는 방법을 효과적으로 결정하기 위해 필자는 나름대로의 계획을 수립하게 된다. 표현 단계에서도 효과적인 표현을 위해서 필자는 적절한 어휘 선택과 정확한 문장 구조의 선택을 위한 계획을 수립하게 된다. 물론 이와 같은 사고 작용 또한 계획하기라고 볼 수 있다. 하지만 이 둘은 분명한 차이가 있다. 본고에서 이야기하는 '계획하기'는 글을 쓰기 이전의 계획을 세우는 것을 말하는 것이고 박영목(2008)에서의 '계획하기'는 쓰기의 하위 과정에서 목표를 세우는 것을 말하는 것이다. 따라서 이 두 가지 개념을 구별하여, '계획하기'와 '하위 목표 세우기'로 부르기로 한다. 따라서 본고에서 '계획하기'는 과제와 글쓰기 상황, 그리고 독자에 대한 분석과 관련된 사고 과정이라는 의미로 사용된다.

다음으로 '아이디어 생성하기', '선정하기', '창안하기', 그리고 '조직하기'와의 범주 설정이 문제가 된다. '아이디어 생성'은 '선정(selecting)'과 '창안(invention)'이라는 용어와 유사한 개념이다. '아이디어 생성'은 아이디어를 자연스럽게 떠올린다는 의미가 강한 반면에, '창안'이라는 말은 고전 수사학에서 주로 사용했던 용어로 아이디어를 만든다는 의미가 강하다. 그리고 '선정'이라는 말은 아이디어를 생성해 놓고 이것들 중에 고른다는 의미가 있다. 본 연구의 관심은 쓰기 활동에서 필자가 기존 지식을 활용하여 의미를 구성할 때, 어떤 사고의 과정과 단계를 거치면서 텍스트를 생산하는가에 있다. 따라서 본 연구의 관심을 잘 드러낼 수 있는 '아이디어 창안하기'라는 용어를 사용하기로 한다.

그리고 '아이디어 창안하기'와 '아이디어 조직하기' 단계는 동전의 앞 · 뒷면과 같이 서로 밀접한 관계를 맺는다. 아이디어 창안 단계에서 생성된 내용은 아이디어를 조직하는 방식에 영향을 미치기도 하고, 아이디어 조직 단계의 원리는 새로운 아이디어를 생성하는 데 효과적인 방법이 되기도 한다. 따라서 본 연구에서는 아이디어 창안하기와 아이디어 조직하기를 하나의 독립된 쓰기 단계로 구분하지 않고 텍스트의 의미 구조를 형성하는 통합된 과정으로 보고자 한다. 하나의 과정임을 강조하기 위해 '아이디어 창안 · 조직하기'라고 부르기로 한다. 이 단계에서는 아이디어 선정하는 작업은 자연스럽게 포함된다.

다음으로 통합 인지주의 쓰기 모형을 구안하는 데 있어 '수정하기'[62]와 관련하여 '수정'에 대한 개념을 살펴볼 필요가 있다. 쓰기 과정과 관련하여 수정 행위 두 가지 경우로 정리할 수 있다. 하나는 수정을 쓰기 과정의 회귀적 활동으로 간주하여, 초고를 작성하는 과정 중 어디에서나 일어날 수 있다고 보는 관점이다. 또 다른 하나는 수정을 초고 작성 이후의 활동으로 간주하여 작성된 초고만을 고치는 행위로 보는 관점이다.

우선 전자의 주장은 Flower & Hayes(1980)의 개인 인지주의 쓰기 이론에서 유래한다. 그들은 쓰기 과정을 계획하기 → 작성하기 → 검토하기로 나누고 수정을 검토하기에 포함시켰지만, 그들의 논의대로라면 계획하기나 작성하기 과정에서도 수정은 얼마든지 일어난다. 이는 개인 인지주의 쓰기 이론가들이 주장하는 쓰기의 '회귀성'으로 인하여 가능해진다. 이재승(1988) 또한 이와 같은 관점으로 수정하기를 파악하였다. 그는 Karl Witte의 연구를 인용하면서 수정은 종이

62 초고를 쓴 직후에 고치는 행위에 대해서는 '교정하기'라는 용어를 사용하고, 아이디어를 생성하고 조직, 표현하는 과정에서 이루어지는 고치기 행위에 대해서는 '고쳐쓰기', '고치기', '수정하기' 등으로 이를 구별해서 사용하기도 한다. 본 연구에서는 '수정하기'를, 아이디어를 생성하고 조직, 표현하는 단계에서 고치는 행위의 용어로 일컫기로 한다. 이와 같은 개념을 뜻하는 용어로 '고쳐쓰기'나 '고치기'라는 용어를 사용하는 것이 더 무난하겠지만 본고에서 쓰기의 과정을 나누면서 계획하기, 창안하기, 조직하기 등의 한자어를 사용한 점을 고려하여 수정하기라는 용어를 사용한다.

에 첫 글자를 쓰기도 전에 이루어지고, 수정은 단순히 맞춤법을 교정하는 것이 아니라 의미를 재구성하는 인지적이며 사회적인 과정이라고 규정하였다. 이러한 논의에서 이재승(1998) 또한 수정을 쓰기 과정의 회귀성을 설명하는 특별한 요소로 파악하고 있음을 알 수 있다.

본 연구는 이들과 동일한 관점을 지닌다. '수정하기'는 단순히 맞춤법에 어긋난 부분을 바르게 고치거나 비문을 고치는 정도에 그치고 마는 것이 아니라 경우에 따라서는 개요도 수정하고, 과제의 성격을 점검하는 등 쓰기 전체의 과정에서 일어나는 것으로 이해한다.

이는 의미 구성을 강조하는 통합 인지적 관점과 맥이 닿아 있다. 통합 인지적 관점은 필자가 맥락적 요소와 텍스트의 형식적 요소를 통합하여 의미를 구성할 때, 개인들 사이에서 혹은 개인과 공동체 사이에서 발생하는 대화를 강조한다. 필자는 다양한 목소리와 이데올로기적 지평을 가진 타자들과의 대화를 통해 의미를 구성하게 되므로 좀 더 역동적으로 의미를 구성하게 된다. 이 과정에서 쓰기의 회귀적인 특성이 반영되면서 수정 행위가 수시로 일어나고, 이로 인해 의미 구성이 촉진된다고 이해할 수 있다. 따라서 수정하기는 계획하기 단계에서부터 표현하기 단계에 이르기까지 쓰기의 전(全) 과정에서 일어나며 심지어는 심리적 표상 단계에서도 일어난다고 볼 수 있다.

이러한 점에 주목하여 본고에서는 쓰기 과정을 기능 중심으로 '계획하기 단계', '아이디어 창안 · 조직하기 단계', '표현하기 단계'로 나누고, 수정하기는 쓰기 활동의 회귀성을 설명하는 요인으로 이해하고자 한다.

2) 계획하기 단계

계획하기는 쓰기 과제를 효과적으로 해결하기 위한 목적으로 사용되는 사고 작용이다. 계획하기를 통하여 사람들은 문제의 성격을 규명하기도 하고, 문제 해결 방법을 탐색하기도 한다. 한 편의 글을 쓰기 위해 필자는 여러 가지 문제를 해결해야 하기 때문에 쓰기 과정에서 계획하기는 필수적인 사고 작용이라 할 수 있다. 필자는 글을 쓰기 전에 먼저 쓰기의 상황을 탐색해야 하는데, 이 과정에서 필자의 입장을 설정하고 예상 독자의 요구를 분석하고 글의 주제를 설정하고 글의 목적을 결정한다.

필자와 독자를 둘러싸고 있는, 즉 글을 써야 하는 상황은 교과 과목 시간에 배운 내용을 요약해서 정리해야 하는 상황이나 대학에서 연구 과제를 보고서로 작성해야 하는 상황처럼 매우 구체적으로 제한될 수 있다. 또는 일기와 같이 개인적인 글을 쓰는 경우처럼 필자 스스로 선택할 수도 있고, 취업을 위해 자신을 소개하는 글을 써야 하는 상황처럼 사회적 맥락에 의해 제한받을 수도 있다. 필자가 글로 의사를 표현하게 되는 상황은 쓰기 과정에 강한 영향을 미친다. 글을 쓰는 상황에 대한 필자의 인식은 글을 쓰는 목적은 물론 주제와 전달 내용과 형식, 독자에 대하여 지녀야 할 필자의 입장을 결정하는 방법 등에 대해서 필자에게 영향을 미친다. 따라서 필자는 글을 쓰기 이전에 의사소통을 유발하는 맥락을 충분히 인식하고, 쓰기 행위의 과정에서 작동할 수 있는 상호 작용적 변인들, 즉 글을 쓰는 목적과 쓰기 과제, 예상 독자와의 관계를 고려하면서 내가 글을 어떻게 써야 하는지를 생각해 보아야 한다.

본 연구에서는 계획하기 단계에서의 개별 필자의 사고 작용을 살펴보기 위해서 학생들에게 화제(topic)를 제시하고, 한 편의 글을 완성하기에 앞서 주제문 작성하기[63]를 하였다. 주제문 작성하기는 필자의 쓰기 목적이나 텍스트 유형의 결정, 텍스트 형식과 내용의 결정, 그리고 독자 요인 등과 밀접한 관련을 맺고 있다. 따라서 학생들이 주제문을 작성하는 과정을 관찰하는 것은 필자가 계획하기 단계에서 학교라는 사회적 맥락 안에서 어떻게 의미를 구성하고, 이를 언어로 표상하게 되는지를 좀 더 분명히 밝히는 데 도움이 될 것이다. 이와 관련하여 학생들에게 '우연과 필연'이라는 화제(topic)를 제시하고 주제문 작성하는 쓰기 행위를 관찰한 내용을 '사실적 사고', '추론적 사고', '창의적 사고'로 나누어 살펴보기로 한다.[64] 다음은 계획하기 단계에서 학생들의 쓰기 활동을 정리한 내용이다.

63 글을 쓰는 과정에서 필자는 계획하기 단계에서 글의 주제를 먼저 설정한 다음에 아이디어를 창안 · 조직할 수도 있고, 경우에 따라서는 아이디어를 창안 · 조직한 다음에 글의 주제를 설정할 수도 있다. 두 가지 방법 가운데 어느 방법이 더 효과적인 방법인지는 글을 쓰는 상황에 따라 다를 수 있다. 글의 주제를 먼저 설정한 다음에 내용을 창안 · 조직하는 방법은 글의 내용과 구조의 방향이 명확하다는 장점이 있는 반면에, 주제가 경직되기 쉽다는 단점이 있다(박영목, 2008:83).

64 본문의 예는 학생들이 조별 토의한 후 제출한 내용과 발표할 때 질의-응답을 기록한 것을 종합하여 제시한 것이다. 여러 자료 가운데 학생들의 '사실적 사고 → 추론적 사고 → 창의적 사고' 과정이 잘 드러난 것을 선택하였다. 학생들이 작성한 내용 가운데 어법에 맞지 않거나 어색한 표현이 있더라도 수정하지 않고 원문을 그대로 제시하고자 노력하였다.

▨ 과제: '우연과 필연'에 대해 글을 쓸 경우, 적절한 주제문 작성하기

≪'우연'과 '필연' 정의하기≫	≪제재글 분석하기≫
○ 우연: 어떤 사건이 어떤 조건과 직접 연관되어 있지 않은 경우를 뜻한다. ○ 필연: 어떤 사건이 특정한 조건과 직접 연관되는 경우	○ 우연을 맞닥뜨린 사람들 ○ 9 · 11의 비극 ○ 우연 없는 뉴턴의 세계 ○ 엔트로피, 무질서의 법칙 ○ 카오스 이론 ○ 양자역학의 우연

가주제문 : 모든 현상은 필연적으로 돌아간다.

○ 클레오파트라의 코: 클레오파트라의 코가 한 치만 낮았더라면 안토니우스가 그 미모에 홀려, 처남인 옥타비아누스와 전쟁이 일어나지 않았을 것이다.
⇒ 권력 다툼의 과정이었을 것이다.

○ 사라예보의 총소리: 세르비아 청년이 오스트리아의 황태자에게 총을 쏜 이 우연한 사건 때문에 1차 세계대전이 일어났다.
⇒ 나라를 잃은 청년의 울분으로 볼 수 있다.

참주제문 : 상황에 따라 우연과 필연은 결정된다.

그림 11 계획하기 단계에서 주제문 작성하기 학생 활동

(1) 계획하기 단계에서의 사실적 사고 과정

학생들은 주제문 작성이라는 과제를 해결하기 위해서 화제(topic)에 대하여 생각하기 시작했다. 학생들은 화제를 인식하기 위해서 화제

를 정의의 방식으로 접근해 보기도 하고, 교재에 나와 있는 여러 사례들을 우연과 필연을 중심으로 분류해 보기도 하였다.

먼저 학생들은 '우연'과 '필연'에 대하여 정의를 내렸다. '우연'은 '어떤 사건이 어떤 조건과 직접 연관되어 있지 않은 경우'를 말한다고 정의 내리면서, 우연에서의 사건과 조건의 관계는 여러 가지 다른 방식으로 나타날 수도 있고 나타나지 않을 수도 있다고 보았다. 반면에 '필연'은 '어떤 사건이 특정한 조건과 직접 연관되는 경우'를 뜻한다고 정의 내렸다.

이후 교재에 실려 있는 제재글을 분석하면서 화제를 더 구체화하거나 추상화하는 사고 활동을 통해 우연과 필연에 대한 개념을 형성해 나갔다. 교재에는 '우연을 맞닥뜨린 사람들', '9 · 11의 비극', '우연 없는 뉴턴의 세계', '엔트로피, 무질서의 법칙', '카오스 이론', '양자역학의 우연' 6편의 제재글이 수록되어 있는데, '엔트로피, 무질서의 법칙'이나 '카오스 이론', '양자역학 이론'은 아직 교과 과정에서 배우지 않은 내용이어서 이해하는 데 어려움을 겪기도 하였다.[65]

학생들은 주로 '우연을 맞닥뜨린 사람들'과 '9 · 11의 비극' 두 편의 제재글에 관한 이야기를 나누었다. '우연을 맞닥뜨린 사람들'은 베리 백쇼와 어린 아들이 헤어진 지 30년이 지난 후에 아들이 백쇼가 있는 곳에 호텔 매니저로 취직해서 오게 되고, 아버지가 운전하는 택시를 타게 된다는 내용이다. '9 · 11의 비극'은 9 · 11 테러 당시 살아남은 산체스와 메이요 두 인물이 탄 비행기가 추락하여 승객 전

65 학생들은 차츰 수업 과제가 제재글의 내용을 파악하는 것이 아니라 '우연과 필연'에 대한 자신의 생각을 바탕으로 주제문을 제시하는 것이라는 사실을 깨닫고, 주제문 구성을 위한 소집단 토의를 계속 진행해 나갔다.

원이 사망하게 되는데, 비행기가 추락한 퀸즈 지역은 9·11 테러 당시 불을 끄기 위해 동원되었던 소방관들이 모여 사는 곳이라는 이야기이다. 이들 내용을 바탕으로 학생들은 어쩌면 우리의 일상생활을 포함한 '모든 현상은 필연적으로 돌아가고 있는 것이 아닐까?'라는 글의 윤곽을 설정하였다.[66] 지금까지 학생들이 가주제문을 작성하는 활동은 그들이 화제를 인식하고 자료 검토의 과정을 통해 개념을 형성하고 있다는 점에서 '사실적 사고'의 단계에 해당한다고 볼 수 있다.

이 과정에서 학생들은 대학이라는 공간에서 유통되는 대화 방식과 참여 구조 등에 대하여 학습을 하게 되고, 이는 곧 학교 장르에 대한 지식의 축적으로 이어진다. 여기에는 일상적으로 반복되는 유형화된 행위와 반응들이 존재하는데, 이것이 Bakhtin이 설명한 1차 발화 장르이다. Bakhtin은 발화 장르를 1차 발화 장르와 2차 발화 장르로 구분하여 설명하였다.[67] 학생들은 화제를 파악하는 데 개인이 알고 있는 지식만으로 어려움을 느끼고, 2차 발화 장르를 활용하게 된다. 2차 발화 장르에는 보고서, 주요 논평, 소설, 사설 등이 포함되며 주로 문어로 작성된다는 특징이 있다.[68] 학생들은 1차 발화 장르와 2

66 다른 조에서 선정한 주제로는 '모든 현상은 우연적이다', '우연·필연과 같은 극단적인 사고의 한계점이 있다' 정도가 있다.

67 '1차 발화 장르'는 주로 일상적인 의사소통 행위에서 이루어지는 반응 형태를 토대로 만들어지는 장르이다. '2차 발화 장르'는 1차 발화 장르를 흡수하여 가공한 것으로 문화적 의사소통의 산물이라고 할 수 있다.

68 글쓰기와 토론 수업은 2시간 동안 진행된다. 계획하기 수업은 1차시에 해당되기 때문에, 학생들에게 떠오른 생각이 참이라는 사실을 확인하기 위해서 교실에서 활용할 수 있는 다양한 방법을 활용하도록 하였다. 학생들은 가지고 있는 책을 활용하거나 인터넷을 통해 정보 검색을 하였다. 그리고 수집한 정보는 칠판에 적게 하여 학생들 전원이 모두 공유할 수 있게 하였다.

차 발화 장르를 통해 대학 공동체에서 사용하는 장르 유형을 습득하게 된다.

여기에서 주의 깊게 살펴볼 점은 쓰기가 한 개인 내에서만 이루어지는 것이 아니라는 점이다. 언어 사용자로서 학생들은 단순히 텍스트를 생산하는 것이 아니라 Bakhtin의 용어를 빌리면, 1차 발화 장르와 2차 발화 장르를 습득하면서 자신이 속한 담화 공동체로부터 영향을 받게 된다. 즉, 계획하기의 사실적 사고 과정에서 학생들은 동료들과 화제에 관한 이야기를 나누면서 소집단 속에서 일어나는 다양한 상호 작용을 통해 의미를 구성하고 그 의미를 유지해 나간다고 볼 수 있다.

(2) 계획하기 단계에서의 추론적 사고 과정

학생들은 화제에 대하여 이해의 과정을 거친 후에, 주장(가주제)을 뒷받침할 수 있는 내용으로 '무엇을 쓸 것인가'에 대한 대답을 찾으면서 추론과 추리의 사고를 시작했다.

역사를 우연히 일어난 사건들의 집합으로 보거나, '우연'이 역사에 미치는 영향을 생각한 학생들은 주로 '클레오파트라의 코', '사라예보의 총소리'와 같은 예를 들며 자신의 주장을 뒷받침하였다. '클레오파트라의 코'는 이집트의 여왕이었던 클레오파트라의 코가 한 치만 낮았더라면 안토니우스가 그 미모에 홀려, 처남인 옥타비아누스와 전쟁을 할 필요도 없었을 것이고 악티움 해전에서 패하여 자살하지도 않고 지중해가 모두 로마의 세력권 안에 완전히 통합되고, 로마의 공화파가 몰락하지도 않았을 것이라고 생각하였다. '사라예보의 총소리'는 세르비아 청년이 오스트리아의 황태자에게 총을 쏜

이 우연한 사건 때문에 1차 세계대전이 일어났다고 보았다.

이와는 반대로 필연성을 주장하는 학생들은 어떤 현상이나 사건은 반드시 다른 어떤 현상이나 사건을 불러일으킨다고 주장하면서 '클레오파트라의 코'와 '사라예보의 총소리' 이야기에서 나름의 필연적인 인과 관계를 세우기 위해 노력하였다. 프린시프의 조국인 세르비아는 1908년 보스니아 지역을 오스트리아에 빼앗겼다. 세르비아 청년인 프린시프가 자신의 나라를 짓밟은 오스트리아에 대해 깊은 반감을 품고 일으킨 사건으로 인과 관계를 설명하였다. 수업 시간에 '클레오파트라의 코' 이야기에 대해서는 명확한 인과 관계를 밝혀내지는 못했지만, 권력 다툼의 과정이었을 것이라고 인과 관계를 추측하였다.

학생들이 자신의 주장을 강화하기 위해서 화제와 관련된 '클레오파트라의 코'와 '사라예보의 총소리' 등의 다양한 사례를 떠올리고 관련짓고 있다는 점에서 그들이 추론적 사고를 하고 있다고 볼 수 있다. 이 과정에서는 사실적 사고 과정에서 화제에 대해 분석한 내용과 '우연을 맞닥뜨린 사람들'과 '9·11의 비극' 두 편의 자료를 통해 생성한 의미, 아울러 상황 맥락에 대한 필자의 배경 지식이 중요하게 작용한다. 또한 주제를 뒷받침하기 위하여 '무엇을 쓸 것인가'에 대한 물음에 대한 대답을 찾는 과정은 화제를 구체적으로 이해하는 일과도 밀접한 관련이 있다.

학생들은 '우연과 필연'이라는 화제에 대하여 동료들과 소통하는 과정에서 심리적인 거리감 혹은 대립감을 느꼈다고 한다. 이 상황을 합리적으로 해결하기 위해서 학생들은 자신의 생각을 동료에게 전달하여 이해를 얻거나 동의를 얻고자 하였다. 이를 글쓰기와 관련지어 생각해 보면, 학생들은 화제에 관한 자신의 특정한 생각을 독자들이 받아들이도록 하는 '설득하는 글', 좀 더 정확하게 표현하면 '논증하는 글'을 쓰고자 한 것과 같은 맥락이라고 여겨진다.

여기에서 학생들이 떠올린 '클레오파트라의 코'와 '사라예보의 총소리'와 관련하여 살펴볼 문제가 있다. 앞에서 언급한 바와 같이, Brewer는 텍스트 기저에 표상되는 언어 사용자의 인지 구조에 따라 텍스트 유형을 묘사적 텍스트(descriptive text), 이야기 텍스트(narrative text), 그리고 설명적 텍스트(expository text) 세 가지로 분류하여 제시하였다. Brewer의 텍스트 유형 분류에 의하면, '클레오파트라의 코'와 '사라예보의 총소리'는 주로 이야기 텍스트로 이루어져 있다. 학생들이 논증의 목적을 실현시키기 위해 이야기 텍스트와 함께 이것을 논리적으로 분석하는 과정에서 설명적 텍스트를 사용하고 있다고 볼 수 있다. 학생들이 논증을 목적으로 하는 글을 생산할 때, 여러 텍스트의 요소를 혼합하여 사용하고 있는 현상은 학생들이 쓰기 상황에서 장르를 고정된 언어 형식으로 보지 않고, 글의 목적과 독자, 사회적 상황에 따른 맥락의 산물로 장르를 새롭게 생성하고 있는 것으로 볼 수 있다. 이러한 현상은 사회 · 문화적 맥락적 요소와 장르라는 형식적인 요소가 개별 필자의 사고 과정에 의해 어떻게 통합되어 의미 형성에 기여하게 되는지를 잘 보여 준다. 지금까지의 쓰기 활동은 학생들이 주제문을 작성하기 위해 사실적 사고 과정에서 생성한 의미 구성체를 토대로 하여, 화제와 관련된 '클레오파트라의 코'와 '사라예보의 총소리' 같은 새로운 내용을 떠올린다는 점에서 추론적 사고 과정으로 보는 것이 타당하다.

(3) 계획하기 단계에서의 창의적 사고 과정

학생들이 사실적 사고 과정과 추론적 사고 과정을 거치면서 생성한 생각들은 명료한 것이 아니라 불확실한 것이며, 잘 정리된 것이 아니라 복잡하고 혼란스럽다는 특성을 지닌다. 학생들은 주제문을 완성하기 위해 '우연'과 '필연'의 정의를 중심으로 '우연을 맞닥뜨린 사람들', '9 · 11의 비극', '클레오파트라의 코', '사라예보의 총소리' 내용을 우연의 관점과 필연의 관점에서 되짚어 보면서, 불확실한 생각을 가다듬고 정교하게 발전시켜 하나로 통합해 갔다.

이러한 과정을 거치면서 앞서 작성했던 '모든 현상은 필연적으로 돌아간다'는 가주제를 '상황에 따라 우연과 필연은 결정된다'는 참주제로 수정하였다. 참주제의 의미가 명시적으로 전달되지 않아 그 의미를 묻자 "각 사건은 보는 이의 관점에 따라 혹은 사건이 발생한 시간과 공간에 따라 달라질 수 있다는 것을 표현한 것"이라고 설명하면서, 덧붙여 "이것이 원래 가주제와 관점이 달라진 것은 아니고 우연적인 현상에서 필연적인 법칙을 발견하는 것이든 필연적인 현상에서 우연적인 법칙을 발견하는 것이든 규칙성을 발견하려는 인간의 의지가 중요하고, 바라보는 관점이 중요하다"라고 대답하였다. 계획하기 단계에서의 주제문 작성하는 과정을 그림으로 제시하면, 다음과 같다.

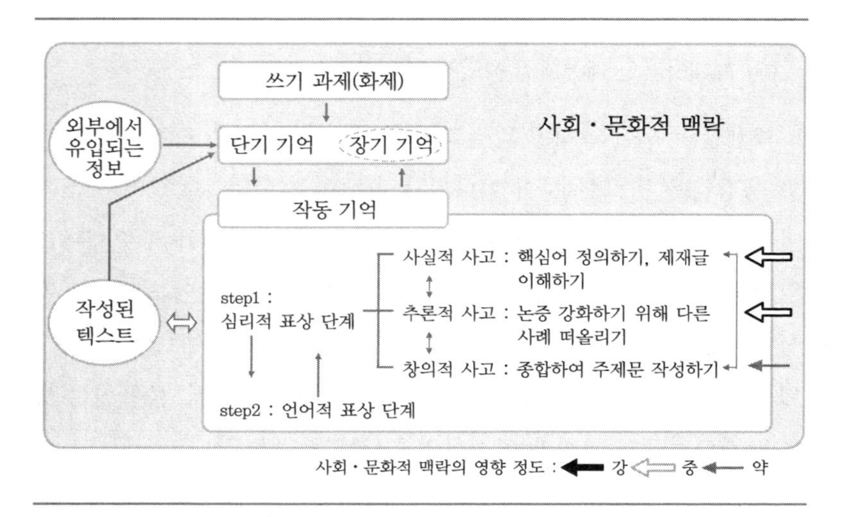

그림 12 계획하기 단계에서 필자의 사고 과정

학생들은 계획하기 단계에서의 사실적 사고 과정에서 핵심어인 '우연'과 '필연'에 대해서 정의 내리고, 교재에 실려 있는 '우연을 맞닥뜨린 사람들'과 '9 · 11의 비극' 이야기를 정리한 내용을 토대로 가주제를 작성하였다. 이 단계에서 학생들은 자신의 배경 지식뿐만이 아니라 타자들이 화제에 대하여 말하고 썼던 텍스트와도 밀접한 관련을 맺었다. 이는 곧 글을 쓰는 필자는 다른 필자로부터 영향을 받고, 필자가 작성하고 있는 텍스트는 다른 텍스트와의 상호 영향 관계에 놓여 있다는 것을 말한다.

이후 학생들은 이제까지의 세상 경험과 쓰기 상황에 대한 공통의 이해, 이전에 읽었던 화제와 관련된 내용 등 여러 요소들과의 상호작용을 통해 '클레오파트라의 코'와 '사라예보의 총소리'를 떠올렸다. 화제와 관련하여 새로운 내용을 전개한다는 것은 학생들이 글을 쓰는 목적과 관련하여 장르 요소를 고려하면서 주제를 심도 있게 논의하고 있다고 이해할 수 있다. 다시 말해서 자신의 생각을 독자에게 전달하는 과정에서 심리적인 의견 대립이 존재하여, 주장을 강화하기 위해 다양한 사례를 제시한 것으로 볼 수 있다.

정리하면 계획하기 단계에서 필자는 사실적 사고 과정과 추론적 사고 과정을 거치는 동안 자신이 속해 있는 담화 공동체의 사회・문화적 맥락과 형식 요소의 영향을 받는다는 사실을 알 수 있다. 하지만 이것이 필자가 담화 공동체와 수동적인 관계를 형성한다는 것을 뜻하는 것은 아니다.

필자는 의미 구성을 할 때, 이러한 힘에 반응하면서 또는 반발하면서 나름대로 의미를 구성한다. 앞에서 언급한 바와 같이 학생들은 사실적 사고 과정과 추론적 사고 과정을 거쳐 형성한 내용을 '우연'과 '필연'의 정의를 기준으로 각 제재글을 다시 해석해 보고, 이러한 과정을 통해 얻은 정보들을 통합하여 새로운 주제문을 작성하였다. 이는 필자가 담화 공동체의 힘에 강하게 반응하면서 의미를 새롭게, 독창적으로 구성한 것으로 볼 수 있다. 계획하기 단계에서의 창의적 사고는 필자 나름의 기준을 사용하여 그것이 충족되었는지를 판단하고, 지금까지 구성된 의미를 통합하고 확장함으로써 새로운 의미를 형성한다는 점에서 상황・맥락적 요소와 형식주의적 요소의 영향을 가장 적게 받는 사고 과정이라고 할 수 있다.

3) 아이디어 창안·조직하기 단계

글을 쓰기 위해 계획하기를 마치면, 필자는 글을 쓰는 데 필요한 내용, 즉 글의 재료를 마련하고, 현재의 상황에서 명확하게 알지 못하거나 구체적으로 인식하지 못한 문제에 대하여 명확하고 구체적으로 인식하는 활동을 하게 된다. 이를 '아이디어 창안하기'라고 한다. 아이디어 창안하는 데 이용되는 사고 유형은 크게 두 가지로 구분된다. 첫째는 시간의 흐름을 중시하면서 생각을 전개해 나가는 동적인 사고이다. 여기에는 서사, 과정, 인과 등이 포함된다. 둘째는 시간의 흐름을 별도로 고려하지 않고 생각을 전개해 나가는 정적인 사고이다. 정적인 사고 유형에는 식별, 분석, 묘사, 분류, 예시, 정의, 비교와 대조, 논증 등이 있다.

이후 필자는 창안한 아이디어를 효과적으로 조직하기 위해서 구성의 원리와 전개의 원리에 따라 아이디어를 배열하게 된다. 글의 내용을 바르게 구성하기 위해서 필자가 지켜야 할 원리에는 통일성의 원리, 일관성의 원리, 강조성의 원리 등이 있다.[69] 내용 전개의 원리는 주어진 문제 또는 중심 내용을 뒷받침하는 세부 내용을 체계적으로 배열하는 방식에 관한 것이다. 이때 중심 내용은 글 전체의 중심 내용일 수도 있고 문단의 중심 내용일 수도 있다. 세부 내용을 전개하는 방법은 세부 내용을 창안하는 과정에서 활용되는 사고의 유형과 밀접한 연관을 맺는다.[70]

69 '통일성의 원리'는 글의 주제에 적합한 내용을 선택하는 방식에 관한 원리이고, '일관성의 원리'는 글의 내용을 배열하는 방식에 관한 원리이다. 글의 내용을 배열하는 방식에는 시간적 순서에 의한 배열, 공간적 순서에 의한 배열, 논리적 순서에 의한 배열 등의 세 가지가 있다. '강조성의 원리'는 글의 핵심이 되는 내용이나 주요 내용을 두드러지게 드러내는 방식에 관한 것으로, 글 전체를 구성할 때 혹은 하나의 문단을 구성할 때에도 적용되는 원리이다.

70 위에서 제시한 아이디어 창안하기와 조직하기의 원리는 학생들이 중 · 고등학교 국어과 수업뿐만이 아니라 대학교 쓰기 이론 수업(e-class)을 통해 학습한 내용들이다. 따라서 본 연구자는 이 내용들이 학생들의 형식스키마로 저장되어 있다고

완성된 한 편의 글은 의미의 통일체이다. 텍스트는 표면적으로는 순차적으로 연결되어 구성을 이루지만, 의미적으로는 하나의 구조를 이룬다. 다시 말해서 텍스트를 이루고 있는 각각의 부분들이 서로 연결되어 있고 연결된 부분들이 의미 구조를 형성하며 전체를 이룬다는 것이다. 이제부터 〈글쓰기와 토론〉 시간에 쓰기 행위를 관찰한 내용을 토대로 하여, 학생들이 전(前) 수업시간에 설정한 주제문을 가지고 어떻게 내용을 창안하고 조직하는가를 탐색하고자 한다.

(1) 아이디어 창안·조직하기 단계에서의 사실적 사고 과정

학생들은 지난 시간에 작성한 주제문을 소그룹 동료들과 함께 확인한 후, 주제를 전개하기 위한 방법을 선택하였다. 그룹별로 선택한 주제 전개 방법은 크게 세 가지 유형으로 나눌 수 있다.

㉠ 유형은 주제나 글을 쓰는 목적을 고려하여, 서론-본론-결론 혹은 처음-중간-끝의 구조(논증)를 중심으로 아이디어를 창안하고 조직한 경우이다.

㉡ 유형은 주제에 대해서 학생들이 글 속에 담고자 하는 정보와 정보의 논리적 관계, 즉 의미 관계를 중심으로 내용을 창안한 경우이다.

㉢ 유형은 하나의 주제에 대해서 정의, 예시, 비교와 대조, 유추, 분류와 구분, 분석 등의 방식으로 내용을 창안한 후, 이를 선별 · 통합해 나가는 경우이다.

판단하고, 학생들의 쓰기 행위를 분석하였다.

위의 ㉠, ㉡, ㉢유형은 텍스트 언어학에서 나누는 내적 구조 층위와 관련지어 보면, 모두 거시 구조 층위에 해당한다. 본고에서는 각 유형들을 구분하기 위하여, ㉠유형을 1차 층위의 거시 구조로 부르고 ㉡유형은 2차 층위의 거시 구조, ㉢유형은 3차 층위의 거시 구조로 부르기로 한다.

'아이디어 창안 · 조직하기' 단계에서 학생들이 서로 다른 거시 구조 층위로 접근하여 주제를 전개해 나가기 때문에 상당히 다른 결과를 가져올 듯하지만, 의미 관계의 위계가 생성된 이후에 글의 얼개를 살펴보면, 거시 구조 층위 면에서 차이를 발견하기 어렵다. 따라서 세 가지 유형 가운데 학생들이 가장 많이 선택한 '서론-본론-결론' 유형을 중심으로 '아이디어 창안 · 조직하기' 단계에서의 필자의 의미 구성 과정을 파악하고자 한다. 다음은 학생들이 아이디어 창안 · 조직하기 초기 단계에서 활동한 내용을 정리한 것이다.

주제와 주제문

· 과제 : 아이디어 창안, 조직하기는 활동하기
· 주제문 : 상황에 따라 우연과 필연은 결정된다.

자료 수집 및 선택

· 클레오파트라의 코(X)
· 우연을 맞닥뜨린 사람들(○)
· 우연 없는 뉴턴의 세계(◉)
· 엔트로피, 무질서의 법칙(◉)
· 사라예보의 총소리(X)
· 9.11의 비극(○)
· 카오스 이론(◉)
· 양자역학의 우연(◉)

X : 선택하지 않음, ○ : 선택함, ◉ : 새롭게 선택함

글의 구성 : 1차 층위의 거시 구조

· 서론 : 문제 상황 인식
우연적인가? 필연적인가??
· 본론 : 근거제시
· 결론 : 주제 강조, 마무리하기
상황에 따라 우연과 필연은 경정된다.

그림 13 아이디어 창안 · 조직하기 단계에서 학생 활동 ①

위의 그림에서 알 수 있듯이, 학생들이 텍스트의 목적과 주제에 적합한 텍스트 형식으로 3단 구성(논증)을 선택하였다. 3단 구성을 선택한 이유를 묻는 질문에, 학생들은 "우연과 필연과 같이 서로 대립되는 견해 가운데 하나를 선택하여 자신의 주장을 펼치는 글을 작성하는 경우에는 삼단 구조가 적합해요"라고 대답을 했다.

서혁(1996:51-52)은 이러한 구조를 하나의 약속된 추상적 도식으로서, 특정한 사회적인 전달 의도를 반복적으로 실현함으로써 굳어진 텍스트의 전형적 구조라고 설명하고 있다. 학생들은 대부분 텍스트 유형에 관한 지식을 가지고 있는데, 거시 구조 유형에 대한 지식이 텍스트 생산 과정에서 적용되는 일종의 배경 지식이 된다. 이는 학생들이 쓰기가 이루어지는 상황·맥락을 고려하여 어떤 의사소통 방식을 선택해야 하는지를 독자와 공통되게 공유하고 있다는 사실을 보여준다. 이를 서혁(1996:67)은 상위 구조가 형식 스키마로 저장되어 있다가, 쓰기 상황에서 생산 도식으로 작동하는 것이라고 설명하고 있다.[71]

쓰기 과정은 필자 자신이 말을 건네고 있는 사람과 말을 건네는 목적에 맞게 텍스트를 구성해 나가는 대화적 과정으로 볼 수 있다. 이를 Vygotsky의 내적 대화의 측면에서 설명하면, 필자는 자신이 속해 있는 공동체와의 합의와 협의를 중시한다고 할 수 있다. 이에 반해서 Bakhtin의 내적 대화의 측면에서 설명하면, 필자는 대화가 단절된 상태로, 개인과 개인 사이에 균형이 유지되지 못하고 있는 상태에 놓여 있다고 볼 수 있다. 요컨대 글을 쓰는 상황에서 1차 층위의 거시 구조 유형과 같은 텍스트의 전형적 구조는 의미를 구성하는 데 있어서 필자에게 강한 영향을 미친다고 볼 수 있다.

또 다른 차원에서, 1차 층위의 거시 구조에 관한 배경 지식은 생성할 글의 전체적인 구조와 함께 내용 형성에도 정보를 제공하게 된다. 학생들은 텍스트 유형에 관한 배경 지식이 활성화되어 3단 구성(논증)을 중심으로 의미 관계를 형성해 나갔다. 서론 부분에서는 문제 상

71 쉽게 설명하면, 필자가 주제에 적합한 '……텍스트에서는……한 이야기를 해야 한다'는 것을 알고 있다는 것을 말한다.

황을 인식하고 우연성과 필연성의 물음을 제시하는 내용을 쓰고자 했다. 결론 부분에서는 주제를 강조하면서 마무리하는 내용으로 구성한다는 의도로 주제문을 옮겨 적었다. 본론 부분에서는 자신의 주장과 그에 대한 근거들을 제시하였다. 그런데 주장과 근거를 제시하는 방식은 고정되어 있는 것이 아니라 주제를 보다 더 잘 드러내기 위해 다양한 제재를 사용할 수 있다.

여기에서 학생들이 활용한 제재와 관련해서 살펴볼 문제가 있다. 학생들은 주장을 뒷받침하는 근거를 창안하고 조직하는 과정에서 앞 시간에 분석했던 '클레오파트라의 코'와 '사라예보의 총소리' 이야기를 적극적으로 활용하지 않았다. 오히려 지난 시간에 교과 과정에서 배우지 않았기 때문에 이해하지 못했던 '엔트로피'와 '카오스 이론', 그리고 '양자역학의 우연'에 대해서 화제와 관련하여 분석하기 시작했다.

학생들은 제시글 '우연 없는 뉴턴의 세계'를 통해, 뉴턴에 의해 역학 법칙들이 발견되면서 인류는 매우 복잡해 보이는 자연현상이라도 숨겨져 있는 규칙적 운동을 인식하게 되었고, 점차 모든 자연현상을 예측할 수 있다는 생각을 갖게 되었다고 정리하였다. 그러다가 이러한 결정론적 세계관은 '양자역학의 우연'에서 설명하고 있는 양자 세계의 불확정성의 원리에 의해 결정적으로 몰락하게 되었다고 지적하였다. 제시글 '엔트로피, 무질서의 법칙'을 통해서는 '무지' 혹은 '엔트로피'의 개념을 질서가 있던 상태가 점점 무질서한 상태로 변하는 것으로 이해하였다. 그리고 엔지니어들이 인간의 지혜로 시스템의 무질서를 예측하며 엔트로피에 대항하려는 행동을 룰렛 구슬의 위치를 예측하려는 행위와 흡사한 것으로 이해하였다. 마지막으로 제시글 '카오스 이론'에서는 "하와이에 있는 나비의 날갯짓이 알프스 지방에서 폭풍을 일으킬 수 있다"는 '나비효과 이론'을 통해 사소한 사건 하나가 그 당시에는 잘 몰랐으나 지나고 보면 엄청난 결과를 일으키는 경우가 있다고 정리하였다.

학생들이 교재에 수록된 제시글을 다시 분석한 행동은 '통합 인지적 관점'에서 보면 설명이 가능해진다. 학생들이 쓰기 과정에서 창안하는 내용과 형식은 그들이 속해 있는 대학 공동체와 직접적으로 관련되어 있다. 학생들은 이미 자신이 속한 공동체에서 확립된 쟁점들 가운데 하나를 쓰기 과제로 부여 받은 것이고, 쓰기가 발생하는 상황 뒤에는 담화 공동체의 구성원의 반응과 요구, 더 나아가서는 사회적 맥락의 영향이 존재한다.

학생들은 지난 시간 어려워하던 제재글을 다시 분석하는 그들의 모습에 의아해하는 연구자에게 "주제를 뒷받침하는 데 공대 성향에 더 맞는 듯해서요", "글쓰기 교재에 있는 내용이에요", "선생님이 더 좋아하실 근거 같아서요"라며 담화 공동체 혹은 독자의 반응을 지향하며 텍스트의 의미를 구성하였다. 여기에서 담화 공동체(혹은 독자)는 단순한 텍스트 수용자가 아니라 필자와 마찬가지로 담화 공동체의 의견과 관심이 주제 선정 및 전개에 중요한 역할을 담당하게 된다는 것을 의미한다.

학생들이 주제를 뒷받침하는 데 있어 교재에 수록된 제시글을 선택한 또 다른 이유는 텍스트 유형에서 찾을 수 있다. 학생들은 논증의 목적을 실현시키기 위해서 이야기 텍스트인 '클레오파트라의 코'와 '사라예보의 총소리'를 선택하기보다는 내용을 논리적으로 표상한 논증 텍스트에 속하는 '엔트로피 법칙'과 '카오스 이론'을 선택하였다. 물론 이야기 텍스트는 여러 가지 텍스트 목적을 지니기 때문에 그 기능상 정보 전달이나 설득 목적을 지닐 수 있다. 하지만 논증은 이야기 텍스트의 지배적 목적이 아닐 뿐만 아니라, 그 목적이 이야기 텍스트의 사고 과정에 의해 달성되는 것이 아니다. 필자가 논증을 목적으로 하는 글을 생산할 때, 여러 텍스트 유형을 포함하거나 포함할 수 있지만 지배적인 텍스트는 논리적인 의미를 표상하는 논증 텍스트가 될 것이다.[72] 그러므로 학생들이 논증 목적을 달성하기 위해서 시간의 흐름에 따라 일어나는 일련의 행위나 사상을 반영한 이야기 텍스트보다는 개념들 사이의 관계 설정, 판단을 반영한 '엔트로피 법칙'과 '카오스 이론'을 선택한 것은 당연하다고 볼 수 있다.

지금까지 살펴본 학생들의 활동은 주로 교재에 수록된 글을 분석하면서 아이디어를 창안하고 조직한다는 점에서 사실적 사고 과정에 해당한다고 볼 수 있다. 이 사고 과정은 담화 공동체가 제재 선정에 강한 영향을 미치고, 텍스트의 구조가 관습화되어 있다는 점에서 필자가 속한 담화 공동체와 밀접히 관련된다는 특징이 있다.

(2) 아이디어 창안·조직하기 단계에서의 추론적 사고 과정

거시 구조에서는 의미 관계를 중심으로 이루어지는 응집성이 중요하게 작용한다. 앞서 사실적 사고 과정을 거치면서 구성된 '서론-본론-결론'의 1차 층위의 거시 구조를 중심으로, 의미적으로 같은 위상을 가지는 명제들이 같은 층위에 긴밀히 연결되며 또 하나의 층위를 이루게

72 '서사 텍스트'나 '묘사 텍스트'는 보다 쉽게 다른 목적을 실현시키기 위해 간접적으로 사용되는 데 반해서, '논증 텍스트'의 경우는 직접적으로 논증을 위한 목적으로만 사용되는 경향이 강하다.

된다. 이것이 바로 2차 층위의 거시 구조이다. 2차 층위 거시 구조 유형으로는 수집, 부가, 삭제, 인과, 이유, 비교 · 대조, 상세화, 문제 · 해결(이삼형, 1994) 등이 있다. 다음은 '아이디어 창안 · 조직하기' 단계에서 학생들의 쓰기 활동을 관찰한 내용을 정리하여 제시한 것이다.

▩ 과제 : 아이디어 창안 · 조직하는 활동하기
▩ 주제문 : 상황에 따라 우연과 필연은 결정된다.

ㅇ 글의 구성

[1차 층위 거시 구조: 3단 구성]

[2차 층위 거시 구조: 본론의 상세화]

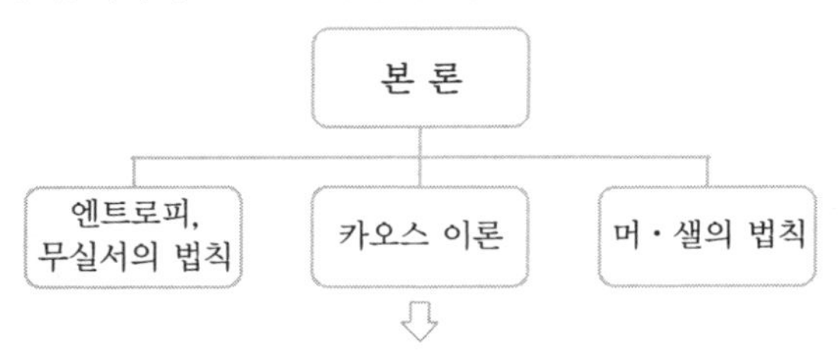

[3차 층위 거시 구조: 2차 층위 거시 구조의 상세화]

그림 14 아이디어 창안 · 조직하기 단계에서 학생 활동 ②

학생들은 '상황에 따라 우연과 필연은 결정된다'는 주제를 뒷받침하기 위해 자연계에서 우연성을 강조한 경우와 필연성을 강조한 경우를 제시하였다. 먼저 우연성을 설명하기 위해, 일반적으로 자연계의 현상이 예측 가능하고 규칙적이라는 생각을 하지만, 실제에서는 '엔트로피, 무질서의 법칙'으로 인해 예측할 수 없다는 점을 들었다. 다음으로 필연성은 아주 작은 원인이 나중에 큰 불규칙적 차이를 가져온다는 '카오스 이론'을 가지고 설명하였다. 2차 층위의 거시 구조를 구성하는 아이디어들 간의 관계를 살펴보면, '비교-대조' 유형에서 비롯된 것임을 알 수 있다.

이후 학생들은 '엔트로피, 무질서의 법칙'과 '카오스 이론'의 구체적인 예를 들어가며 종속적인 의미 관계를 형성해 나갔다. '엔트로피, 무질서의 법칙'은 커피에 우유가 섞이는 현상을 예를 들어 설명하였다. 처음에 한쪽은 커피이고 다른 한쪽은 흰 우유지만, 우유가 점점 섞여서 커피가 밝은 갈색으로 변하는 것이 자연에서 일어나는 변화의 방향이다. 그런데 이 경우 우유 분자들의 움직임은 예측불가능성을 지니기 때문에 우유 분자들의 길을 추적한다는 것은 불가능해진다고 하였다.

카오스(Chaos) 현상은 작은 차이가 전혀 다른 결과를 낳는 현상을 의미한다. 이는 무작위적(random) 현상과 구별되는 예측할 수 없는, 불규칙하고 혼란스러운 현상을 뜻한다. 학생들은 '나비효과(Butterfly Effect)'를 예를 들어 카오스 이론을 설명하였다. 나비효과는 어떤 한 사건이 일어났을 때, 그 사건의 원인이 언뜻 보면 아무 상관이 없어 보이는 아주 먼 곳의 사소한 일에서 비롯될 수 있음을 의미한다. 학생들은 나비효과의 의미를 집약적으로 표현하기 위해 '베이징에 있는 나비 한 마리가 날개를 퍼덕임으로써 뉴욕에 폭풍우가 몰아칠 수 있다'[73]는 구절을 사용하였다. 거시 구조 수준에서 2차 층위의 아이디어들과 이를 상세화한 아이디어들과의 관계는 '설명−예증'의 구조가 된다. 이들 관계는 상·하위 의미 관계를 이루기 때문에, 학생들이 작성한 글의 얼개에서 '예증(상세화)'이 3차 층위의 거시 구조에 해당한다.

학생들은 추론과 추리의 사고 기능을 거치면서 계속해서 의미 내용을 연결해 나갔다. 학생들은 우연적으로 보이는 현상 속에서 필연적인 법칙을 발견하고 결정론적인 해답을 구해야 하는 상황 속에서 불예측성의 원리를 발견할 수 있었던 것은 바로 인간의 의지 때문이며 노력에 의한 것이라는 생각에 이르게 되었다. 그리고 우리의 일상에서 발생하는 소소한 일들은 과연 '우연성'과 '필연성' 가운데 어떤 법칙을 따르는 것인지 고민하기 시작하였다.

여기에서 학생들은 '머·샐의 법칙'을 적용하여, 우리의 일상에서 접하게 되는 일들의 우연성과 필연성을 설명하였다. '머·샐의 법칙'은 '머피의 법칙'과 '샐리의 법칙' 줄여서 부르는 말이다. '머피의 법칙(Murphy's law)'은 자기가 바라는 것은 이루어지지 않고, 우연히 나쁜 방향으로만 일이 전개되어 거듭 낭패를 당하는 경우에 쓰는 말이다. 이와는 반대로 우연히도 자신에게 유리한 일만 계속해서 일어나는 것을 가리켜 '샐리의 법칙(Sally's law)'이라고 한다. 학생들은 어떤 난관이나 불행을 겪게 될 경우 그 상황에 처해 있는 자신이 그것을 극

73 교재에는 "하와이에 있는 나비의 날갯짓이 알프스 지방에 폭풍을 일으킬 수 있을까?"와 같은 구절을 통해 나비 효과를 설명하고 있다. 일반적으로 나비 효과를 표현한 구절과 교재에 제시된 구절이 달라서, 학생들이 '나비 효과' 이론을 다른 이론과 비교했을 때 좀 더 자세히 분석하고, 이를 표현하는 구절을 명확하게 제시한 것이라고 생각된다.

복할 수 있다고 생각하였다. 다시 말해서 개인이 문제를 어떻게 받아들이고 해결하느냐에 따라, 즉 개인의 사고 특성에 따라 문제의 결과는 다양하게 나타난다고 설명하였다.

지금까지 아이디어 창안 · 조직하는 단계에서 학생들의 쓰기 활동을 살펴보면, 사실적 사고 과정에서 생성한 의미 구성체를 바탕으로 횡적으로, 종적으로 의미를 확장해 가고, 이를 다시 일상에 적용하여 계속해서 의미를 연결해 나간다는 점에서 추론적 사고 과정에 해당한다고 판단할 수 있다. 아이디어 창안 · 조직하기 단계의 추론적 사고 과정은 의미를 구성해 가는 동안 필자가 지닌 배경 지식이나 외부에서 유입되는 정보 가운데 선택적으로 반응한다는 점에서 사실적 사고 과정보다는 좀 더 주체적으로 의미를 구성한다고 볼 수 있다.

(3) 아이디어 창안·조직하기 단계에서의 창의적 사고 과정

학생들은 아이디어를 창안하고 조직해 나가는 과정에서 사실적 사고와 추론적 사고의 과정을 거치면서 생성한 정보들을 바탕으로, 아이디어가 적절한 것인지, 여기에 어떤 내용을 추가하면 좋은지, 이들을 어떤 순서로 배열하는 것이 좋을지 등에 대하여 고민하기 시작했다. 이 과정을 통해 텍스트는 논증을 목적으로 한, 필자에 따라 다르게 나타나는 개성적인 구조를 갖게 된다.

서혁(1996)은 주제와 텍스트의 기능 사이의 밀접한 관련성에 주목하면서, 주제의 유형화에 따라 텍스트의 유형이 달라진다고 보았다.[74] 서혁(1996)에서 주목할 점은 텍스트가 외적인 주제 층위와 내적

74 서혁(1996)은 주제를 '담화적 주제', '담화수반적 주제', '담화효과적 주제'로 구분하였다. '담화적 주제'란 텍스트에 명시적으로 드러나 있는 주제를 말하며, 주로

인 주제의 층위를 갖는다는 점이다. 그의 주장에 따르면, 논증 텍스트에서 주제는 텍스트 외부에 명시적으로 드러나야 하고, 텍스트의 구조는 필자의 목적이나 의도를 효율적으로 구현하기 위해 체계화되어야 한다. 따라서 텍스트의 의미 구조는 필연적으로 위계적일 수밖에 없다.

학생들은 논증의 목적에 적합하도록 지금까지 생성한 의미 관계를 텍스트 표층에 배열하였다. 학생들은 본론 두 개의 단락에서 '엔트로피 이론'과 '카오스 이론'을 나란히 위치시킨 다음, 이를 '커피와 우유의 섞임'과 '나비효과'를 사례로 상세화하였다. 학생들에게 이와 같은 구성을 한 까닭을 묻자, 그들은 "본론 에서 근거를 명확히 전달하기 위한 방법으로 '비교 · 대조'의 관계를 구조적으로 드러내 보이고자 했다"고 설명하였다. 이는 학생들이 논증 텍스트가 표상하는 의미론적 구조를 기준으로 하여, 본론 부분에서 '근거－주장'(혹은 '전제－결론')을 제시하는 과정에서 독자들에게 근거를 명료하게 전달하기 위한 방법으로 표층 구조를 배열한 것으로 판단된다.

다음으로 학생들은 자신들의 주장을 본론 처음에 제시할 것인지 혹은 마지막에 제시할 것인지를 판단하였다. 일반적으로 정보의 위치 선정과 관련하여, 알려진 정보보다는 새로운 정보를 앞부분에 위치시키는 것이 정보들 간의 관계를 명료하게 보여주고, 독자들이 계층적인 구조를 파악하는 데 더 용이하다. 하지만 학생들은 알려진

설명적 텍스트 등의 정보 전달적 기능을 담당하는 텍스트에서 발견된다. '담화수반적 주제'란 텍스트 내용의 해석을 통해 구성되는, 암시적인 주제를 가리킨다. 광고, 우화, 연설문, 설교, 사설 등이 대표적인 예이다. '담화효과적 주제'는 필자가 반드시 의도했다고는 볼 수 없지만, 독자의 담화 수용에 의해 부수적으로 구성되는 주제를 가리킨다.

정보에 해당하는 우연성과 필연성에 관한 정보들을 먼저 제시하였고, 이를 토대로 하여 자신의 주장을 제시하였다. 이는 정보의 흐름상 자연계뿐만이 아니라 우리 일상생활에서도 우연 속에서 필연의 규칙을, 필연 속에서도 우연의 규칙을 발견할 수 있고, 이는 모두 인간의 노력에 의한 것으로 무엇보다 문제와 상황을 바라보는 개인의 사고방식, 태도가 중요하다는 주장을 펼치는 데 유용한 구성이기 때문이다.

학생들은 논증의 목적에 맞게 본론의 내용을 배열한 후, 지금까지의 내용을 돌아보면서 서론과 결론의 내용을 추가하고 전체 글의 얼개를 완성하였다. 글의 결론에서는 본론에서 밝힌 내용을 간단히 요약하였다. 그리고 글의 주제를 다시 한번 강조하기 위하여, 주제와 관련된 "기회는 준비된 정신에게만 찾아온다"는 루이 파스퇴르[75]의 말을 인용하였다.

학생들은 서론 부분에서 문제 상황을 인식하고 이를 제기하는 내용을 생성하였다. 이를 위해 알렉산더 플레밍의 "과학의 80%는 우연을 통해 이루어진다"는 말을 인용하였다. 학생들은 알렉산더 플레밍의 말을 통해, 문제 상황을 직접 제시하고, 앞의 상황이 해결해야 할 문제를 안고 있음을 밝히고자 하였다. 실제 글의 짜임에서 알렉산더 플레밍의 말은 본론1의 우연성을 강조하는 내용과 긴밀하게 연결되어 있다. 이것은 학생들이 서론 부분에서 무엇을 어떻게 쓰려고 하는지를 분명하게 보여 준다.

75 본고에서는 외국 사람 이름을 원어로 제시하고 있다. 하지만 '루이 파스퇴르'와 '알렉산더 플레밍'은 학생들이 작성한 글에서 인용한 것이기 때문에 학생들이 기록한 대로 외국 사람 이름을 한국어로 표기한다.

여기에서 한 가지 주목해야 할 점은 학생들이 글을 쓸 때, 다른 사람의 말이나 격언 등을 자주 사용한다는 점이다. 지금처럼 학생들이 작성하고 있는 글의 내용처럼 복잡하고 어려운 경우에, 인용하는 행동은 독자에게 신선한 느낌을 주는 장치가 된다. 따라서 독자의 관심을 끌고, 화제에 대한 흥미를 유발시키기 위해 주의를 환기시키기에 적절한 말을 인용했을 것이라 생각된다.

또 다른 이유는 학생들이 초등학교, 중학교, 고등학교 시절 경험했던 논술문 쓰기에서 찾을 수 있다. 학생들은 가장 일반적인 서론 구성의 방법으로 '도입 → 문제 제기 → 논의 방향'의 순서를 습득하였다. 이 경우 글머리를 끌어내는 방법으로, 동서고금의 명언을 인용한다든가 최근에 발생한 사건이나 사회의 이목을 끈 화제로 실마리를 잡거나 역사적 사건이나 고사(故事)로 시작하는 방법이 많이 강조되어 왔다.[76] 학생들이 화제와 관련된 분야의 전문가의 말을 인용한 것은 과거의 경험이 남아 있어, 과거의 담화 공동체의 관습에 맞게 자신의 생각을 전개한 것으로 보인다.

이렇게 필자가 다른 사람의 말이나 격언 등을 인용하여 자신의 생각을 표현하는 경우는 이를 '과연 창의적인 것으로 볼 수 있는가'와 같은 의문을 제기할 수 있다. 인용한 내용을 원래 필자가 사용한 의미 그대로 사용한다면 창의적이라고 말할 수 없을 것이다. 하지만 글의 전체적인 흐름에 부합되는 인용 구절을 선택하여 의미를 구성한다는 것은 필자가 처한 입장과 상황을 반영하고 자신의 생각을 표

76 이 외에 글머리를 이끌어내는 방법으로, 때와 장소의 제시로 글을 시작한다(5H 1W식 사고 방식), 의문문으로 시작한다, 회화(會話)로 시작한다, 정의(定義)로 시작한다, 글 전체의 주제를 제시한다, 두 가지 사물의 비교나 대조로 시작한다, 자신의 입장을 밝힌다, 결론을 미리 말한다 등이 있다.

현한다는 점에서 새로운 의미의 형성으로 볼 수 있다.

이는 Bakhtin이 말하는 '이어성(heteroglosia)'과도 밀접한 관련이 있다. Bakhtin은 텍스트의 의미는 독점이 불가능하고 서로 다른 목소리와 이데올로기를 가진 타자들이 외부와 유기적 관련을 맺으며 형성된다고 보았다. 즉 '이어성'은 언어 사용자가 처한 입장과 상황을 반영하고, 그에 의해 형성되는 언어의 다양성을 뜻하는 것이다. 따라서 쓰기 과정에서 인용 구절의 사용은 개별적인 쓰기 상황 · 맥락과 연관을 맺으며, 새로운 의미를 형성한다고 볼 수 있다.

이와 같은 관점은 창의력의 개념을 양적으로 접근할 수 있는 여지를 좀 더 많이 남겨둔다. 한 편의 글에서 창의력을 판단할 때 독창적인 것 또는 독창적이지 못한 것으로 양분하기보다는 독창적이지 못한 것에서부터 매우 독창적인 것에 이르기까지 매우 다양하게 설정하는 것이 창의력을 판단하는 데 더 유용하다. 쓰기 상황 · 맥락과 인용 구절의 사용으로 인한 새로운 의미 형성의 관계를 양적으로 어떻게 설정해야 할 것인지는 앞으로 좀 더 고민해 보아야 하겠지만, 창의력을 양적으로 접근하여 판단하는 방법은 학생들의 역동적인 의미 구성 행위를 설명하는 데 기여할 수 있다고 생각한다. 지금까지 살펴본 '아이디어 창안 · 조직 단계'에서의 필자의 사고 과정을 그림으로 제시하면 다음과 같다.

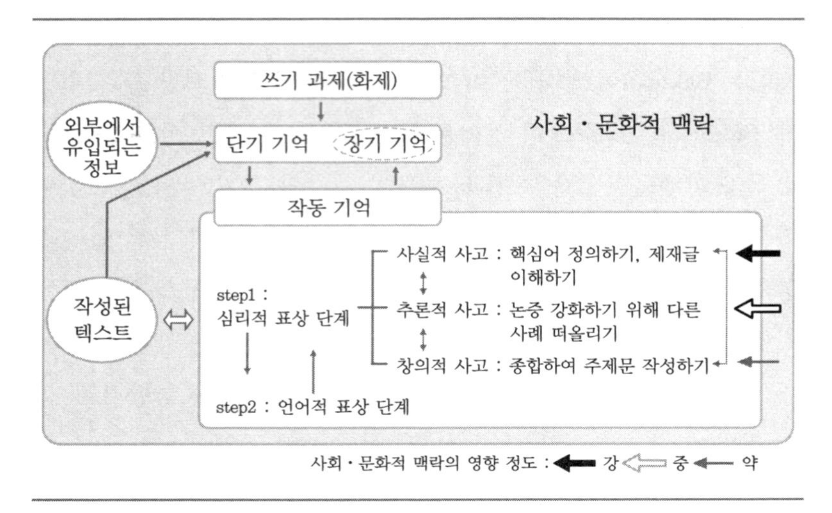

그림 15 아이디어 창안·조직하기 단계에서 필자의 사고 과정

학생들은 아이디어 창안 · 조직하기 단계에서 의미적으로 하나의 구조를 형성하였다. 다시 말해서 논증의 목적을 실현하기 위하여 주제와 관련된 아이디어들을 창안하고 이들 사이의 관계를 설정해 나갔다. 본 연구에서는 의미의 층위를 편의상 1차 층위의 거시 구조, 2차 층위의 거시 구조, 3차 층위의 거시 구조라고 부르기로 하였다.

학생들은 아이디어를 창안하고 조직하는 과정에서 1차 층위의 거시 구조로 논증 텍스트에 적합한 '서론－본론－결론'의 삼단 구조를 선택하였다.[77] 이후 본론의 내용을 구성하기 위해서 교재에 수록된

77 1차 층위의 거시 구조를 선택하지 않고 2차 층위의 거시 구조와 3차 층위의 거시 구조를 중심으로 제시글을 분석한 조도 있었다. 이들은 초기의 사고 과정이 모두 제시글을 사실적으로 이해하고 분석한다는 점에서 공통점을 지닌다. 그리고 추론적 사고의 과정을 거치면서 종적으로 횡적으로 의미 관계를 확장시키면서 비슷한 모습을 띠게 된다. 따라서 학생들이 선택한 거시 구조의 층위에 차이를 두지 않고, 1차 층위의 거시 구조를 선택한 조의 활동을 중심으로 설명한다.

제시글 '우연 없는 뉴턴의 세계', '엔트로피, 무질서의 법칙', '카오스 이론', '양자역학의 우연'을 분석하였다. 여기에서 학생들이 주제문을 작성할 때 떠올린 '클레오파트라의 코'와 '사라예보의 총소리' 이야기를 깊이 있게 다루지 않고, 교재에 수록된 글을 분석한 것은 논증의 목적을 실현시키는 데 논증 텍스트(제재글)가 지배적인, 그리고 직접적인 역할을 하기 때문이다. 이는 '통합 인지적 관점'에 입각하여, 쓰기 행위가 본질적으로 사회적 속성을 지니고 있기 때문에 학생들이 쓰기 과정에서 대학이라는 공간과 교재의 영향을 직접적으로 받은 것으로 보여진다. 학생들은 자신이 속한 공동체의 일원으로 쓰기 활동에 참여하기 때문에, 쓰기가 발생하는 상황 뒤의 공동체의 요구에 반응하며 학문 공동체가 가치 있다고 여기는 소재에 관심을 둔 것이라고 볼 수 있다. 따라서 아이디어 창안 · 조직 단계에서 필자의 사실적 사고 과정은 사회 공동체와 밀접한 관련이 있음을 말해준다.

학생들은 아이디어 창안 · 조직하기 단계의 사실적 사고 과정을 거치면서 분석한 제시글을 중심으로 종적으로, 횡적으로 의미 관계를 확장시켜 나갔다. 본론의 내용 구성을 살펴보면, '엔트로피 법칙'과 커피와 우유가 섞이는 현상, '카오스 이론'과 나비 효과 이론, '일상생활에서 우연성과 필연성의 의미'와 머피의 법칙과 샐리의 법칙은 횡적인, 종적인 의미 관계를 형성하면서 2차 층위와 3차 층위의 거시 구조를 이루고 있다.

학생들은 지금까지 창안한 내용을 중심으로 글의 주제와 목적을 고려하면서 본론의 내용을 배열하였다. 그런 다음, 서론과 결론의 기능에 적합한 세부 내용을 형성하였다. 이 과정에서 학생들은 다른 이들의 말을 인용하면서 자신의 생각을 표현하였는데,[78] 이 경우에 다른 작가의 요구, 공동체, 관습 등과 일치할 수도 있고 대립될 수도 있다.

Piaget에 의하면, 필자가 다른 이의 주장이 담긴 텍스트를 수용하는 과정은 필자 자신이 외부에서 들어온 정보와 배경지식 간의 정신적 균형을 추구하는 '평형화'를 획득하는 과정이다. '평형화'는 '동화'와 '조절'[79]의 통합 과정을 말하는데, 그가 설명하고 있는 '동화'와 '조절'은 학생들이 창안하고 조직한 내용이 창의적인가 아닌가를 판단하는 데 중요한 토대를 마련해 준다는 점에서 시사하는 바가 있다.

'동화'는 필자 자신의 생각이 외부에서 유입되는 정보와 동일한 경우에 발생하는 인지 과정에 해당한다. 이에 반해서 '조절'은 쓰기 과정에서 필자가 자신의 생각이 사회 · 문화적 관습과 부합되지 않은 경우에 해당한다. 이는 다시 두 가지로 나눌 수 있다. 하나는 쓰기 과정에서 종종 필자 자신의 생각이 사회 · 문화적 관습에 부합되지 않을 경우, 담화 공동체의 관습을 따르는 경우이다. 이는 쓰기 과정에서 수사학적 맥락이 종종 권위와 힘을 수반하게 되는 경우를 말한다. 또 다른 경우로는 필자가 자신의 생각과 사회 · 문화적 관습이 일치하지 않는 경우, 주체적으로 해석하고 그것을 자신의 경험에 위치

78 아이디어를 창안하고 조직하는 과정에서 필자는 책뿐만이 아니라 연설, 인터넷, 신문 등에서 사용하는 말이나 이야기를 다른 텍스트와 관련지으면서 새로운 의미를 구성하기도 한다.

79 '동화'는 배경지식을 바탕으로 새로운 내용을 받아들이는 것을 말하고, '조절'은 기존의 배경지식으로는 새로운 내용을 받아들일 수 없어서 기존의 배경지식을 변형시켜 또 다른 새로운 배경지식을 수립하는 것을 의미한다.

시킴으로써 새로운 의미를 구성하는 경우이다. 이는 필자 혹은 담화 공동체 어떤 한쪽이 다른 한쪽에게 일방적으로 영향을 주거나 일치를 강요하는 관계가 아니라, 서로 갈등과 다툼을 통해 의미를 구성하는 것을 말한다. 쓰기에서 의미 구성이 필자와 독자, 개인과 집단의 대화에 의해서 이루어진다고 본다면, 전자는 Vygotsky의 내적 대화와 밀접한 관련을 맺고 후자는 Bakhtin의 내적 대화와 밀접한 관련이 있다고 볼 수 있다.

'동화'와 '조절', 'Vygotsky와 Bakhtin의 내적 대화'의 개념을 창의력과 관련지어 보면, 쓰기 과정에서 서로 다른 표현 방식이나 조직 방식, 주제, 태도 등 복수의 소리에 직면할 경우 '동화'보다는 '조절' 기제에 의해서 창의적 사고가 일어나며, Vygotsky의 내적 대화보다는 Bakhtin의 내적 대화의 과정을 거치면서 창의적 사고에 도달하게 된다고 볼 수 있다.

이러한 관점을 학생들이 서론과 결론의 세부 내용을 생성하는 과정에 적용시켜 보면, 다른 이들의 의견을 수용하여 인용하는 것은 '동화'와 '조절'의 인지 과정을 바탕으로 하여 새로운 의미를 구성한다는 점에서 창의적이라고 할 수 있다. 다만 '어느 정도 창의적인가'라는 양적 측정의 문제가 남게 되는데, 이 문제는 앞으로 좀 더 관심을 가질 필요가 있다.

4) 표현하기 단계

필자가 완성한 글을 독자가 읽는다고 할 때, 독자는 필자가 글을 쓸 때 접했던 원래의 상황과는 분리된 시·공간에서 의미를 파악하게 된다. 즉 필자와 독자 사이에는 상황에 대한 공통적인 지각없이 의사소통이 이루어진다. 그러므로 필자는 자신이 표현하고자 하는 의미를 독자가 텍스트를 통해 충분히 이해할 수 있도록 명확하게 표현해야 한다.

박영목(2008)은 글의 내용을 효과적으로 표현하기 위해서는 표현하고자 하는 내용에 적합한 어휘를 선택해야 하고, 문장을 정확하고 효과적으로 구성해야 한다고 제안하고 있다. 글을 쓰는 과정에서 창안하고 조직한 내용을 적절한 언어로 표현하는 방법에는 여러 가지가 있을 수 있다. 같은 내용을 전달하는 글이라도 그것을 표현하는 언어가 다르면, 표현에 대한 독자의 반응은 물론, 글의 전달 효과가 달라진다. 그는 글의 내용을 효과적으로 표현하기 위해서 적절한 단어의 선택뿐만 아니라 적절한 문장 구조[80]의 선택도 필요하고 여러 가지 표현 기법을 사용할 수 있다고 설명하고 있다.

결국 성공적인 의사소통을 위해서 필자는 자신의 머릿속에 입체적으로 구조화되어 있는 의미를 선형적 언어 형태로 명확하게 나타내야 한다. 입체 도형을 전개도에 옮겨 그리는 것과 같이, 의미 관계를 언어화하는 경우에는 의미를 이루는 요소뿐만이 아니라 의미 관계를 알려 주는 정보 또한 언어화해야 한다. 텍스트의 구조는 기저의 의미 구조와는 독립적으로 여러 가지 장치를 통해 의미 관계를 명시화하는데, 이를 '텍스트의 의미 구조 표지'라고 부른다. 다음에서는 미시 구조 수준에서 학생들이 하나 혹은 그 이상의 명제에 해

80 문장은 구조에 따라 크게 '홑문장'과 '겹문장'으로 나눌 수 있고, 겹문장은 다시 '이어진 문장'과 '안은 문장'으로 나눌 수 있다. 하나의 문장은 여러 가지 방식으로 확장될 수 있는데, 여러 가지 문장 구조들 가운데 어떤 구조를 선택하느냐에 따라 표현의 효과는 달라지게 된다.

당하는 의미 관계를 텍스트 표층의 언어 장치들을 통해 어떻게 명시화하는지를 밝혀보고자 한다. 이를 위해 학생들이 글쓰기 시간에 작성한 글을 분석해 보고, 『글쓰기와 토론』I장인 '바르고 좋은 문장'의 수업 활동을 관찰해 보고자 한다.

(1) 표현하기 단계에서의 사실적 사고 과정

필자는 쓰기 과정에서 마음속으로 구성한 명제들 간의 의미적 관련성을 문장의 표층으로 명시화할 때, 문장의 연결과 관련된 언어 지식을 장기 기억에서 기억해 내거나 필요한 정보를 책을 통해서 획득하게 된다. 쓰기 과정에서 필자가 구성하게 되는 의미 관계로는 나열, 부가, 상세화, 인과, 비교・대조, 문제・해결 등이 있는데, 이들 의미 관계가 언어화되는 과정을 학생글의 분석을 통해서 구체적으로 파악해 보고자 한다.

(ㄱ) 환경 문제는 ㉠사회 안에서 살아가는 사람들의 삶의 질에 관한문제이며, 또한 ㉡특정한 사회에서 여러 가지 사회적 원인 때문에 나타난 사회적인 문제이다.
(ㄴ) 예를 들어, 우리는 환경오염의 피해에서는 사회적 불평등이 발생하지 않을 것이라고 생각하기 쉽지만, 환경오염의 피해는 주로 생물학적인 약자와 사회적인 약자에게 먼저 나타나고 있다.

(ㄱ)과 (ㄴ)의 관계를 살펴보면, (ㄱ)부분에서는 '환경 문제를 사회 문제

로 바라봐야 한다'는 명제와 ㈁부분에서는 '환경오염의 피해가 생물학적인 약자와 사회적인 약자에게 먼저 나타난다'는 명제가 제시되어 있다. ㈀부분의 명제와 ㈁부분의 명제는 '일반적 진술－구체적 사례' 관계를 이루는데, 위 글에서는 이러한 의미 관계가 상세화를 나타내는 표지 '예를 들어'로 표현되어 있다. 일반적 진술 부분인 ㈀에서는 환경 문제가 '사회 안에서 살아가는 사람들의 삶의 질에 관한 문제'이고 '특정한 사회 안에서 사회적 원인으로 인해 발생하는 문제'라는 두 개의 명제가 제시되어 있다. ㈁에서는 이들 명제의 대등한 관계가 나열을 나타내는 표지 '-며', '또한'을 통해 명시화되어 있다.

> ㈂ 오늘날의 환경 문제는 산업화와 과학 · 기술 그 자체에 원인이 있다. 지금까지 과학 · 기술의 발전을 바탕으로 이룩한 경제 개발은 환경을 지속적으로 악화시켰으며, 그것은 물질 만능주의를 조장하면서 환경을 더욱 파괴하는 방향으로 나아갔다.
>
> ㈃ 따라서 환경 문제를 해결하기 위해서는 ㉢경제 성장보다는 자연생태계의 보존과 회복에 중점을 두어야 하고, ㉣이를 위해 물질주의적 가치관을 수정해야 한다고 생각한다.

㈂과 ㈃의 관계를 살펴보면, ㈂부분에서는 환경 문제의 원인이, ㈃부분에서는 원인과 관련된 환경 문제를 해결하기 위한 방안이 제시되어 있다. ㈂부분의 명제와 ㈃부분의 명제는 서로 '문제의 원인과

해결 관계'를 이루는데, 위 글에서는 원인과 해결의 개념을 드러내는 어휘를 통해 의미 관계가 명확하게 언어화되어 있다.[81] 일반적으로 문제에 대한 해결책은 여러 가지 방안이 함께 제안되는 경우가 많다. 마찬가지로 ㉣부분에서도 환경 문제에 대한 해결책으로 '생태계의 보존과 회복 중점을 두어야 한다'와 '물질주의적 가치관을 수정해야 한다'는 두 가지 명제가 제시되어 있다. 이들의 의미 관계는 나열을 나타내는 표지인 '-고'를 통해 명시화되어 있다.

이상에서 알 수 있듯이, 학생들은 미시 구조 수준에서 개개 명제들의 관계를 표지를 사용하여 언어화함으로써 의미나 명제들 간의 흐름을 원활하게 하고 있다. 쓰기 과정에서 이 단계는 언어 지식을 단편적으로 활용하는 경향이 강하다는 점에서 표현하기의 사실적 사고 과정으로 보는 것이 바람직하다고 생각된다.

(2) 표현하기 단계에서의 추론적 사고 과정

필자는 문장 내에서는 물론, 문장 사이에서의 의미상의 관계를 효과적으로 표현하기 위해 문장 내를 연결하는 연결어미의 사용 양상과 문장 내외를 연결하는 접속부사의 사용 양상 등을 고민하게 된다. 연결어미는 하나의 의미 기능만을 지니고 있는 것이 아니라, 서로 의미적 유의성을 띠며 복잡하게 얽혀 있다.

여기에서 어떤 언어 장치를 통해, 의미 관계를 표현할 것인가 선택하는 일은 여러 가지 문장 구조들 가운데 어떤 구조를 선택하느냐

81 '문제－해결' 관계에 대한 인식은 한국어 화자의 경우 다른 종류의 관계보다 미약하다. 따라서 '문제－해결' 관계를 나타내는 표지의 수가 적다. 문제를 나타내는 표지로는 '위하여, -도록, -에 대하여' 등이 있고 해결을 나타내는 표지는 발견되지 않는다.

와 밀접한 관련을 맺고 있고, 이에 따라 텍스트의 표현 효과 또한 달라지게 된다. 문장은 구조에 따라 크게 '홑문장'과 '겹문장'으로 나누어지고, 겹문장은 다시 '이어진 문장'과 '안은 문장'으로 나누어진다. 홑문장은 개별적인 명제를 명확하게 드러낼 수 있다는 장점이 있지만 산만하고 설득력이 떨어진다는 단점이 있다. 겹문장은 두 명제의 의미 관계를 잘 드러낼 수 있다는 장점이 있지만 문장의 길이가 길어져 의미 파악하는 데 어려움이 있다는 단점이 있다.

만약 위에서 살펴본 ㉠과 ㉡의 의미 구조를 언어화한다면, 필자는 어떤 표지를 사용할 것인지, 표지를 어느 정도 상세화할 것인지, ㈀의 경우처럼 표지를 두 가지 겹쳐 써서 나열의 의미를 부각시킬 것인지, 개별 명제의 의미를 부각시킬 것인지 아니면 명제들 간의 의미 관계를 부각시킬 것인지 등을 판단해야 한다. 다음은 실제 다양한 표지를 사용하여 ㈀부분을 작성해 본 예이다.

㈀ 환경 문제는 사회 안에서 살아가는 사람들의 삶의 질에 관한 문제이며, 또한 특정한 사회에서 여러 가지 사회적 원인 때문에 나타난 사회적인 문제이다.

→ 환경 문제는 사회 안에서 살아가는 사람들의 삶의 질에 관한 문제이다. 그리고 특정한 사회에서 여러 가지 사회적 원인 때문에 나타난 사회적인 문제이다.

→ 환경 문제는 사회 안에서 살아가는 사람들의 삶의 질에 관한 문제이다. 뿐만 아니라 특정한 사회에서 여러 가지 사회적 원인 때문에 나타난 사회적인 문제이다.

→ 환경 문제는 사회 안에서 살아가는 사람들의 삶의 질에 관한 문제이다. 아울러 특정한 사회에서 여러 가지 사회적 원인 때문에 나타난 사회적인 문제이다.
→ 환경 문제는 사회 안에서 살아가는 사람들의 삶의 질에 관한 문제이고, 특정한 사회에서 여러 가지 사회적 원인 때문에 나타난 사회적인 문제이다.
→ 환경 문제는 사회 안에서 살아가는 사람들의 삶의 질에 관한 문제이며, 특정한 사회에서 여러 가지 사회적 원인 때문에 나타난 사회적인 문제이기도 하다.

이러한 판단은 표현해야 하는 의미 구조가 바뀌거나 대상 독자가 바뀌는 등 상황이 바뀌면 달라지게 된다. 그런데 표지를 효과적으로 이용하는 것이 빈틈없이 표지를 사용하는 것과 동일한 의미를 지니는 것은 아니다. 물론 좋은 글은 표지 사용이 정확하고 충실하여 의미 구조를 빈틈없이 표현했을 때 일단 가능하다. 하지만 빈틈없는 표지 사용만이 좋은 글을 만드는 것은 아니다. 다음은 두 학생이 작성한 글의 일부분을 제시한 것이다.

(ㅁ) 사회에서 요구하는 모습을 보여주는 것이 아니라 정말 자기 자신이 되는 것이다. 왜냐하면 사회에서 요구하는 모습과 본래 자신의 모습은 차이가 있고, 그 차이는 위에서 말한 듯이 우울증과 불안을 불러 일으키기 때문이다. 예를 들어 대학생

새내기 오리엔테이션만 봐도 알 수 있다. 오리엔테이션만 봐도 선배들은 활발하고 장지 자랑을 잘 하기를 요구한다.

(ㅂ) 융의 말은 중년뿐만이 아니라 대학생들에게도 상당한 의미가 있다. 최근 고질적인 취업란과 높아지는 실업률, 끝이 보이지 않는 경기 침체 등의 대내·외적인 사회적 문제 사이에서 고민하고 있는 대학생들은 사회가 요구하는 페르소나 뒤에 숨어 진정한 자기 자신을 찾지 못하고 있다. 최근 사회가 요구하는 페르소나는 외향적 성격, 원만한 대인 관계, 뛰어난 화술, 유머 감각, 따뜻한 카리스마 등이다.

(ㅁ)과 (ㅂ)은 모두 의미 구조를 가지고 있고, 이를 개념 명제로 표현하고 있다는 점에서 공통점을 지닌다. 하지만 (ㅁ)에서는 의미 관계를 알려 주는 정보를 표지를 통해 빈틈없이 드러내고 있고, (ㅂ)에서는 명료한 표현을 위해서 표지 사용을 조절하고 있다는 점에서 차이점이 존재한다.

(ㅂ)을 작성한 학생에게 표지를 생략한 이유를 묻자, "표지를 사용하지 않아도 의미가 충분히 전달된다고 생각했습니다. 그리고 제가 읽고 있는 대부분의 책이 이와 비슷한 방식으로 쓰였습니다"라고 대답했다. (ㅂ)학생의 응답에서 알 수 있듯이, 의미 구조가 명료하고 그에 의해서 개념 명제만으로 정확한 표현이 가능하다면, 미시 구조 수준에서 표지는 생략될 수 있다. 또한 글쓰기 수업이 대학이라는 공간에서 이루어진다는 점을 염두에 둔다면, 이 글을 읽는 독자로 교수나 동료 등의 유능한 독자를 상정하여 표지 사용을 줄일 수 있다.

지금까지의 쓰기 활동은 의미 관계를 중심으로 글의 목적이나 독자, 맥락을 고려하면서 여러 표지 유형 가운데 무엇을, 어떻게 실현시킬 것인가를 계속해서 궁리한다는 점에서 추론적 사고 과정으로 파악하는 것이 가능하다.

(3) 표현하기 단계에서의 창의적 사고 과정

『글쓰기와 토론』I장인 '바르고 좋은 문장'에서는 언어 지식 가운데 정확한 문장 쓰기를 중요하게 다루고 있다. 여기에 제시되어 있는 문장들은 표현하기 단계에서의 사실적 사고 과정이나 추론적 사고 과정을 거치면서 생성된 문장들이라고 할 수 있다.[82] 언어 지식과 관련된 내용은 주제의 명확한 표현, 주어와 서술어의 호응, 접속의 일관성 유지, 모호한 수식 표현, 의미적 측면, 기타 성분과 호응, 표현적 측면 7가지로 구성되어 있다. 아래에서는 '접속의 일관성 유지' 항목과 관련하여 학생들의 고쳐쓰기 활동을 중심으로 한 사고 과정을 살펴보기로 한다.

82 『글쓰기와 토론』(2009)의 I장은 말과 글의 기본인 '바르고 좋은 문장'에 대한 원리를 실습할 수 있도록 꾸며져 있다. I장은 제시된 문장의 잘못된 점이나 적절하지 않은 표현을 바르게 고쳐서 쓰도록 구성되어 있다. 이는 규범적 언어 교육을 달성하기에 적합한 활동 자료이다. 교재를 활용하여 수업을 진행해야 한다는 교육 현장의 제약으로 인해, 본 연구에서는 교재에 제시된 문장을 필자가 사실적 사고 과정이나 추론적 사고 과정을 거치면서 생성한 문장이라고 보았다. 이러한 생각을 바탕으로, 실제 수업에서 I장을 규범적 차원에서 접근하지 않고 의미를 생산하는 표현하기 단계로 진행하였다.

(ㅅ) 이 말은 작품에 대한 그의 신념을 반영하고 있으며 낭만주의 작가로서의 기본자세를 엿볼 수 있다.
(ㅇ) 아무리 돈이 많고 생활의 편리를 추구한다고 해도 남의 입장을 허용하지 않는 행위는 허용될 수 없다.
(ㅈ) 올해에는 사법고시에 떨어질 줄 알고 있었다가 붙게 되었다.

위의 문장들은 필자가 마음속으로 표상한 의미 관계를 문장의 표층으로 나타낼 때, 동일하지 않은 격이나 문법 단위로 접속을 한 경우, 부적절한 연결어미를 사용한 경우에 해당한다.

일반적으로 여러 명제들이 의미 관계를 형성하며 하나의 문장으로 접속될 때, 동일한 말은 생략될 수 있다. 단 이때의 격은 동일해야 한다. 그런데 (ㅅ)에서는 선행 문장에서 '이 말'은 주어인데 반해 후행문에서의 '이 말'은 처격어이다. 따라서 동일한 격으로 볼 수 없으므로 후행문에서 '이 말'은 생략될 수 없다. 학생들은 (ㅅ)을 '이 말은 작품에 대한 그의 신념을 반영하고 있으며, 이 말에서 낭만주의 작가로서의 기본자세를 엿볼 수 있다.'와 같이 어법에 맞도록 바르게 고쳐서 제시하였다.

(ㅇ)의 경우는 '돈이 많다'와 '생활이 편리하다'는 의미를 '돈이 많고 생활의 편리'라는 형태로 접속한 것이다. 이들은 각각 내포문과 명사구로 동일하게 접속될 수 없는 문법 단위이다. 학생들은 (ㅇ)을 '아무리 많은 돈과 생활의 편리를 추구한다고 해도 남의 입장을 허용하지 않는 행위는 허용될 수 없다.'[83]와 같이 바꾸어 표현하였다.

다음으로 ㈜의 경우를 살펴보면, 필자는 연결어미를 선택할 때, 선・후행절이 갖는 통사 관계나 의미 관계, 형태론적 구성 관계 등에 관한 배경지식을 활용하는 단계가 필요하다. '-다가'는 행위의 중단을 뜻하는 연결어미로, ㈂의 경우처럼 선행절에서 기대했던 사건과 반대되는 사건이 후행절에서 일어나게 되는 의미 관계를 나타내기에는 부적절한 연결어미이다. 학생들은 의미 관계를 중심으로 적절한 연결어미를 선택하여 ㈜을 '올해에는 사법고시에 떨어질 줄 알고 있었는데 붙게 되었다.'라고 바꾸어 표현하였다.

여기에서 한 가지 주목할 점이 있다. 학생들이 글을 쓸 때 어떤 기준으로 연결어미를 선택하느냐 하는 점이다. 학문적인 측면에서 접속어미를 체계화하는 경우라면, 통사적인 특성이 가장 우선시될 것이다. 통사적 특성은 명시적이고 논리적인 지식의 체계화를 가능하게 해 주기 때문이다. 하지만 쓰기 과정에서 필자가 활용하는 언어 지식은 전문적인 언어 지식 범주에 포함되는 통사 기능이나 형태론적 구성에 관한 지식이 아니다. 표현 단계에서 직면하게 되는 문제 상황을 극복하기 위해 의식적으로 떠올리거나 이미 자동화되어 있는 언어 지식은 의미・화용론적 기능과 더 밀접하게 관련되어 있다. 이상의 논의를 바탕으로, 표현 단계에서의 필자의 사고 과정을 그림으로 제시하면 다음과 같다.

83 교사용 지도서에는 '아무리 돈과 생활의 편리를 추구한다고 해도 남의 입장을 허용하지 않는 행위는 허용될 수 없다'와 같이 고쳐쓰도록 제시하고 있다. 필자가 말하고자 하는 의미를 전달하기 위해서는 '돈이 많다'에서 '많다'는 의미가 표현되는 것이 마땅하고, 이어진 언어 형식과의 접속을 고려하더라도 학생들이 고쳐쓴 표현이 더 타당하다고 생각한다. 따라서 연구자는 학생들이 고쳐쓴 문장을 인정하고 따로 교사용 지도서에서 제시하고 있는 예시 답안을 설명하지 않았다.

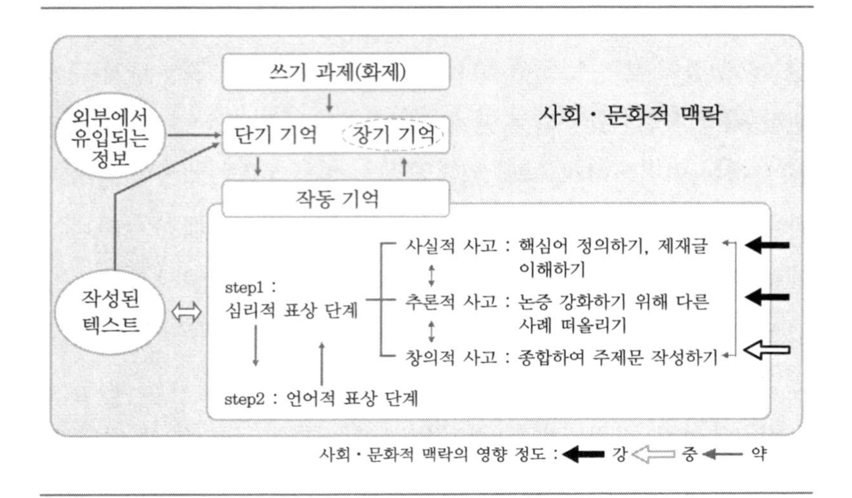

그림 16 표현하기 단계에서 필자의 사고 과정

표현하기 단계에서는 학생들이 사실적 사고와 추론적 사고 과정을 거치면서 다른 쓰기 단계보다 빠르게 창의적 사고에 도달하는 것을 확인할 수 있다. 이는 학생들의 인지 발달에 따른 언어 발달에 관한 연구를 살펴보면, 학생들이 창의적 사고에 쉽게 도달한 까닭을 쉽게 이해할 수 있다. 우리나라 어린이들의 국어습득 과정에 관한 김종록(1991:207-209)의 연구를 살펴보면, 유아기(0-6)인 2세경에 모국어 생활에 필요한 음운을 거의 습득하게 되고 5-6세경에는 3,000개 정도의 어휘를 습득하게 된다. 이 시기에 거의 모국어에 내재되어 있는 문법 구조를 깨치고, 그 습득 순위는 대등, 시간 연속, 대립 및 인과 관계 접속이 먼저 사용되고, 그 후 한정, 조건 관계 등의 접속 구성이 쓰이게 된다. 아동기(7-12)가 되면 모국어 화자다운 음운을 거의 습득하고, 9-12세가 되면 부정, 사동, 피동, 접속 및 내포 등의 통사적 구성 능력이 크게 발달한다. 대학교 1학년 학생들은 언어 지식을 실제 쓰임을 통해 의미 기능별로 체계적으로 익혔고 통사적 구성 능력 또한 완성되어 있기 때문에, 쓰기의 상황·맥락 속에서 언어 지식이 통합적으로 발휘된 것이라고 볼 수 있다.

학생들이 표현하기 단계에서 창의적 사고 과정에 쉽게 도달하는 것이 가능한 또 다른 이유로는, 표현하기 단계가 담화 공동체의 규범적 약속이나 담화 양식에 많은 영향을 받는다는 점을 들 수 있다. 쓰기는 표면적으로는 독백적 행위인 듯 보이지만, 쓰기 행위는 항상 독자에 대한 반응으로 그리고 독자의 반응을 지향하여 일어난다. 따라서 필자는 독자와의 원활한 의사소통을 이루기 위해 담화 공동체의 관습에 맞게 자신의 생각을 표현해야 한다.

표현 단계에서 필자가 자신이 구성한 의미 관계를 창의적으로 표현했다고 하더라도 Bakhtin이 설명하는 나와는 다른 목소리를 지닌 타자와 경쟁하고 갈등하며 발전하는 대화 행위로 보기는 어렵다. 이는 오히려 Vygotsky가 설명하는 대인 관계를 유지하기 위해서 이루어지는 대화의 성격이 강하다. 결론적으로 표현하기 단계에서는 사회·문화적 맥락 요소와 텍스트 요소가 의미 구성 과정에 강하게 영향을 미치며, 다른 쓰기 과정에 비해서 필자 개인의 인지 과정이 약하게 작용한다는 것을 알 수 있다.

03 쓰기 전략과 쓰기적 사고력과의 상관성

필자는 자신의 생각이나 느낌을 언어로 표현하기 위해서 복잡하고 힘겨운 사고 활동을 하게 된다. 필자는 한 편의 글을 쓰는 과정에서 부딪치게 되는 문제를 필자 자신의 지식과 여러 가지 문제 해결 전략을 사용함으로써 주어진 과제를 해결해 나가게 된다. 즉, 쓰기 과제와 관련하여 문제를 발견하고, 이를 해결하기 위한 목표를 설정하고, 일련의 조작 과정을 거치는 동안 전략[84]을 사용하여 문제를 해결해 나간다. 이때 필자가 사용하는 전략들은 모두 사고 기능과 밀접하게 연관된다. 따라서 쓰기 전략에 수반되는 사고 기능을 살펴보는 일은 쓰기 과정을 통해 사고력 함양이 가능하다는 점을 밝히는 일이 된다. 다음은 필자가 쓰기 과정에서 부딪치게 되는 문제를 해결하는 데 사용하는 쓰기 전략을 계획하기 단계, 아이디어 창안·조직하기 단계, 표현하기 단계로 나눈 후, 쓰기 기능과의 상관성을 분석하여 제시한 표이다.

84 앞서 '쓰기 기능'과 '쓰기 전략'은 쓰기 능력을 보는 서로 다른 관점에서 나온 것으로 파악하고, 이를 문제 해결의 쓰기 과정에 대한 지식 소유 여부로 구분하였다. '쓰기 기능'은 쓰기 과정에 대한 인식 없이 언어를 사용하는 것을 말하고, '쓰기 전략'은 달성하고자 하는 목표와 문제 해결을 시작하는 현재 상황에 대한 인식, 그리고 목표를 달성할 수 있는 방법에 대한 인식을 토대로 언어를 사용하는 것을 뜻한다.

표 6 쓰기 전략과 쓰기적 사고력과의 관계

쓰기 과정	과정별 쓰기 전략과 사고 기능		
	과정별 쓰기 전략	쓰기적 사고력 中 인지 조작	
계획하기	○ 초점 맞추기 전략 ㅇ 문제 이해 및 분석하기 ㅇ 글쓰기 상황 분석 • 목적 설정 및 분석하기 • 독자 설정 및 분석하기 • 필자 자신 분석하기 • 조건 분석하기 ㅇ 장르 형태 고려하기	− 이해하기 분석하기 − 추론하기 추리하기	
아이디어 창안 · 조직하기	○ 지식 기반 활성화 전략 ㅇ 자료 수집하기 ㅇ 브레인스토밍(brainstorming) ㅇ 열거하기(listing) ○ 정교화 전략 ㅇ 수집한 자료 검토 ㅇ 중심 아이디어와 보조 아이디어 구분하기 ㅇ 아이디어들 간의 관계 파악하기 ○ 조직하기 전략 ㅇ 다발짓기(clustering) ㅇ 의미망 ㅇ 얼개짜기(outlining)	− 추론하기 추리하기 − 추론하기 추리하기 구분하기 분석하기 비교 · 대조하기 − 개념 형성 분류하기 관계 · 양식 파악 순서화하기	조정하기
표현하기	○ 의사소통적 전략 ㅇ 수사학적 기법 활용하기 ○ 문장 및 문단 쓰기 전략 ㅇ 어휘 선택하기 ㅇ 문장의 종류와 형태 선택하기 ㅇ 문단 쓰기	− 추론하기 추리하기 − 원리 이해하기 적용하기	

계획하기 단계에서는 글을 쓰기 전에 글을 쓸 준비를 하는 단계로, 쓰기 과제를 체계적으로 분석하여 이해하고 글을 쓰는 목적이 무엇인지, 내가 쓴 글을 읽을 독자는 누구인지 등을 생각하는 활동을 한다. 이러한 쓰기 과정에서는 '초점 맞추기 전략'이 필요하다.

'초점 맞추기 전략'은 쓰기 과정의 준비 단계에서 반드시 필요한 것으로 해결해야 할 문제와 문제 상황을 이해함으로써 구체적인 목표를 설정하고 목표를 해결해 나가기 위한 방향을 모색해 나가는 데 필요한 방법이다. '초점 맞추기 전략'은 문제를 면밀히 검토함으로써 해결해야 할 문제의 범위를 가장 핵심이 되는 사항으로 한정시키고, 한정된 범위 내에서 문제를 구성하는 각 부분들을 정확히 파악하게 한다. 또한 문제 자체와 쓰기 상황을 관련지어 글을 쓰는 목적과 예상 독자의 반응, 문제의 요구 사항 등을 분석하며 장르 형태를 고려하는 등의 글의 구체적인 방향을 파악할 수 있게 해 준다. 그러므로 계획하기 단계에서 '초점 맞추기 전략'을 활용하면, 쓰기 과제와 쓰기 상황을 이해하고 분석하는 과정에서 '이해하기'와 '분석하기'의 사고 기능들이 작동할 뿐만 아니라, 수사적 상황을 고려하여 텍스트의 방향을 모색하는 과정에서 '추론하기'와 '추리하기'의 사고 기능들도 작동하게 된다.

아이디어 창안 · 조직하기 단계에서는 글을 쓰기 위해 아이디어를 떠올리고 자료를 수집하는 활동을 하고, 이렇게 생성한 아이디어들 간의 관계를 고려하여 글을 어떤 순서로 배열하는 것이 좋을지 생각하는 활동을 한다. 이 단계에서는 '지식 기반 활성화 전략'과 '정교화 전략', '조직하기 전략' 등이 필요하다.

'지식 기반 활성화 전략'은 주어진 쓰기 과제와 관련하여 필자가 지닌 배경 지식과 외부에서 유입되는 정보를 바탕으로 보다 새로운 아이디어를 생산해 내는 데 도움을 준다. '지식 기반 활성화 전략'은 주어진 정보 이상으로 새로운 의미를 만든다는 점에서 '추론적 사고'와 밀접하게 관련된다.

주어진 지식을 활성화하여 새로운 의미를 생성하기 위해서는 '브레인스토밍(brainstorming)'과 '열거하기(listing)' 전략을 활용할 수 있다.[85] '브레인스토밍(brainstorming)'은 내용 생성을 위해 가장 보편적으로 사용하고 있는 것으로, 즉흥적으로 화제와 관련된 아이디어를 자신의 머릿속에서 떠올리는 활동이다. '열거하기(listing)'는 주제나 범주에 따라 관련 있는 내용을 나열하는 것을 말한다. 브레인스토밍과 열거하기를 통해 아이디어 창안·조직하기 활동을 하게 되면, 필자는 과제와 관련된 새로운 아이디어를 떠올리게 되고, 이 과정에서 필자가 의도를 하든 의도를 하지 않든 '추론하기'와 '추리하기'의 사고 기능이 작동하게 된다. '의도를 하지 않는다'는 것은 필자가 자각하지 못하는데도 저절로 추론과 추리하는 사고 기능이 일어날 수 있다는 것을 의미한다.

'정교화 전략'은 지식 기반 활성화 전략을 통해서 수집된 자료와 아이디어를 중심으로 이미 설정된 목표에 초점을 맞추어 체계적으로 정리함으로써 아이디어를 더욱 발전시키고 정교화시키는 방법이다. '정교화 전략'을 사용하여 글쓰기를 할 경우에 필자는 여러 정보들을 일정한 원리에 따라 체계적으로 정리하여 대상을 이해한 후,

85 이 외에도 지식 기반 활성화 전략으로는 토론하기, 깊이 생각하기, 여행, 면담, 회상, 읽기, 듣기, 즉석 말하기, 자유로운 쓰기, 조사, 매체를 통한 자극, 감각을 통한 자극, 역할놀이 등이 있다. 전략과 관련된 내용은 원진숙(1995), 엄훈(1996), 강미영(2001), 이재승(2002)에 자세히 설명되어 있다.

대상을 작은 부분으로 나누어가며 새로운 아이디어를 얻는다. 수집한 정보를 정리하는 과정에서 '구분하기', '분석하기', '비교 · 대조하기' 등의 '개념 형성'하는 사고 기능이 작동할 뿐만 아니라, 정리한 내용을 정교화하는 과정에서 '추론하기'와 '추리하기'의 사고 기능이 작동하여 세부적인 아이디어를 떠올리게 된다.

'조직하기 전략'은 지금까지 생성된 아이디어들과 이를 발전시키고 정리한 성과들을 토대로 하여, 텍스트의 틀을 조직하는 데 필요한 방법이다. 조직하기 전략에서 중요한 것은 텍스트의 응집성과 결속성을 고려하면서 자신의 주장을 효율적으로 조직하고 배열해 나가는 것이다. 조직하기 전략은 내용 조직의 원리와 밀접한 관련이 있다. 조직하기 전략은 '다발짓기(clustering)', '의미망', '얼개짜기(outlining)' 등을 통해 익힐 수 있다.

'다발짓기(clustering)'는 아이디어를 떠올린 후에 이들 아이디어를 관련이 있는 것끼리 묶는 방법이다. 다발짓기는 브레인스토밍과 연계하여, 브레인스토밍을 통해 생성한 아이디어를 관계있는 것끼리 묶어 볼 수 있다. '의미망'[86]은 마인드 맵(mind-map)을 활용한 것으로 머릿속에 들어 있는 생각들을 방사형으로 가시화하는 방법이다. 마인드 맵은 선, 색, 그림 등을 다양하게 활용하지만, 의미망에서는 색과 그림은 사용하지 않고 단어나 어구를 사용하여 생각을 확장하는 데 도움이 된다.[87] '얼개짜기(outlining)'는 글의 뼈대를 만드는 활동이

86 '의미망' 전략은 아이디어를 확장해 나간다는 점에서 '지식 활성화 전략'으로 활용할 수도 있다. 본 연구에서는 '의미망' 전략을 일정한 범주를 중심으로 앞의 정보와 관련이 있는 아이디어를 생성한다는 점에 주안점을 두어 '조직하기 전략'으로 보고자 한다.

87 '다발짓기'는 아이디어를 떠올린 후에 그것을 관련 있는 것끼리 묶는 활동인 반면

다. 일반적으로 얼개짜기를 할 때에는 '서론-본론-결론'의 3단 구성을 사용한다. 이 외에도 필자는 얼개를 짜는 방법으로 다양한 형태의 거시구조를 활용할 수 있다. 글의 거시 구조로는 앞서 살펴본 이삼형(1994)의 수집, 부가, 삭제, 인과, 이유, 비교·대조, 상세화, 문제·해결 등이 있다.

아이디어 창안·조직 단계에서 '다발짓기(clustering)' 전략을 사용하면, 여러 대상들 사이에서 공통적인 속성을 발견하여 개념을 형성하는 '분류하기' 사고 기능이 강하게 작용하게 되고, '의미망' 전략을 사용하면 정보와 정보 사이의 '관계나 양식 파악하기' 사고 기능이 작용하게 된다. '얼개짜기(outlining)' 전략을 활용하면, 이미 생성된 아이디어들 간의 관계를 고려하여 공통적인 속성끼리 묶어 주고, 이를 일정한 순서로 배열하는 과정에서 '구분·분류하기'와 '순서화하기' 사고 기능들이 작동된다.

표현하기는 앞에서 생성하고 조직한 것을 바탕으로 하여 초고를 쓰는 활동이다. 초고를 쓸 때에는 완벽하게 쓰려고 노력할 필요는 없다. 처음부터 완벽하게 써야 한다는 부담으로 인하여 한 줄 한 줄에 지나치게 집중하게 되면, 사고의 흐름을 방해하게 되고 글의 전체적인 흐름을 제대로 파악하지 못할 가능성이 높다. 또한 초고를 쓰면서 글씨와 맞춤법 등과 같은 기계적인 요소에 지나치게 치중할 필요는 없다. 초고를 쓸 때 기계적인 요소에 치중하면 할수록 내용에 대하여 관심을 갖기 어렵다. 초고를 쓸 때에는 의미에 초점을 두

에 '의미망'은 범주를 설정한 다음에 아이디어를 확장해 나가는 활동이다. 이렇게 볼 때 '다발짓기'는 수렴적 사고를 유도하고 '의미망'은 발산적 사고를 유도한다고 할 수 있다.

어 전체적인 흐름을 잡도록 하는 것이 중요하다. 물론 이것이 수사학적 원리나 좋은 글이 갖추어야 할 요소를 경시한다는 것을 뜻하는 것은 아니다. 주술의 호응, 적절한 접속사와 연결어미의 사용, 문장의 종류, 문장의 형태 등은 좋은 글이 되게 하는 데 나름의 역할을 담당한다. 그러므로 글씨나 문법 등과 마찬가지로 이들 기능적인 요소는 가능한 자동화되도록 하여, 세부적인 요소에 대해서는 특별한 의식을 요하지 않고 초고를 쓸 수 있도록 해야 한다. 그래야만 내용에 좀 더 치중하여 초고를 작성할 수 있게 된다. 표현하기 단계에서 고려되어야 할 전략으로는 '의사소통적 전략', '문장 및 문단 쓰기 전략' 등이 있다.

'의사소통적 전략'은 표현하기 단계에서 특히 중요한 것으로, 예상되는 독자의 요구가 무엇인지 정확하게 파악하여 독자가 이해하기 쉽도록 텍스트의 구조 및 내용을 전개해 나가는 방법이다. 필자는 글을 쓰는 목적, 독자의 관심과 독자의 요구, 문제에 대한 독자의 태도나 감정 등을 고려해야 한다. 더불어 주제와 관련하여 자기를 분석해 보는 활동도 필요하다. 주제와 관련하여 자신이 그 주제에 대하여 무엇을 얼마나 알고 있는지, 그 문제에 대한 자신의 관점은 어떤 것인지를 충분히 생각해 보는 활동을 한다. 필자는 독자의 이해를 돕기 위해 적절한 실마리를 제공하고, 쓰기 과제에 대해 필자가 다룰 수 있는 한계를 분명히 하는 등의 쓰기 과정을 거치는 동안 주어진 정보에서 출발하여 주어지지 않은 새로운 아이디어들을 떠올리게 된다. 대체로 수사학적인 기법을 활용하여 글쓰기를 하는 경우에는 '추론하기'와 '추리하기'의 사고 기능들이 작동하게 된다.

'문장 및 문단 쓰기 전략'은 좋은 글을 쓰기 위해서 어휘나 문장,

문단 등을 제대로 사용하는 방법과 관련된다. 좋은 문장을 쓰기 위해서는 간명하게 쓰는 것이 좋으며, 접속어를 적절하게 사용할 필요가 있다. 또한 좋은 문단을 쓰기 위해서는 문단의 주제를 분명히 하고 중심 내용과 뒷받침 내용 간의 관계를 명료히 하며 문단과 문단 사이의 관계를 분명히 할 필요가 있다. 표현하기 단계에서 '문장 및 문단 쓰기 전략'을 활용하면, 글을 쓸 때 문장이나 문단의 원리를 이해하고 적용하는 사고 기능이 작동하게 된다.

지금까지 살펴본 '쓰기 전략'과 '사고 기능'과의 관계는 상대적으로 비교했을 때 좀 더 밀접한 관련을 맺고 있다는 것을 뜻하는 것이지, 실제 쓰기 활동에서 이렇게 엄격하게 구별되는 것을 의미하는 것은 아니다. 그리고 쓰기 전략을 사용하여 생성된 의미 구성체의 수용 여부를 판단하는 과정에서 보다 복합적인 사고 기능들이 작동하게 된다.

통합 인지적 관점으로 본
쓰기 연구

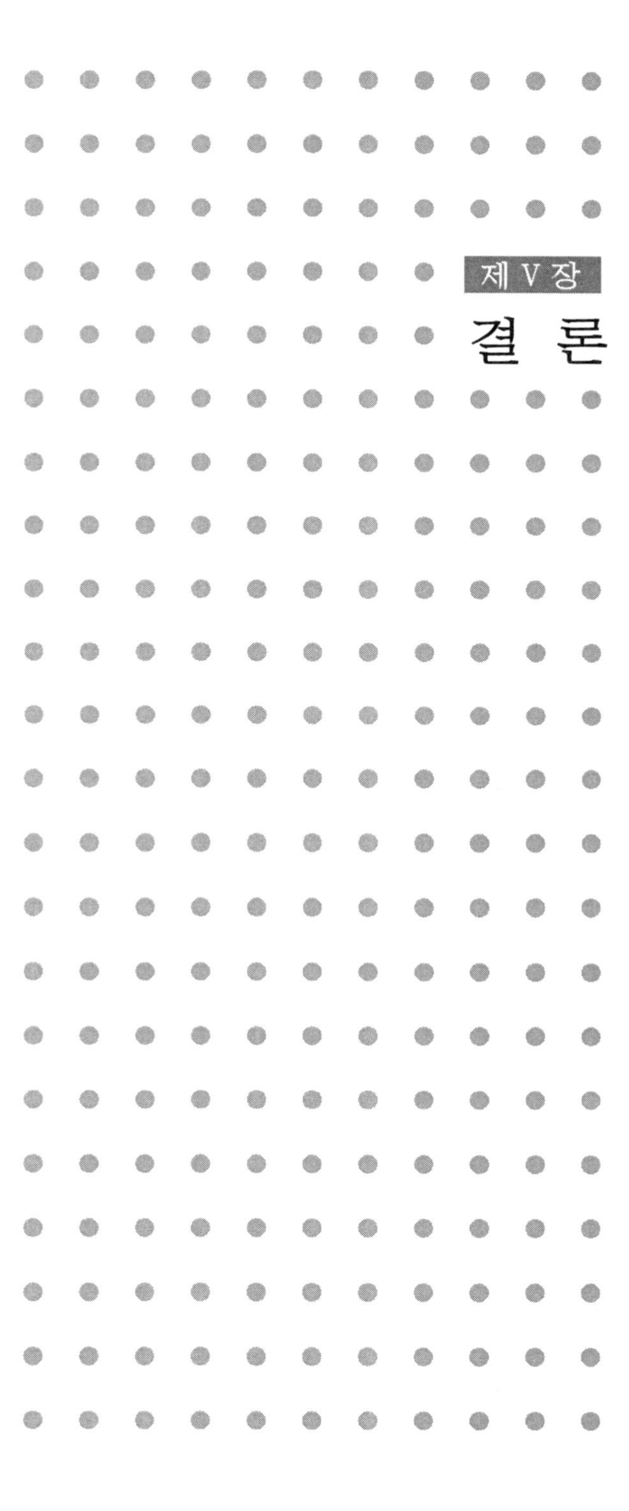

제 V 장

결 론

통합 인지적 관점으로 본
쓰기 연구

제 V 장

결 론

기존의 쓰기 이론에서는 쓰기 활동이라는 인간의 행위를 놓고 다각적인 설명의 뿌리를 갖기 위해 노력하였다. 이들 이론의 궁극적인 목적은 복잡한 성격을 지닌 쓰기 활동에 대한 실체를 밝히는 데 있다. 그런데 쓰기 현상을 온전히 설명하는 것은 쉽지 않다. 쓰기 활동에는 개별 필자의 내적 사고 활동, 텍스트의 형식주의적인 요소, 텍스트 생산에 관여하는 사회·문화적인 상황, 그리고 쓰기 활동 자체가 지닌 인지적 과정 등 다양한 요소들이 관련되어 있기 때문이다. 이에 본 연구에서는 사회·문화적 맥락 속에 위치한 개별 필자의 의미 구성 과정을 설명하기 위해서 새로운 관점인 '통합 인지적' 관점을 제시하고, 이를 모형화하는 데 그 목적을 두었다.

쓰기 이론은 의미 구성 결과로서 텍스트의 자율성을 중시하느냐, 의미 구성의 과정을 중시하느냐, 의미 구성 과정에서의 사회적 맥락을 중시하느냐에 따라 형식주의 쓰기 이론, 개인 인지주의 쓰기 이론, 사회 인지주의 쓰기 이론으로 구분된다. Ⅱ장에서는 기존의 쓰기 이론과 쓰기 모형에서 쓰기 현상을 어떻게 바라보고 있는지를 재조명해 보고, 이들 이론의 한계와 의의가 무엇인지 밝혀 보았다. 그리고 각 쓰기 이론을 대표하는 '단계적 쓰기 모형'(Roman & Wlecke, 1964), '인지적 쓰기 모형'(Flower & Hayes, 1980), '사회적 상호 작용 모형'(Nystrand, 1989)을 검토하면서 각 이론이 쓰기 현상을 어떤 관점으로 파악하고 있는지 살펴보았고 이것이 어떤 의의와 한계를 지니는지 구체적으로 고찰해 보았다.

기존 쓰기 이론과 모형에서 강조하는 관점으로는 필자와 텍스트, 독자를 둘러싼 사회·문화적 상황 사이의 상호 작용을 통한 의미 구성을 설명하기에는 부족한 점이 많다. 실제 쓰기는 필자와 독자, 이를 둘러싼 상황, 텍스트 사이에서 일어나는 상호 작용의 결과라고 보는 것이 타당할 것이다. Ⅲ장에서는 필자의 역동적인 의미 구성 행위를 인지적 요소를 토대로 한, 형식주의적인 요소와 상황·맥락적인 요소의 통합 과정으로 파악하여 '통합 인지적' 관점을 제시하였고 이를 모형으로 구안하는 데 필요한 원리를 마련하였다.

본 연구에서는 '통합 인지적' 관점에서 여러 쓰기 요소들의 통합을 가능하게 하는 원리로 '쓰기적 사고력'을 제시하였다. '쓰기적 사고력'은 쓰기 활동과 관련된 필자의 지적인 사고 능력을 말하는데, 이를 '쓰기 지식'과 '쓰기 인지 조작'으로 이루어져 있다. '쓰기 지식'과 '쓰기 인지 조작'은 상호 작용을 통해 동시적이면서도 통시적으로 발전해 나가는 독특한 기능적 관계를 맺고 있다.

'쓰기 지식'은 쓰기 내용과 쓰기 방법에 관한 것으로 필자의 장기 기억 속에 저장되어 있기도 하고, 쓰기 과정 중에 외부에서 입력되기도 한다. 필자는 텍스트를 생산하기 위해 자신이 지닌 텍스트와 관련된 구조적, 문법적 지식을 활용한다. 이때 필자가 지닌 언어 지식은 글쓰기를 가능하게 하는 기본 틀로써, 쓰기 상황에서 고정불변의 것이 아니라 언제나 변화 가능한 것이다. 본 연구에서는 필자가 쓰기 과정에서 활용하는 언어 지식을 장르 차원과 텍스트 차원, 그리고 통사적 차원으로 나누어 고찰하였다.

'쓰기 인지 조작'은 크게 '기초적 사고 기능'과 '복합적 사고 과정'으로 나누어지는데, '기초적 사고 기능'은 다시 이해, 개념 형성, 추론, 추리, 평가, 종합으로, '복합적 사고 과정'으로 사실적 사고, 추론적 사고, 창의적 사고로 나누어진다. 여기에서 사고의 과정이 엄격하게 순차성을 지니지는 않지만, 사실적 사고가 추론적 사고의 바탕이 되고 추론적 사고가 창의적 사고의 토대가 되는 연쇄적인 연결 반응으로 이해하였다.

Ⅳ장에서는 쓰기 과정에서 '쓰기적 사고력'이 토대가 되어 '언어 지식'과 '상황・맥락'의 요소가 어떻게 통합되어 가면서 의미를 생산하는지를 구체적인 모형으로 제시하였다.

계획하기 단계에서는 개별 필자의 사고 작용을 살펴보기 위해서 학생들에게 화제(topic)를 제시하고 한 편의 글을 완성하기에 앞서 주제문을 작성하도록 하였다. 학생들은 화제를 인식하고 제재글을 분석한 후, 자신의 논증을 강화하기 위해 화제와 관련된 다른 사례들을 떠올렸다. 여기에서 학생들이 사실적 사고와 추론적 사고 과정을 거치는 동안 자신이 속한 담화 공동체의 사회·문화적 맥락과 형식 요소의 영향을 받는다는 사실을 알 수 있다. 이후 그들은 나름의 기준을 사용하여 주제문이 타당한지 판단하기도 하고, 지금까지 구성된 의미를 통합하고 확장함으로써 새로운 주제문을 작성하였다. 계획하기 단계의 창의적 사고 과정은 학생들이 주체적으로 의미를 구성했다는 점에서 상황·맥락적 요소와 형식주의적 요소의 영향을 가장 적게 받는 사고 과정이라고 할 수 있다.

아이디어 창안·조직하기 단계에서 학생들은 텍스트의 목적과 주제에 적합한 3단 구성을 1차 층위의 거시 구조로 선택한 후, 주장을 뒷받침할 근거로 교재에 수록된 '엔트로피 법칙', '카오스 이론', '양자역학 이론' 등을 분석하였다. 그런 다음, 이를 중심으로 종적으로, 횡적으로 의미 관계를 확장시켜 나가면서 2차 층위와 3차 층위의 거시 구조를 조직하였다. 그들은 지금까지 생성한 의미 관계를 논증의 목적에 부합하도록 본론의 내용을 배열한 후, 서론과 결론의 기능에 적합한 세부 내용을 형성하였다.

아이디어 창안·조직하기 단계에서 학생들의 쓰기 활동을 살펴보면, 사실적 사고 과정에서는 형식이나 내용 선정하는 데 담화 공동체의 영향을 많이 받는다는 점을 알 수 있다. 반면에 추론적 사고와 창의적 사고 과정을 거치면서 새롭게 주제와 관련된 의미를 구성하는 과정에서 담화 공동체의 요구와 관습에 강하게 반응한다는 사실을 알 수 있다. 아이디어 창안·조직하기 단계에서 '창의적'이라고 말하는 경우는 Piaget의 '동화'와 '조절', 'Vygotsky와 Bakhtin의 내적 대화'의 개념을 빌려서 이야기하면, '동화'보다는 '조절' 기제에, Vygotsky의 내적 대화보다는 Bakhtin의 내적 대화에 더 가깝다고 볼 수 있다.

표현하기 단계에서는 성공적인 의사소통을 위해서 필자는 자신의 머릿속에 입체적으로 구조화되어 있는 의미를 선형적 언어 형태로 명확하게 나타내야 한다. 의미 관계를 언어화하는 경우에는 의미를 이루는 요소뿐만이 아니라 의미 관계를 알려 주는 정보 또한 언어화해야 한다. 본 연구에서는 미시 수준에서 학생들이 의미 관계를 언어화할 때 사용하는 표지를 중심으로 쓰기 활동을 살펴보았다.

그 결과, 다른 쓰기 단계보다 사실적 사고와 추론적 사고 과정을 거치면서 빠르게 창의적 사고에 도달하는 것을 확인할 수 있다. 이는 표현하기 단계가 담화 공동체의 규범적 약속이나 담화 양식에 많은 영향을 받기 때문이라고 생각된다. 표현 단계에서는 필자가 자신이 구성한 의미 관계를 창의적으로 표현했다고 하더라도 Bakhtin이 설명하는 나와는 다른 목소리를 지닌 타자와 경쟁하고 갈등하며 발전하는 대화 행위로 보기는 어렵다. 이는 오히려 Vygotsky가 설명하는 대인 관계를 유지하기 위해서 이루어지는 대화의 성격이 강하다고 볼 수 있다. 결론적으로 표현하기 단계에서는 사회 · 문화적 맥락 요소와 텍스트 요소가 의미 구성 과정에 강하게 영향을 미치며, 다른 쓰기 과정에 비해서 필자 개인의 인지 과정이 약하게 작용한다는 것을 알 수 있다.

이렇듯 필자는 자신의 생각이나 느낌을 언어로 표현하기 위해서 복잡하고 힘겨운 과정을 겪어야 한다. 내용 생성의 어려움을 겪기도 하고 생성한 내용을 언어화하는 과정에서 어려움을 겪기도 한다. 본고에서는 필자가 쓰기 과정에서 부딪치게 되는 문제를 해결하기 위해 갖추어야 하는 쓰기 지식과 기능, 전략과의 관계를 밝히고 단계별 전략과 사고 기능의 상관성을 분석해 보았다. 이를 통해 실제 쓰기 활동을 통해 사고력 함양이 가능함을 이론적으로 증명해 보았다.

한 편의 글을 쓰는 데 있어서 가장 중요한 영향을 미치는 것은 필자 요인이다. 필자는 쓰기 과정에서, 화제와 연관되는 정보와 자신이 이미 보유하고 있는 배경 지식을 결합하여 글 전체의 의미를 구성해 나간다. '통합 인지주의 쓰기 모형'은 사회 · 문화적 맥락 속에 위치한 개별 필자가 의미 구성하는 데 텍스트의 형식주의적 요소가 필자의 사고에 어떻게 작용하며, 이를 상황 · 맥락적 요소와 관련지어 필자의 사고 행위를 탐색하여 제시했다는 점에서 기존의 논의들과는 차이점을 지닌다. 본 연구가 가지는 의의는 다음과 같이 요약할 수 있다.

첫째, 본 연구에서는 필자가 자신이 속한 공동체 내에서 어떻게 의미를 생성하는가를 이론 연구과 관찰을 통해 밝혀 보았다. 그리고 이를 토대로 '통합 인지주의 쓰기 모형'을 구안하였다. '통합 인지주의 쓰기 모형'은 기존의 쓰기 이론과 쓰기 모형의 한계를 극복하고 필자가 사회 · 문화적 맥락 요인, 텍스트 요인, 관습 요인, 쓰기 활동 자체가 지닌 인지적 과정 등으로 구성되는 광범위한 환경 내에서 어떻게 의미를 구성하는가를 보여 주고 있다. 따라서 '통합 인지주의 쓰기 모형'은 다른 변인들과의 관계 속에서 쓰기의 현상을 실제에 가깝게 설명하고 있다는 점에서 그 의미를 찾을 수 있다.

둘째, 의사소통 행위로서의 쓰기는 필자와 독자 그리고 종이 위에 쓰인 언어 및 상황 등을 모두 포함한다. 하지만 의사소통을 위해서만 쓰기를 하는 것은 아니다. 많은 연구에서 밝혀졌듯이, 필자는 글을 쓰는 과정에서 높은 수준의 사고 행위를 하게 되고, 그 결과 문제 해결적 사고, 가치 판단적 사고, 합리적이며 창의적인 사고 등이 효과적으로 신장된다. 그런데 기존 연구에서는 언어활동이 어떤 사고 조작의 과정을 통해 이루어지는지에 대해서는 관심을 가지지 않았다. 이로 인해 쓰기 활동을 통해서 '어떻게' 사고력이 신장되는지, '왜' 신장되는지에 대해서는 설명을 하지 못하고 있다.

하지만 이를 본 연구에서 개념화한 '쓰기적 사고력'을 토대로 하여 살펴보면, 쓰기 과정은 독립된 화제의 지식 내용을 필요로 함과 동시에 이를 분류하고 조직하며 생산하는 여러 사고 활동과 결합되어 있다. 따라서 한 편의 글을 쓰는 과정은 기초적 사고 기능과 이들의 복합적 작용으로 촉진되는 사실적 사고나 추론적 사고, 그리고 창의적 사고 과정에 의해 결국에는 효과적인 표현에 도달할 수 있으리라는 설명이 가능해진다. 이는 궁극적으로 언어 사용 기능이 '쓰기적 사고력'에 관심을 가질 필요가 있다는 점을 말해 주는 것이다.

셋째, 본 연구에서는 필자가 의미를 구성하는 과정에서 여러 쓰기 요소들의 통합을 가능하게 하는 '쓰기적 사고력'의 개념을 분명히 제시하고 있고, 사고 조작의 범주와 과정을 밝히고 있다. 그리고 이를 토대로 구안한 '통합 인지주의 쓰기 모형'은 필자의 심리적 표상에서 출발하여 언어적 표상으로 결과가 나타나는 계층적 하향식 모델이다. '통합 인지주의 쓰기 모형'은 쓰기의 하위 과정에서 일어나는 순환을 '쓰기적 사고력'의 작용으로 명료하게 설명했다는 점에서 의의가 있다. 이는 텍스트를 생산하는 데 복잡한 필자의 인지 과정을 밝힘으로써, 사고력에 초점을 둔 쓰기 지도 프로그램을 만드는 데 약간의 토대를 마련한 연구라고 할 수 있다.

넷째, 통합 인지적 관점은 의미를 사고가 축적되는 것이 아니라,

구성되고 생산되는 구성주의 철학을 기반으로 하고 있다. 따라서 필자는 가지고 있는 언어 지식을 통해 상황과 맥락에 따라 개인 스스로 사유하고 의미를 구성하게 된다. 본 연구에서는 학생들의 의미 구성 과정을 관찰한 결과, 글을 쓰는 '필자의 목적'이 장르 선정에서부터 텍스트 내용과 형식의 결정, 표현하는 단계에서 어휘 선택에 이르기까지 가장 큰 영향을 미친다를 점을 발견하였다. 텍스트의 구성과 방향은 쓰기 과정에서 작동할 수 있는 상호 작용적 요소들, 즉 필자가 예측하고 해석하는 독자의 기대, 필자가 지금까지 작성한 텍스트의 영향, 의사소통을 시발하는 맥락 등과 밀접한 연관을 맺는다. 이 가운데 특히 필자의 의도 및 목적은 텍스트를 생산하는 데 활용되는 언어 지식의 내용 체계를 마련하는 데 중요한 밑바탕이 될 수 있을 것이다.

본 연구는 통합 인지적 관점을 기반으로 한 쓰기 모형을 구안한 초기 연구이기 때문에 몇 가지 한계를 지닌다. 첫째, 본고에서는 쓰기 과정을 계획하기, 아이디어 창안·조직하기, 표현하기 단계로 나누고 필자의 머릿속에서 일어나는 사고 과정을 살펴보았다. 쓰기의 하위 과정뿐만이 아니라 한 편의 완성된 글을 작성하는 데 작동하는 사고 기능과 절차를 탐색하여, 전체적으로 완성된 쓰기 모형을 구안할 필요가 있다. 둘째, 본고의 논의는 특정한 집단의 몇몇 학생들의 쓰기 과정에 초점을 맞추어 이를 일반화한 것이다. 필자가 다양한 상황에서 어떻게 의미를 구성해 나가는지에 대해 면밀하게 밝혀내기 위해서는 본고에서 활용한 사례연구 방법만이 아니라 일반적인 양적, 질적 연구 방식을 병행할 필요가 있을 것이다.

본 연구에서 제안하고 있는 '통합 인지적' 관점과 '통합 인지주의 쓰기 모형'은 쓰기 활동을 바라보는 또 하나의 뿌리를 발견한 것이라 할 수 있다. 본 연구의 논의가 실제로 얼마나 유용한 것인지 좀 더 철저한 검증이 필요하고, 만약 유용하다면 이를 현장에 어떻게 반영할 수 있을 것인지를 고민해야 할 것이다.

통합 인지적 관점으로 본
쓰기 연구

참고문헌

1. 국내 저서

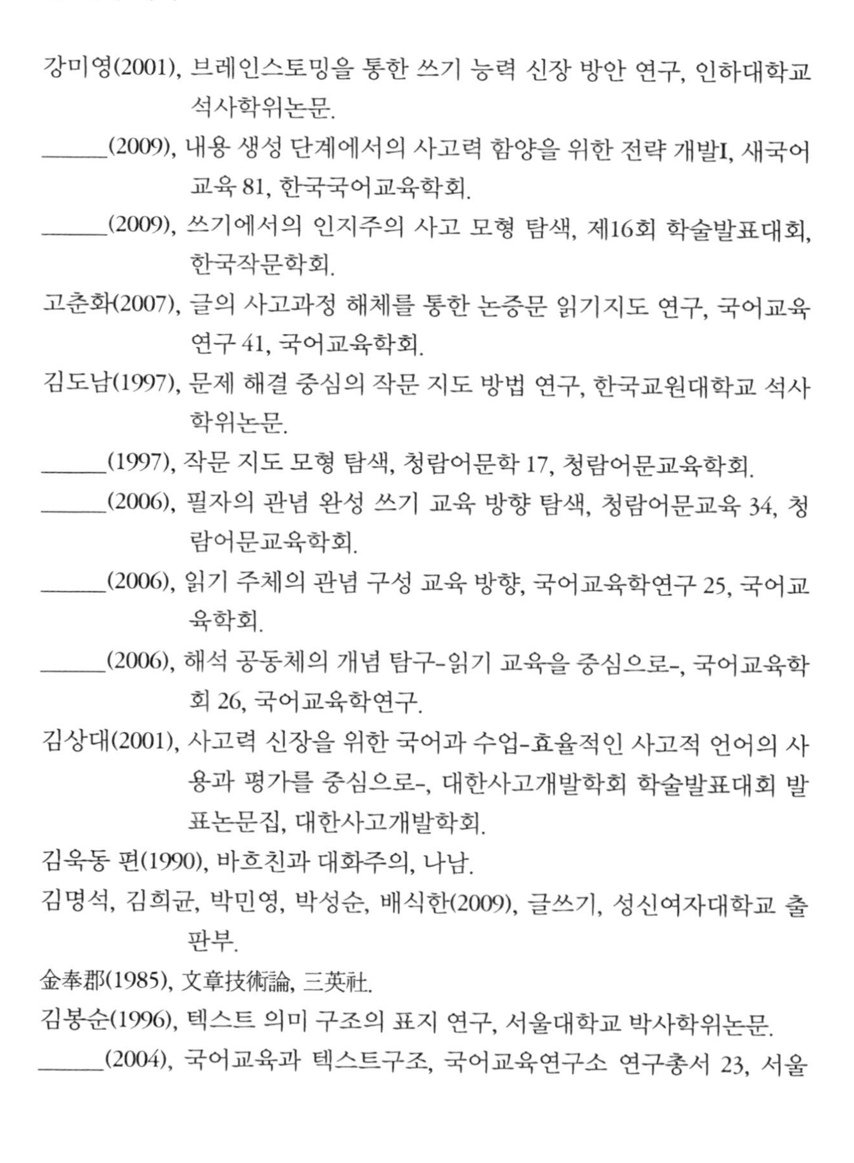

강미영(2001), 브레인스토밍을 통한 쓰기 능력 신장 방안 연구, 인하대학교 석사학위논문.

______(2009), 내용 생성 단계에서의 사고력 함양을 위한 전략 개발I, 새국어교육 81, 한국국어교육학회.

______(2009), 쓰기에서의 인지주의 사고 모형 탐색, 제16회 학술발표대회, 한국작문학회.

고춘화(2007), 글의 사고과정 해체를 통한 논증문 읽기지도 연구, 국어교육연구 41, 국어교육학회.

김도남(1997), 문제 해결 중심의 작문 지도 방법 연구, 한국교원대학교 석사학위논문.

______(1997), 작문 지도 모형 탐색, 청람어문학 17, 청람어문교육학회.

______(2006), 필자의 관념 완성 쓰기 교육 방향 탐색, 청람어문교육 34, 청람어문교육학회.

______(2006), 읽기 주체의 관념 구성 교육 방향, 국어교육학연구 25, 국어교육학회.

______(2006), 해석 공동체의 개념 탐구-읽기 교육을 중심으로-, 국어교육학회 26, 국어교육학연구.

김상대(2001), 사고력 신장을 위한 국어과 수업-효율적인 사고적 언어의 사용과 평가를 중심으로-, 대한사고개발학회 학술발표대회 발표논문집, 대한사고개발학회.

김욱동 편(1990), 바흐친과 대화주의, 나남.

김명석, 김희균, 박민영, 박성순, 배식한(2009), 글쓰기, 성신여자대학교 출판부.

金奉郡(1985), 文章技術論, 三英社.

김봉순(1996), 텍스트 의미 구조의 표지 연구, 서울대학교 박사학위논문.

______(2004), 국어교육과 텍스트구조, 국어교육연구소 연구총서 23, 서울

대학교출판부.
김영석(1990), 사고력 교육과 평가, 중앙교육평가원.
김영채(1998), 사고력: 이론, 개발과 수업, 교육과학사.
______(2002), 思考와 문제해결심리학, 博英社.
김은성, 남가영, 김호정, 박재현(2007), 국어 문법 학습자의 음운에 대한 앎의 양상 연구, 언어과학회 42, 언어과학연구.
김정자(2001), 필자의 표현 태도 연구, 서울대학교 박사학위논문.
______(2004), 텍스트언어학과 작문교육, 텍스트언어학 17, 한국텍스트언어학회.
김종록(1991), 국어 접속어미 지도를 통한 사고력 향상 방안, 국어교육연구 23, 국어교육연구.
김종문 외(1998), 구성주의 교육학, 교육과학사.
김종백 · 박영민 · 유지숙(2005), 작문의 교수-학습에서 반성적 쓰기의 활용, 청람어문교육 32, 청람어문교육학회.
김진숙(2000), 텍스트 구조 지도가 독해력 신장에 미치는 영향, 덕성여자대학교 석사학위논문.
김창원(2000), 대학수학능력시험의 문제점과 개선 방안-읽기 영역을 중심으로-, 국어교육학연구 10, 국어교육학회.
김형민 · 유봉현(2001), 브레인스토밍 기법 훈련이 창의적 사고력에 미치는 영향에 관한 연구, 한양어문 19, 한국언어문화학회(구 한양어문학회).
김효진(2006), 유아의 창의적 사고 프로그램의 개발 및 효과-Williams 모형을 중심으로-, 대전대학교 박사학위논문.
남가영(2007), 문법교육의 '지식의 구조' 체계화 방향, 국어교육 123, 한국어교육학회(구-한국국어교육연구학회).
노명완 · 박영목 · 권경안(1988), 국어과교육론, 갑을출판사.
______(2004), 국어 교육과 사고력, 한국초등국어교육 24, 한국초등국어교육학회.
노명완 · 박영목 · 손영애 외(2008), 문식성 교육 연구, 한국문화사.
문무영(1992), 國語 自稱表現의 類型과 機能, 한국학연구 4, 인하대학교 한국학연구소.

______(1993), 大學 基礎敎養漢文 敎育의 현황과 전망, 어문연구 31권 4호, 한국어문교육연구회.
문지숙(1997), 사고기법 중심과 쓰기원리 중심의 쓰기지도가 학습자 사고수준에 미치는 효과, 한국교원대학교 석사학위논문.
박권생(2005), 창의력과 통찰문제 해결능력, 사고개발 1, 대한사고개발학회.
박덕유(1998), 작문교육의 이론과 실제, 한국문화사.
______(1998), 동사상의 이해, 한신문화사.
______(1998), 국어의 동사상 연구, 한국문화사.
______(1998), 제7차 교육과정의 내용체계와 문제점-쓰기영역을 중심으로-, 국어교육학연구 8, 국어교육학회.
______(1998), 쓰기 領域의 構成體制 와 내용의 문제점-中學校 國語敎科書를 중심으로-, 어문연구 100, 한국어문교육연구회.
______(1999), 문법교육론, 인하대학교출판부.
______(2000), 문법교육의 탐구, 한국문화사.
______(2002), 문장론의 이해, 한국문화사.
______(2004), 언어와 언어학, 도서출판 역락.
______(2005), 문법교육의 이론과 실제, 역락출판사.
______(2005), 다시 고쳐 쓴 문법교육의 이론과 실제, 역락출판사.
______(2005), 문법지식 지도의 필요성과 발전 방향, 새국어교육 71, 한국국어교육학회.
박만엽(2004), 비판적 사고와 구성주의, 철학탐구 16, 중앙철학연구소.
박민영(2000), 1930년대 시의 상상력 연구: 정지용, 백석, 윤동주 시의 자기동일성을 중심으로, 한림대학교 박사학위논문.
박수자(1990), 글處理能力 向上을 위한 글의 構造 指導에 관한 實驗硏究, 서울대학교 석사학위논문.
______(1993), 읽기 전략 지도 교재 구성에 관한 연구, 서울대학교 박사학위논문.
박영목(1987), 作文遂行能力에 影響을 미치는 要因, 한국교육 14권 1호, 한국교육개발원.
______(1987), 作文의 認知的 過程에 對한 制約, 한국국어교육연구회 논문집 32, 한국어교육학회.

______(1994), 의미 구성의 설명 방식, 선청어문 22, 서울대학교 국어교육과.
박영목 · 한철우 · 윤희원(1996), 국어교육학원론, 교학사.
______(1999), 국어 표현 과정과 표현 전략, 독서연구 4, 한국독서학회.
______(2000), 의사소통의 맥락과 전략, 교육연구논총 17, 홍익대학교교육연구소.
______(2001), 창의적 학습능력 신장을 위한 효과적인 독서지도 모형 개발 연구, 교육인적자원부 정책연구과제 최종 보고서.
______(2001), 쓰기교육과 읽기교육에 대한 텍스트언어학적 연구의 동향, 텍스트언어학 10, 한국텍스트언어학회.
______(2001), 作文活動 過程에서의 社會認知的 意味 協商, 교육연구논총 18, 홍익대학교부설교육연구소.
______(2002), 協商을 통한 意味 構成과 協同 作文, 국어교육 107, 한국어교육학회.
______(2003), 작문교육 연구 방법 동향, 청람어문교육 26, 청람어문교육학회.
______(2006), 논증 개념의 체계화 연구, 교육연구논총 22, 홍익대학교교교육연구소.
______(2007), 작문 지도 모형과 전략, 국어교육 124, 한국어교육학회.
______(2008), 작문 교육론, 도서출판 역락.
박영민(2001), 결속 기제로서의 주제화, 청람어문교육 23, 청람어문교육학회.
______(2003), 자료 텍스트의 관계 유형과 작문 교육, 청람어문교육 27, 청람어문교육학회.
______(2003), 의미 구성과 표현의 대응, 그리고 필자의 발달, 새국어교육 66, 한국국어교육학회.
______(2004), 다중적 예상독자의 개념과 작문교육의 방법, 국어교육학연구 20, 국어교육학회.
______(2004), 문식성 발달 연구를 위한 학제적 방법론, 새국어교육 67, 한국국어교육학회.
______(2004), 독서－작문의 통합에서 독서 활동과 작문 활동의 성격, 청람어문교육 28, 청람어문교육학회.

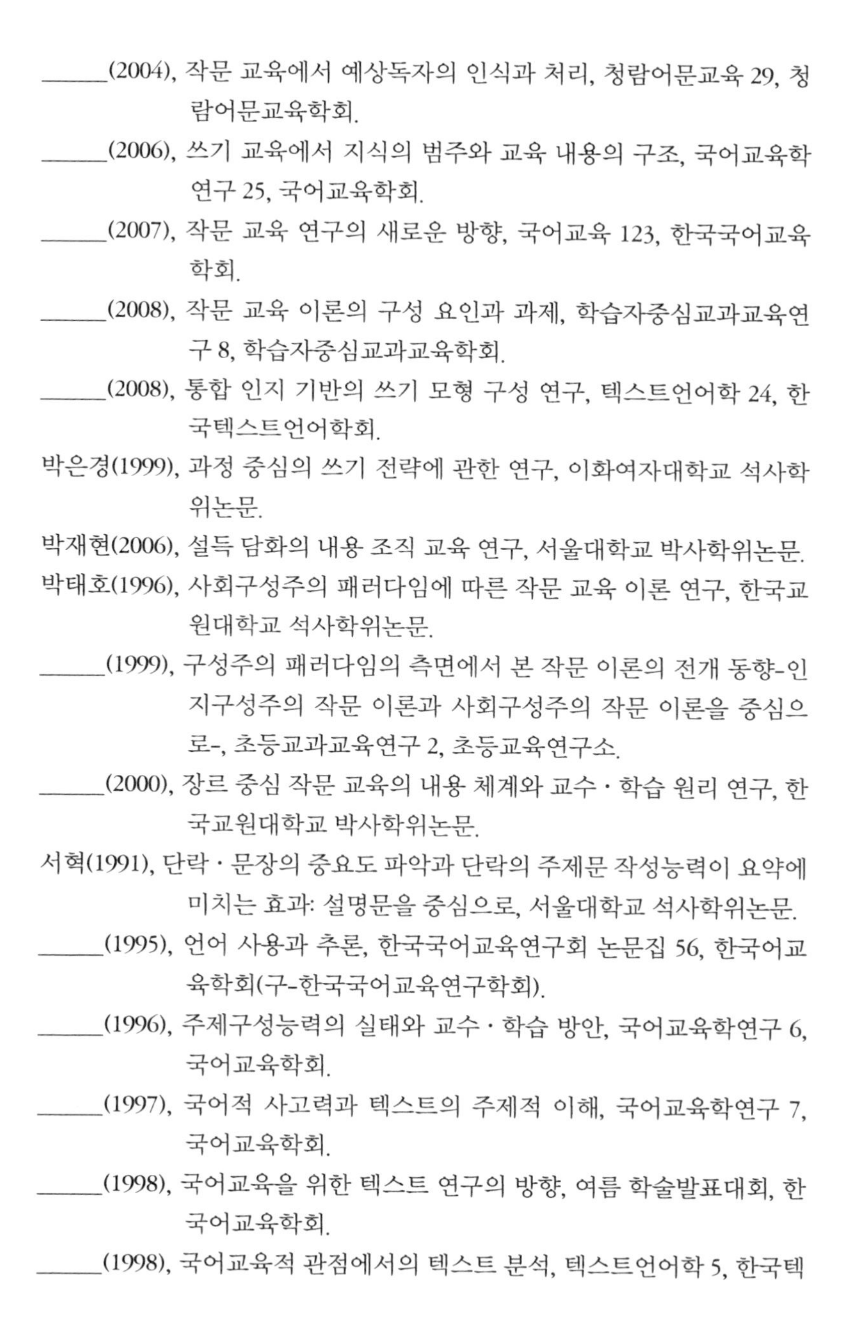
______(2004), 작문 교육에서 예상독자의 인식과 처리, 청람어문교육 29, 청람어문교육학회.
______(2006), 쓰기 교육에서 지식의 범주와 교육 내용의 구조, 국어교육학연구 25, 국어교육학회.
______(2007), 작문 교육 연구의 새로운 방향, 국어교육 123, 한국국어교육학회.
______(2008), 작문 교육 이론의 구성 요인과 과제, 학습자중심교과교육연구 8, 학습자중심교과교육학회.
______(2008), 통합 인지 기반의 쓰기 모형 구성 연구, 텍스트언어학 24, 한국텍스트언어학회.
박은경(1999), 과정 중심의 쓰기 전략에 관한 연구, 이화여자대학교 석사학위논문.
박재현(2006), 설득 담화의 내용 조직 교육 연구, 서울대학교 박사학위논문.
박태호(1996), 사회구성주의 패러다임에 따른 작문 교육 이론 연구, 한국교원대학교 석사학위논문.
______(1999), 구성주의 패러다임의 측면에서 본 작문 이론의 전개 동향-인지구성주의 작문 이론과 사회구성주의 작문 이론을 중심으로-, 초등교과교육연구 2, 초등교육연구소.
______(2000), 장르 중심 작문 교육의 내용 체계와 교수·학습 원리 연구, 한국교원대학교 박사학위논문.
서혁(1991), 단락·문장의 중요도 파악과 단락의 주제문 작성능력이 요약에 미치는 효과: 설명문을 중심으로, 서울대학교 석사학위논문.
______(1995), 언어 사용과 추론, 한국국어교육연구회 논문집 56, 한국어교육학회(구-한국국어교육연구학회).
______(1996), 주제구성능력의 실태와 교수·학습 방안, 국어교육학연구 6, 국어교육학회.
______(1997), 국어적 사고력과 텍스트의 주제적 이해, 국어교육학연구 7, 국어교육학회.
______(1998), 국어교육을 위한 텍스트 연구의 방향, 여름 학술발표대회, 한국어교육학회.
______(1998), 국어교육적 관점에서의 텍스트 분석, 텍스트언어학 5, 한국텍

스트언어학회.
______(2006), 국어과 수업 설계와 교수·학습 모형 적용의 원리, 국어교육학연구 26, 국어교육학회.
서혁·서수현(2007), 읽기 능력 검사 개발 연구(1): 읽기 능력 검사의 하위 영역 설정 연구, 국어교육 123호, 한국국어교육학회.
성일제(1989), (國民學校)思考敎育의 理論과 實際, 배영사.
손영애(1992), 國語 語彙 指導 方法의 比較 硏究 : 漢字 利用 與否를 中心으로, 서울대학교 박사학위논문.
______(1994), 국어과 교육의 목표와 내용, 국어교육학연구 4, 국어교육학회.
______(1995), 국어교과서 구성방안, 국어교육연구 7, 서울대학교 국어교육연 구소.
______(1995), 1차-5차 교육과정 시기의 중학교 국어 교과서의 체제 및 내용 분석 연구, 국어교육 89, 한국어교육학회.
______(1996), 읽기 영역 지도 내용 체계화 방안, 국어교육연구 3, 서울대학교국어교육연구소.
______(1999), 국어과 어휘 지도의 내용 및 방법, 국어교육 103, 한국국어교육학회.
______(2002), 국어과 교육 과정의 통시적 고찰, 21세기 국어교육학의 현황과 과제, 한국문화사.
______(2002), 1-6차 고등학교 국어 교과서 체제 및 내용 분석 연구, 국어교육 107, 한국어교육학회.
______(2004), 국어과 교육의 이론과 실제, 박이정.
______(2005), 새로운 국어과 교육과정 개정에 관한 소론, 국어교육학연구 23, 국어교육학회.
______(2005), 국어 교육 과정 변천사, 국어교육론1: 국어 교과 교육론, 한국문화사.
______(2008), 읽기 영역 지도 내용-교육과정을 중심으로-, 문식성 교육 연구, 한국문화사.
송현정(2004), 국어지식 교육과 사고력의 관계에 대한 일고, 한국초등국어교육 24, 한국초등국어교육.
신명선(2009), 국어 표현 과정에서 작용하는 어휘 사용 기제와 그 전략에 관한 연구, 한국어 의미학 29, 한국어의미학회.
______(2009), 텍스트 결속 기제로 작용하는 국어 명사의 특징에 대한 연구, 한국어학 42, 한국어학회.
신지연(2003), 거시구조 접속의 양상-일간지 사설 텍스트를 중심으로-, 텍스트언어학 14, 한국텍스트언어학회.
______(2006), 論證텍스트의 段落間 의미구조, 텍스트언어학 21, 한국텍스트언어학회.
신헌재 · 이재승(1997), 쓰기 교육에서 과정 중심 접근의 의미, 한국초등국어교육 13, 한국초등국어교육학회.
신형기 외(2006), 모든 사람을 위한 과학글쓰기, (주)사이언스북스.
안경화(2001), 구어체 텍스트의 응결 장치 연구: 토론 텍스트를 중심으로, 한국어교육 12-2, 국제한국어교육학회.
안명철(1982), 처격 '에'의 의미, 관악어문연구 7, 서울대학교 국어국문학과.
______(2001), 바른 생활과 국어 문법, 한국방송통신대학 출판부.
안명철 · 김동식 · 고인석 · 이익모 · 이관수(2009), 글쓰기와 토론 실습(이공계열), 인하대학교 출판부.
안명철 · 김만수 · 이준갑 · 한성우 · 정태욱 · 한재준(2009), 글쓰기와 토론 실습(인문 · 사회계열), 인하대학교 출판부.
안병길(2002), 담화유형, 텍스트유형 및 장르, 현대영미어문학 20권 2호, 현대영미어문학회.
안영희(2006), 설득적 텍스트 생산 능력 향상을 위한 읽기 · 쓰기 연계 지도 방안, 상명대학교 석사학위논문.
嚴熏(1996), 전략 중심의 쓰기 교수 · 학습 방법 연구, 서울대학교 석사학위논문.
염창권(1996), 쓰기 교육-학습 모형과 전략 연구, 한국초등국어교육 12, 한국초등국어교육학회.
원진숙(1994), 작문 교육의 이론적 기초와 방법론 연구: 논술문의 지도와 평가를 중심으로, 고려대학교 박사학위논문.
______(1995), 문제 해결 전략 중심의 작문 지도 방안－논술 지도를 중심으로－, 어문논집 34, 안암어문학회.
______(2005), 대학생들의 학술적 글쓰기 능력 신장을 위한 작문 교육 방법,

어문논집 51, 민족어문학회.
위영은(2000), 창의적 사고 수준에 따른 인지적 모니터링 전략이 학업성취에미치는 효과, 중앙대학교 석사학위논문.
유봉현(2000), 브레인스토밍 기법이 창의적 사고력 증진에 미치는 영향에 관한 실험연구, 연세대학교 박사학위논문.
이도영(1998), 언어 사용 영역의 내용 체계에 대한 연구, 서울대학교 박사학위논문.
이삼형(1994), 설명적 텍스트의 내용 구조 분석 방법과 교육적 적용 연구, 서울대학교 박사학위논문.
______(1998), 언어 사용 교육과 사고력－텍스트의 이해를 중심으로, 국어교육연구 5, 서울대학교 국어교육연구소.
이삼형 · 김중신 · 김창원 · 이성영 · 정재찬 · 서혁 · 심영택 · 박수자(2007), 국어교육학과 사고, 도서출판 역락.
이상태(2002), 사고력 함양 중심의 작문 교육 계획, 국어학 75, 한국어문학회.
______(2006), 사고력 함양의 모국어 교육, 국어교육연구 39, 국어교육학회.
이석규 외(2001), 텍스트언어학의 이론과 실제, 도서출판 박이정.
이석규 편저(2003), 텍스트 분석의 실제, 도서출판 역락.
이성만(2008), 텍스트언어학과 작문-독일 작문교육의 경향을 중심으로-, 작문연구 7, 한국작문학회.
이성영(1990), 읽기 기능의 개념 정립을 위한 시론, 서울대학교 석사학위논문.
이성은(1995), 사고력 신장을 위한 과정중심의 글쓰기 교수전략, 교과교육연구 4, 이화여자대학교 교육대학원.
이승철(2006), 대학수학능력시험 언어 영역의 개선 방안－시험의 성격과 이원목적분류표를 중심으로－, 동국어문학 17-18, 동국대학교 국어교육과.
이원표(2002), 담화분석, 한국문화사.
이은희(1993), 접속관계의 텍스트 언어학적 연구, 서울대학교 박사학위논문.
______(1997), 언어 이해 과정에서의 텍스트 연구, 한성어문학 16, 한성대학교 한성어문학회.

이재기(1997), 작문 학습에서의 동료평가활동 과정 분석, 한국교원대학교 석사학위논문.

이재분(1995), 아동의 추리 과제 해결 능력에 대한 발달 수준 분석, 이화여자대학교 박사학위논문.

이재승(1992), 통합 언어 (whole language) 의 개념과 국어 교육에의 시사점, 국어교육 79, 한국국어교육연구회.

_____(1998), 쓰기 과정에서 교정의 의미와 양상, 국어교육 97, 한국국어교육연구회.

_____(1999), 과정 중심의 쓰기 교재 구성에 관한 연구－초등 학교를 중심으 로－, 한국교원대학교 박사학위논문.

_____(2001), 과정 중심의 작문 교육 프로그램 개발 및 적용, 새국어교육 62, 한국국어교육학회.

_____(2004), 읽기와 쓰기 통합 지도의 방법과 유의점, 독서연구 11, 한국독서학회.

_____(2005), 작문 교육 연구의 동향과 방향, 청람어문교육 32, 청람어문교육학회(구 청람어문학회).

_____(2006), 글쓰기 교육의 원리와 방법－과정 중심 접근－, 교육과학사.

이정숙(1999), 국어과 어휘 지도의 내용 및 방법, 국어교육 103, 한국국어교육학회.

_____(2004), 쓰기 교수 학습에 드러난 쓰기 지식의 질적 변환 양상 연구, 한 국교원대학교 박사학위논문.

이천희(2005), 국어 능력의 개념 정립을 위한 시론, 국어교육 118, 한국어교육학회.

이철수 · 문무영 · 박덕유(2004), 언어와 언어학, 도서출판 역락.

임성규 · 정미희(2004), 쓰기 교육에서 전략의 의미와 적용, 한국초등국어교육 25, 한국초등국어교육학회.

임지룡(1999), 인지의미론, 탑출판사.

장윤희(2002), 국어 동사사(動詞史)의 제문제, 한국어 의미학 10, 한국어의미학회.

_____(2006), 문법 내용의 국어 교과서 구현 방안 연구, 국어교육 120, 한국어교육학회.

전영주 · 서혁(2007), 텍스트 기반 문장종결 표현 교수 · 학습 방법, 교과교육학연구 11권 2호, 이화여자대학교 사범대학 교과교육연구소.
전은아(1998), 대화주의 작문이론 연구－Bakhtin의 대화주의를 적용하여－, 한국교원대학교 석사학위논문.
전제응(2008), 해석을 통한 필자의 상승적 의미 구성 교육 연구, 한국교원대학교 박사학위논문.
정희모(2001), 「글쓰기」 과목의 목표 설정과 학습 방안, 현대문학의 연구 17, 한국문학연구학회.
______(2004), MIT 대학 글쓰기 교육 시스템에 관한 연구, 독서연구 11, 한국독서학회.
______(2005), 대학 글쓰기 교육과 사고력 학습에 관한 연구, 현대문학의 연구 25, 한국문학연구학회.
______(2006), 대학 글쓰기 교육과 과정 중심 방법의 적용, 현대문학의 연구 26, 한국문학연구학회.
______(2006), 글쓰기 교육과 협력학습, 도서출판 삼인.
______(2007), 글쓰기에서 수정(Revision)의 절차와 방법에 관한 연구-인지적 관점을 중심으로, 현대문학의 연구 34, 한국문학연구학회.
정희모 · 이재성(2007), 글쓰기의 전략, 도서출판 들녘.
정희모(2008), 글쓰기에서 독자의 의미와 기능, 새국어교육 79, 한국국어교육학회.
주세형(2005), 통합적 문법 교육 내용 설계의 원리와 실제 연구, 서울대학교 박사학위논문.
______(2006), 문법 교육론과 국어학적 지식의 지평 확장, 도서출판 역락.
차호일(2002), 작문이론의 교육적 접근, 한국초등국어교육 21, 한국초등국어교육학회.
천경록(1995), 기능, 전략, 능력의 개념 비교, 청람어문학 13, 청람어문교육학회.
최영환(1995), 언어 사용 전략의 자동화와 초인지, 국어교육학연구 5, 국어교육학회.
최현섭 외(1996), 국어교육학 개론, 삼지원.
충청남도 교육청(1994), 사고력을 기르는 국어과 교육, 대한교과서주식회사.
한국어문교재연구실 편(2003), 문장작법 I(이론), 인하대학교 출판부.

__________________(2003), 문장작법 Ⅱ(실습), 인하대학교 출판부.
한성우(2004), 텍스트언어학의 응용 : 텔레비전 자막의 작성과 활용에 대한 연구, 텍스트언어학 17, 한국텍스트언어학회.
_____(2006), 경계를 넘는 글쓰기, 도서출판 월인.
_____(2008), 대중매체 언어와 국어 음운론 연구, 어문연구 58, 어문연구학회.
韓種河 · 崔燉亨 · 金榮敏(1982), 中 · 高等學校 學生의 科學的 思考 發達에 關한 調査研究, 한국교육개발원.
한철우 · 박진용 · 김명순 · 박영민 편(2005), 과정 중심 독서 지도, (주)교학사.
허경철(1991), 사고력의 개념화, 사고력 교육의 제 문제에 대한 교육심리학적조명, 한국교육개발원 편.
_____(1993), 사고력의 개념화, 서울특별시교육연구원 편, 사고력 교육의 이론과 실제, 교원 연수 도서(20).
허인숙(2000), 개념도(Concept Map)를 통한 학습자의 인지구조 변화에 관한연구－사회과 '분배' 개념을 중심으로－, 서울대학교 박사학위논문.
현주 · 박효정 · 이재분(1994), 중 · 고등학생의 논리적 사고 및 정의적 발달 특성 조사 연구－1982년과 1994년과의 비교－, 한국교육개발원.
홍기찬(2008), 논증 텍스트의 유형 특징에 대한 연구, 새국어교육 79, 한국국어교육학회.
홍정선 · 원종찬 · 김만수 · 한성우 · 김동식 · 이상용 · 표정훈 · 탁용석 · 구본현 · 안명철(2009), 글쓰기와 토론, 인하대학교 출판부.
황미향(2007), 과정 중심 쓰기 교육에 대한 비판적 고찰, 국어교육 123, 한국어교육학회.
황정웅(2008), 맥락 중심 읽기와 텍스트 유형의 상관성 고찰－비문학 텍스트를 중심으로－, 청람어문교육 38, 청람어문교육학회.

2. 번역서 및 편역서

린다플라워, 원진숙 · 황정현 옮김(2006), 글쓰기의 문제해결전략, 동문선.
모티머J.애들러/찰스 반 도렌 공저(1940), 독고 앤 옮김(2000), 생각을 넓혀

주는 독서법, 도서출판 멘토.
미하이 칙센트미하이(1997), 노혜숙 옮김(2003), 창의성의 즐거움, 북로드.
Anderson, J. R.(1985), 이영애 역(1987), 인지심리학, 을유문화사.
Bloom, B. S.(1956), 임의도 역(1983), 교육목표분류학(1), 교육과학사.
George Yule(1998), 李喆洙 譯, 言語의 硏究, 새문사.
George Yule(1999), 서재석 · 박현주 · 정대성(2000), 화용론, 도서출판 박이정.
Jakobson, R.(1963), 권재일 옮김(1989), 일반언어학 이론, 민음사.
Krathwohl, D. R.(1964), Bloom, B. S., Masia, B. B., 임의도 역(1984), 교육목표분류학(2), 교육과학사.
Lakoff, G.(1987), 이기우 옮김(1994), 인지의미론, 한국문화사.
Singer, M.(1990), 정길정 · 연준흠 옮김(1994), 언어심리학: 문장과 담화 처리과정 이해, 한국문화사.
Stephen C. Levinson(1983), 李益煥 · 權慶遠 共譯(1996), 화용론, 한신문화사.
Taylor, J. R.(1989/1995), 조명원 · 나익주 옮김(1997), 인지언어학이란 무엇인가?: 언어학과 원형 이론, 한국문화사.
van Dijk, T. A.(1980), 정시호 역(1995), 텍스트학, 민음사.
Vygotsky, L. S.(1962), 신현정 역(1985), 사고와 언어, 성원사.

3. 외국 저서

Berin, J.(1988), Rhetoric and ideology in the writing class, *College English*, 50.
Bruffee, K. A.(1984), Collaborative Learning and the "Conversation of Mankind.", *College English*, 46.
Bruffee, K. A.(1986), Social Construction, Language, and the Authority of Knowlege: A Bibliographical Essay, *College English*, 48.
Bruffe, K. A.(1993), *Collaborative Learning*, Baltimore: John Hopkins University Press.
Emig, J.(1964), The uses of unconscious in composing, *College Composition and Communication*, 16.

Emig, J.(1971), *The composing processes of twelfth graders,* NCTE.

Flower, L. & Hayes, J. R.(1980), The cognition of discovery: Defining a rhetorical problem, *College Composition and Communication,* 30.

Flower, L. & Hayes, J. R.(1981), The cognitive process theory of writing, *College Composition and Communication,* 32.

Flower, L.(1994), *The construction of negotiated meaning,* Southern Illinois University Press.

Hayes, J. R.(2000), A new framework for understanding cognition and affect in writing, Indrisano R. & Squire J. R.(eds), *Perspectives on writing,* IRA.

Kellog, R. T.(1994), *The Psychology of Writing,* New York, NY: Oxford University Press.

Koblauch, C. H.(1988), Rhetorical considerations: Dialogue and commitment, *College English,* 50.

Marzano, R. J. et al(1989), *Dimension of thinking: A framework for Curriculum and Instruction,* Association for Supervision and Curriculum Development.

Nystrand, M. (1989), The social interactive of writing, *Written Communication,* 6.

Nystrand, M., Green, S., Wiemelt, J. (1993), Where Did Composition Studies Come From?, *Written Communication,* 10.

Ochse, R.(1990), Before the gates of excellence: The determinants of creative genius, Cambridge: Cambridge University Press.

Perkins, D.(2001), The Eurecka effect: The art and logic of breakthrough thinking, New York: W. W. Norton & Company.

Roman, D. G. & Wlecke, A.(1964), Pre-writing: The construction and application of models for concept formation in writing, *Us. Office of Education Cooperative Research Project,* Michigan State University.

통합 인지적 관점으로 본
쓰기 연구